# 济水之南

一本书唤醒一座城的记忆

牛国栋 著

山東畫報出版社
济 南

**图书在版编目（CIP）数据**

济水之南 / 牛国栋著. —济南：山东画报出版社，2013.11（2024.7 重印）
ISBN 978-7-5474-1049-3

Ⅰ.①济… Ⅱ.①牛… Ⅲ.①济南市-地方史 Ⅳ.①K295.21

中国版本图书馆CIP数据核字（2013）第226413号

JISHUI ZHI NAN
济水之南
牛国栋 著

**策　　划** 傅光中 韩 猛
**责任编辑** 郭珊珊
**装帧设计** 宋晓明
**摄　　影** 牛国栋

**主管单位** 山东出版传媒股份有限公司
**出版发行** 山東畫報出版社
社　　址 济南市市中区舜耕路517号　邮编 250003
电　　话 总编室（0531）82098472
市场部（0531）82098479
网　　址 http：//www.hbcbs.com.cn
电子信箱 hbcb@sdpress.com.cn
**印　　刷** 山东临沂新华印刷物流集团有限责任公司
**规　　格** 160毫米×230毫米　16开
24印张　200幅图　240千字
**版　　次** 2013年11月第1版
**印　　次** 2024年7月第11次印刷
**印　　数** 35001-38000
**书　　号** ISBN 978-7-5474-1049-3
**定　　价** 56.00元



**建议图书分类：历史文化 / 地域文化 / 旅游**

# 目录

# 第一编 府城寻踪

◆城子崖 ◆东平陵城 ◆历下邑 ◆济南府

# 古城足迹

从最早的家园城子崖，到济南命名地东平陵城，经西迁济南郡治与古历城合二为一，再到升格为济南府成为山东省会，济南的城市发展轨迹繁复而纠结。

1928年春，年仅二十七岁的北京清华学校（清华大学前身）国学研究院人类学专业二年级学生吴金鼎来到济南，打算到当时隶属于历城县的东平陵城遗址进行田野考察。去东平陵城途中路过城子崖时，出于专业的敏感，他看到路沟旁断崖的横截面与自然的土崖迥然不同。这一意外发现，还使他采集到了骨笄、磨光石斧，以及被他称作是“油光黑陶”的陶器残片。

这一发现引起了当时中国史学界高层的重视。但随即发生的“济南惨案”，打乱了史学界的部署。直到两年后，中央研究院和山东国民政府才共同组成山东古迹研究会，联合开展城子崖遗址发掘。中国考古学界领军人物中央研究院历史语言研究所考古组主任李济、中央研究院历史语言研究所所长傅斯年、留美专攻考古专业的学者梁思永及吴金鼎等，齐聚城子崖发掘现场，山东历史学者王献唐作为研究会秘书也加入其中。不久，考古学界将这一五千年前新石器时代晚期的文化遗址以发现地命名为“龙山文化”。这是中国国家级学术机构、中国考古学者首次对史前遗址进行有计划、有目的的大规模发掘，也是中国考古学界最早的科学发掘。《城子崖遗址发掘报告》借此成为中国考古学历史上第一部田野考古专著，城子崖遗址因此被视为“中国考古圣地”。需要特别说明的是，考古人员不仅在城子崖发现了大量史前器物，还发现了南北长约450米、东西宽约390米、墙基宽约10米的夯土版筑城址，这也是中国史前城址的首次发现。城子崖城址是济南地区迄今为止发现的距今最早的文化遗址，是“济南人”最早的家园。

继城子崖遗址之后，古济南的中心便是吴金鼎原本要考察的东平陵城了。东平陵城在龙山镇东北两公里处，春秋时称平陵邑，战国时改平陵县。先秦时期，古济南地属齐国，是齐国西部门户。由于齐国富庶，又有“桑蚕鱼盐铁冶之利”，汉时深得高祖刘邦重视。他不但将长子刘肥封为齐王，还首设济南郡由齐王管辖，这时有了“济南”之名，取“济水之南”之意。济水曾与黄河、长江、淮河并称华夏“四渎”，更是齐国的天然屏障和通往大海的黄金水道。而济南郡治就设在平陵，因当时关中长安（今西安）附近也有一个平陵，故改称东平陵。

没过多久，吕太后将济南郡从齐割出，单设吕国，治所依旧在东平陵。公元9年，祖籍东平陵的王莽改制建新朝，将东平陵改名乐安，隶属青州。公元164年，汉朝又设济南国，治所还是离不开东平陵。公元184年，二十九岁的曹操被任命为济南相来到东平陵。意气风发的他打击贪官污吏、地方豪强，废淫祠，除“奸邪鬼神”之事，使平陵城一度风气大正，“政教大行，一郡清平”。

唐贞观十七年（643），平陵县改名全节县。公元815年，平陵城并入历城县。东平陵从此结束了一千五百年的沧桑历史，平陵城也随之荒废。

作为郡（国）中心，东平陵当时颇具规模，蔚为壮观。至宋元时，其城墙保存还相当完好。考古发现仅铁器一项就达四百件之多，不仅有锄、锨、铲、锯、锛、斧等生产用具，还有刀、剑、锤、戈等兵器。《汉书·地理志》载：“济南郡东平陵有工官，历城有铁官。”所谓工官、铁官就是当年对手工业、冶铁业实施管理和税收的机构。当时在全国只有八个地区设有工官，济南郡便是其一。济南郡当年锻造的宝剑，名“椎成剑”，属当时全国三大名剑之一，显示了当时济南手工业、冶铁业在全国的重要地位和影响。而济南铁器制造业的传统一直在延续，章丘就有“铁匠之乡”的美誉。

东汉末年，济水中上游干涸，下游河道成了季节河，济水的变化使东平陵城作为济南郡中心的地位在下降。加之汉献帝建安十二年（207），农民起义军攻入东平陵城，杀了济南王刘赟，并进行大规模的屠城，东平陵城遭受灭顶之灾。在这样的大背景下，济南治所于西晋永嘉年间（307—312）被迫由东平陵城西迁 35 公里至历城。

古历城的历史同样久远。2003 年 3 月，山东考古界对济南城东历城区王舍人镇大辛庄遗址再次发掘时，出土了甲骨文等珍贵文物，这也是殷墟以外首次发现商代卜辞。以此推断，大辛庄文化遗址是一处集居住、手工业作坊、礼仪中心和墓地于一体的商王朝方国（诸侯国）都邑。这一发现将济南建城的历史上推到三千五百年前。西周时属谭国，春秋时属齐国，因泺水发源于此，名泺邑，《春秋》对此即有记载。这也是史册上最早出现的济南古地名。千佛山古称历山，相传大舜曾耕于此。战国时，历山脚下的城邑便称历下邑。由于古历下地位显赫，早于秦长城 490 年的齐长城西部起点就始于泺邑城西南，这里也随之成为春秋战国列强博弈的前沿地带之一。公元前 694 年，齐襄公与鲁桓公相会于“泺”；公元前 592 年，齐晋华山脚下“鞌之战”；公元前 404 年，三晋联军攻破齐长城平阴隘口等，都是发生在古历下的大事件。秦统一中国后，历下邑改称历城，隶属济北郡。当地遂有“先有历城，后有济南”一说。汉景帝四年（前 153）始设历城县，属济南郡；东汉初属济南郡，后属济南国；三国时，先属魏国青州安平郡，后属济南国。

济南郡治所移至历城后，古历城规模得以进一步扩大。今天所说的济

今济南长清区大峰山是齐长城的西部起点。

南古城主要是明代府城的基本轮廓。因为历史记载语焉不详，又缺乏有力的考古佐证，那时历城的中心位置很难考证，史学界尚无明确的定论。还有一种说法，济南郡治所由平陵西迁至历城时，其官衙并没有迁入历城旧城，而是在历城东侧另建了一座新城来安置，当时叫作东城。由此开始，济南城出现了东西二城并治的情况，形成了一种独特“双子城”格局。这一格局甚至一直延续到宋代，北宋时大明湖被称为“西湖”，就是因为其位于当时的济南东城之西。

宋徽宗政和六年（1116），齐州升格为济南府。当时济水尚未被黄河夺道，与济南西侧毗邻的京杭大运河相连。济南西面与都城汴梁（开封），东面与青州府依靠水运连接起来，从而成为通向朝廷和胶东沿海的物资集散中心。

元灭金后，郭守敬兴修水利，疏通南北运河，济南段的大清河经临清、东平与南北运河相通，济南作为物资集散地的重要作用进一步显现。到了这时，济南城区范围进一步向东、向北扩大，最终包容了现在的整个大明湖，形成了“一城山色半城湖”的城市特征。济南的城市地位、功能和辐射作用从此也有了较大提升，由大都（北京）通向苏杭的南北官道与中原通向大海的东西大道在这里交会，元代的济南已是风光旖旎、商业繁荣的城市。

明初，朱元璋定都南京后，看中了济南在南京与元大都（北京）之间的险要位置，在指挥攻取元大都时提出“先取山东，撤其屏障”（《明太祖实录》）。洪武九年（1376），山东行省治所由青州移到济南，济南从此成为山东首府（省会），是整个山东的政治文化中心和军事指挥中心；另外，济南还是当时全国三十三个手工业比较发达的城市之一，在经济上发挥着区域中心的作用。

20世纪初，随着商埠的建立，济南城市规模扩大了近一倍，成为府城与商埠共治的“双核”城市。尤其是胶济铁路和津浦铁路在这里交会，进一步确立了济南在山东的中心地位，也使其成为华北重要的水陆交通枢纽。

古人讲究风水术。建城时“负阴抱阳”原则被普遍采用，即坐北朝南，背山面水，以避凶趋吉，而济南城却偏偏选在山阴。其实，济南是块风水宝地：南部山峦起伏，群峰环抱；中部舒缓平坦，百泉喷涌；北面“齐烟九点”拱卫，“黄河玉带”围绕。古人“观其泉流，相其阴阳”，建城时借重其风水之大势布局，而不拘泥于小节。经过历朝历代的添砖加瓦，风景如画的济南城展现在世人面前。老舍曾经这样评价济南：“一个老城，有山有水，全在天底下晒着阳光，暖和安适的睡着；只等春风来把它们唤醒……”（老舍《济南的冬天》）

济南是“方”的。它自古形成了设施完备、四四方方的城池。远的不说，济南府城池即可上溯到宋徽宗时。经历代修固，至明洪武初年（1368），以砖石重修的济南城垣，替代了原来的土城。济南府城即旧志上所谓“济南城周围十二里十八丈，高三丈三尺，阔七丈”。城垣因袭“天圆地方”之说，大致呈方形，四周设有四门，东为齐川门，西曰泺源门，南称历山门，北叫汇波门。其中东、西、南三门，建有瓮城（也称月城）；北门下为水闸，只通舟楫，不通车马行人，故也称北水门。四门之上都有巍峨的城楼，城四角有望楼。东南隅的高大角楼，也称九女楼，与城下的九女泉、黑虎泉等名泉，以及玲珑的金山寺和三皇庙构成和谐景观。城下设宽阔的护城河，最初时需经吊桥出入。清咸丰十年（1860），为加强城防，以防捻军北上

始建于宋、明清不断修缮的济南府城南城门及瓮城部分城墙。1928 年“五三惨案”时被日军炮火严重摧毁，1931 年城楼被拆除。中华人民共和国成立后，府城墙及圩子墙被拆除。（历史照片，摄于 20 世纪 20 年代）

20 世纪 20 年代济南老城鸟瞰（历史照片）

东南城墙及护城河、黑虎泉一带（历史照片）

进攻府城，清廷耗资七千银两，紧急在府城以外修筑第二道城池：先是土城，五年后用石砌，人称圩子墙，环以圩子河。只因地形受限，圩子墙顺势而建，便不那么方正了。因城北受大明湖所限，圩子墙只有东西南三面，北面与老城北墙对接。它周长二十余里，高一丈二尺，阔一丈，开有七座城门，设炮台十四座。光绪年间，府城又开设了西南角的坤顺门、西北侧的乾健门、东南侧的巽利门和东北角的艮吉门等四座新城门。1928 年“济南惨案”时，府城东、南、西城门及城楼，均被日军炮火摧毁。1931 年韩复榘入主济南，因无力修复城楼，索性将三城楼全部拆除，辟城墙为环城大马路，城墙上还曾跑过小轿车。这为后来将济南古城墙全部拆除埋下伏笔。

中华人民共和国成立后的最初两年，为建设新济南、改善交通，圩子墙和府城墙被相继拆除筑路，延续两千多年的古城池成为历史。今天，除为纪念济南战役，将攻城突破口保留下来的一小段东南墙垣基（即九女楼旧址）建成解放阁外，城墙的影子很难寻觅了，至于这门那关的，只留下地名和久远的故事。

济南又是“圆”的。作为北方府署之地，济南似应遵循“左祖右社，面朝后市”的传统城市格局，却因有了泉有了水，济南便有了江南水乡一般的婉约与秀美，方正之中多了几分圆润、含蓄与质朴。

济南别称“泉城”，最早源自民国年间著名学者、散文家倪锡英。20世纪30年代，上海中华书局出版了一套“都市地理小丛书”，包括北京、上海、南京、杭州、广州、西安、济南、青岛、洛阳九个城市，分为九个分册，都由他一人执笔。其中1936年10月出版的《济南》一书，记述了济南的城市风貌、名胜古迹和民风民俗，第一章的题目为“泉之城”，这三个字成为“泉城”美誉之滥觞。从此，“泉城”雅号流传开来。

老城布局凭借依山临泉之势，以珍珠泉畔明德王府及清巡抚衙门为中心，东西轴线明晰，南北轴线止于城垣，不与南门相通。布政司、贡院、榜棚在西，按察司、济南府衙、历城县衙居东；各色庙宇、祠堂均环绕中心布置；府学文庙、书院、说书场、戏园子则位于环境幽雅、风光秀丽的大明湖畔；军营、卫衙则设在城南高地，利于瞭望与镇守。黑虎泉、趵突泉、五龙潭等泉群，均依偎着护城河，成了用之不竭的河水之源。老城北面是众泉汇集的大明湖，南面则是绵延的群山，形成了北方城市少有的集山、泉、湖、河、城于一身的城市风貌，颇有“北国江南”的韵味。

时代的巨变，使节奏原本舒缓的济南加快了步伐，多少年来保持相对稳定的老城格局被打破，有些风景已消失，有的也已改变了模样。在历史与现实的坐标上，济南作为一个节点，折射出中国城市发展变化的历史轨迹。

◆珍珠泉 ◆抚院 ◆院前街

# 心脏地带

珍珠泉大院不仅有园林秀美的风景，还是老城的地理中心和政治中心。康熙、乾隆留下的足迹，袁世凯、张宗昌、韩复榘等人的故事也耐人寻味。

记得我第一次进珍珠泉是在20世纪60年代末的一个秋天，那时我正在上小学，院前的马路宽得像广场，珍珠泉大门显得高阔气派。门口自然有把门的，父亲是以公务的名义将我带进去的。院子很大，也很通透，高高的法桐遮天蔽日。珍珠泉池四周是墨绿色铁栅栏，多少有些西方园林的味道。泉畔的柳树很粗大，有的弯着腰探进水里。树上知了声声，水面和岸边尽是些落下的柳叶，漂在水里像小船一样。泉水很旺很清，水中的珍珠一串串一堆堆，一点也不稀罕，不像现在这样。父亲“自问自答”地对我说，知道这里过去是什么地方吗？古时候这里是王爷府和衙门，新中国成立前这里是国民党的省政府。我似懂非懂，却也被吓了一跳。从那时起，我似乎看到了它与趵突泉、五龙潭和黑虎泉等这些名泉的不同，似乎看到了它所具有的“特殊身份”。

选择珍珠泉作为全市的政治中心并非巧合和偶然。它位于旧城中心，在老城东西、南北的交叉点上，交通四通八达。济南南面和西面的三里庄、四里山、五里沟、六里山、七里山、八里洼、十六里河……都是以此作为起点的。这里的地理状况和自然风韵，也极具济南地方特色。

珍珠泉是济南四大名泉之一，与周围众泉形成珍珠泉泉群。该泉涌水量虽不大，但涌姿十分独特。泉水如落入玉盘的珍珠一般，晶莹圆润，成串从水底往上冒，有的甚至可以跃出水面。

中国人爱水，更爱泉。凡有清泉处必有好景致，自然也少不了官府和民宅的聚拢和包围。珍珠泉是济南众泉中最早被圈入园林住宅的名泉。再早的不说，元代山东行尚书兼兵马都元帅、知济南府事，后来被元世祖封为济南公的张荣，便在此建起私人官邸。济南公的封号下传了几代，张荣的子孙一直都生活在这里。明天顺元年（1457），英宗封次子朱见潾为德王，原封府治在德州。明宪宗成化三年（1467），因酷爱济南山泉之胜，德王将府邸改在这里。珍珠泉便由金元时期的知济南府事官邸和明初的山东都指挥使司署改为德王府。当年德王府很大，北至后宰门，东至县西巷，西至芙蓉街，约

昔日的珍珠泉大院位于济南城中心，位置显赫，建筑宏伟。（历史照片，摄于 1928 年。出自《老照片》第七十五辑）

占老城的三分之一。府内“殿宇鳞次，堂阁栉比”。府前有高大石坊，额题“世守齐邦”。内有白云楼、正己堂、渊澄阁等大型建筑。明崇祯十二年（1639）正月，清兵攻入济南。第七代德王朱由枢被清军俘获处死，德王府也被付之一炬。清康熙五年（1666），山东巡抚周有德组织饥民“以工代赈”，在此修建巡抚衙门，也称抚院，系巡抚理政、审案和居住的地方。现在依然保留完好的巡抚院署大堂，名承运殿，是当年拆青州明衡王府大殿中的木材所建，其建筑的形制保持了原来的明式风格。当地老百姓从这时候起，将珍珠泉称“院里”，将抚院南门外叫“院前”，将珍珠泉后的街道称“院后”。

无论康熙还是乾隆，南巡路过济南，都将抚院作为行宫，其中康熙在此住过三次。乾隆皇帝极爱品茶，也是品茶的行家，因珍珠泉水质好，适合沏茶，每次南巡路过济南时，他都要选用该泉水沏茶。为此，他还赐封珍珠泉是“第三泉”。他还欣然题写了《戊辰上巳后一日题珍珠泉》诗：“趵突固已佳，稍藉人功夫。珍珠擅天然，创见讶仙区。”他为抬高珍珠泉贬低了趵突泉，似乎忘了此前他赐封趵突泉为“第一泉”的事情。1952 年 10 月，毛泽东来珍珠泉视察，看到刻着乾隆这首诗的御碑时说：“乾隆这个人好出风头，走到哪儿写到哪儿。”

在历任山东巡抚中，袁世凯的名字在全国最响。1859 年，袁世凯出生在河南项城县的一家大户，自少习武，二十一岁时投靠登州（今蓬莱）清军吴长庆的“庆军营”。1882 年，朝鲜王室发生宫廷政变，请求清政府出兵援助，清政府遂派吴长庆部开往汉城。袁世凯自告奋勇，成为开路先锋。由于行动快动手早，朝鲜政变迅速解决。此后他在朝鲜驻扎下来，一待就是十二年。甲午战争失利，清廷上下呼吁改革军事制度，建立新式陆军。1895 年，奕䜣、奕劻携军机大臣共同上书朝廷，奏请在天津编练新式陆军，并推举袁世凯负责。于是袁世凯这位三十七岁的红道台前往天津“小站练兵”，成了清政府新军即中国近代史上最大的军事集团“北洋军”的创始人。

1899 年，义和拳运动发展迅猛。清廷曾将做过曹州知府的满族大员毓贤提升为山东巡抚，叫他肃清山东境内的“拳匪”。但毓贤清剿不利，屡吃败仗，于是变“剿”为“抚”，差人与各地拳民讲和，答应只要对方闹得不凶，便承认其地方合法团练地位。从此，山东拳民便由秘密状态转为公开活动，“义和拳”也改称“义和团”。随后，毓贤以“山东匪患全部肃清”之功上报清廷。可这一套瞒不过洋人，他们向清廷施压要求撤换毓贤。这一年，袁世凯正在德州率领武卫右军操练。“垂帘听政”的西太后便召回毓贤，派袁世凯出任山东巡抚。袁世凯便将武卫右军全部开入山东，将山东原有旧军整合，派冯国璋主持全省军队的操练事宜。从此，袁世凯便由北洋大臣手下的军队将领，成为既有兵权又有地盘的地方大员。

袁世凯的军队拥有洋枪大炮，而且对义和团的镇压十分残酷，义和团只得再由公开转入地下，并纷纷向北转移。洋人因此对袁赞赏有加，而义和拳民则对他恨之入骨。有人偷偷地在巡抚衙门前的大照壁上画了一只头戴红顶花翎、趴在洋人脚下的大乌龟，讽刺的矛头直指袁世凯。

袁世凯算是孝顺，来到济南后，将自己的生母刘氏接过来一同住在巡抚衙门。1901 年，刘氏病逝。刘氏是袁世凯父亲的小妾，依千百年来封建习俗，小妾死后本不能主祭，不得立神位，棺柩也不得从抚院的正门抬出。因当时的正门只有迎驾、重要节日和喜庆活动时开启，平时出入的官吏均走东辕门，押解囚犯和遇有突发性情况时才走西辕门。因此，袁家来济奔丧的人都认为刘氏这次不能出大殡。但袁世凯坚持出大殡，并亲定仪轨，还请过从甚密的瑞蚨祥掌门人孟雒川担任治丧总管，只是同意棺杠不走正南门。可出殡当天，袁世凯却早已暗自找来南关刘家大兴灯轿幡杠铺的棚匠，瞬间架起一座跨越正南门楼的竹木“天桥”，披麻戴孝的袁世凯护送棺杠缓缓走过天桥。这场奇特的葬礼，一时成为济南街头巷尾热议的话题。

也就在袁母病逝的这一年，李鸿章病死了。他的北洋大臣兼直隶总督的位子便空了出来，袁世凯及时地补上了这个“肥缺”。根据清朝的规定，在任官员父母亡者应弃官守制。但袁世凯这时却向清廷保证“夺情应变，移孝作忠”。他不但留任，还能在服丧期间高升一级，这在清代官场是极其罕见的。

辛亥革命后，巡抚衙门又成为北洋政府的山东都督府、督军和督办公署以及国民党山东省政府。其中，先后入主于此的两大军阀张宗昌和韩复榘颇有些说头。1925 年 4 月 24 日，先后投靠直系军阀冯国璋和奉系军阀张作霖的山东莱州人张宗昌，被段祺瑞的北洋政府任命为山东军务督办，手握军政大权。他就住在珍珠泉院内的五凤楼。督鲁三年间，他疯狂敛财，当时济南广为流传这样的民谣："张宗昌，坐济南，也要银子也要钱，鸡纳税来狗纳捐，谁要不服把眼剜。"他还大肆扩军，来者不拒，用以培植自己的势力，最多时拥有二三十个军及若干独立师（团），号称拥有二十五万大军。当时百姓流传着这样的说法，张宗昌有三个"数不清"，即有多少银子数不清，有多少小妾数不清，有多少军人数不清。

原先珍珠泉大门外那座给袁世凯画漫画的影壁不远，是一座木制的牌坊，上刻"齐鲁总制"四个金字，用词无外乎对衙门官吏的吹捧，但大字端庄遒劲，引得一些习字练书之人常到此临摹。牌坊两旁尽是些小吃摊小

清末民初时院前街"齐鲁总制"牌坊（历史照片，澳大利亚人莫理循拍摄）

1931 年 10 月 10 日，上任不久的山东省省长韩复榘将政府所在地珍珠泉开门三天，免费让百姓们参观，一时间这里人头攒动，热闹非凡。（历史照片）

饭铺，人来人往，熙熙攘攘。这惹怒了张大帅，他遂以妨碍交通为由，勒令两旁的饭铺迁走。

比他晚五年入主珍珠泉的山东省政府主席韩复榘比张宗昌下手更狠，他以展宽路面为由，将那座精致的木牌坊强行拆除，引起济南民众，特别是知识界、文化界人士的强烈不满。这位我行我素的韩主席在山东一待就是七年之久。济南百姓中关于他的笑话很多。其中之一说，当得知济南推行行人靠右行走的交通规则时，他十分惊讶地询问随从人员："都靠右边走，谁靠左边走呢？"他观看篮球比赛时见十个人为抢一个球而互不相让，就慷慨地对球员宣布："我向你们每人发一个，这样你们就不用抢了。"其实，他出身书香门第，能诗文，擅书法，崇尚儒家文化。民间将其传说成粗鲁无知的莽夫，既有百姓对其理政的不满，也有复杂的社会、历史原因。

他同张宗昌一样扩充军队，大办民团，拥兵自重，截留地方税收。他还在济南东郊龙洞内修建了带有室外泳池的别墅，让小妾住了进去。蒋光鼐、蔡廷锴发动福建事变，张学良、杨虎城发动西安事变，他都通电支持，其所作所为深为蒋介石所嫉恨。他政治上积极反共，秘密组织"捕共队"，到处逮捕杀害共产党人。1931 年 4 月 5 日，他下令将邓恩铭、刘谦初等二十一名中共党员杀害于纬八路刑场，使中共山东党组织遭受了巨大损失。他还在珍珠泉的那座承运殿里亲自提审赵健民等中共地下党员。他提出"尊孔"，帮助筹资重修济南府学文庙，恢复祭孔典礼。他提出的"新政"，建进德会、国术馆，开办裕鲁当及银行。他还规定市民理发要男人只能给男人理、女人只能给女人理，看电影也必须是男女相互分隔。当时珍珠泉大院东面有座高大的戏楼，但他不喜欢看戏、看电影，从不到那里现身。1935 年为鲁西灾民募捐，他特邀了梅兰芳、金少山等名角来这里演出，正面包厢就是为他专设的，他却每晚都不去。后来身边人劝他应该去捧场，否则是对梅兰芳不敬，他在梅兰芳演出的最后一场去了，但只看了半个小时，就借故离开。同时，他还与到日本做了两年“寓公”又重回山东的张宗昌明争暗斗，最终利用郑继成于 1932 年 9 月 3 日将张宗昌暗杀于济南火车站。

1937 年 12 月 23 日，日军渡黄河，拟迂回包抄济南。韩复榘害怕所部被歼，遂于次日夜率数万军队弃城南逃。临走时，他还命令所部在市内抢掠银行、工厂和仓库，放火焚烧了包括珍珠泉大院在内的省政府各机关、高等法院、火车站、进德会、裕鲁当、国货商场等，并美其名曰“焦土抗战”。后来他又丢弃泰安，退至曹县、成武、单县一带，日军乘虚南侵，半月间就占据了大半个山东。蒋介石以“擅自撤军”之罪名，于 1938 年 1 月 11 日在开封将韩复榘逮捕，当月 24 日将他处决于武汉，那年他四十八岁。

新中国成立之前，珍珠泉大院曾作为国民党第二绥靖区司令王耀武在城内的军事大本营和炮兵阵地，院前大街上也停满了各种军用汽车。济南战役胜利后，这里还一度成为临时战后医院，收容医治国民党伤兵。那时，饱经战乱和风雨摧残的珍珠泉大院，从园林角度讲已不成样子，院内绝大部分古代建筑化为灰烬。

20 世纪 70 年代的珍珠泉（历史照片，出自当时济南印制的笔记本插页）

中华人民共和国成立后，珍珠泉得到了多次修缮与改建。清

1903 年的珍珠泉（历史照片）

巡抚衙门唯一留下的承运殿，被列为省级重点文物保护单位；张宗昌住过的五凤楼，韩复榘住过的红楼等原有建筑得以恢复；民国时被称为“珍珠精舍”的园中园海棠园得以改造，相传园里那棵至今枝繁叶茂的海棠为宋代曾巩手植；新建了珍珠泉礼堂、省人大常委会办公楼和珍珠泉饭店。那时珍珠泉礼堂（现在叫人民会堂）还常放电影，20 世纪 70 年代末，众多的老电影被解禁，我在珍珠泉礼堂看过孙道临主演的故事片《家》。

20 世纪 90 年代，我再来这里时，围栏换成了汉白玉做的，其他一些小泉池上也围起石栏。但是，太湖石堆砌的那些假山真叫一个假，一堆一堆的，蹩脚碍眼。在我看来，要做到明代造园艺术家计成《园冶》中提出的“师法自然”的主张，并不容易。

2002 年五一节，伴随着新扩的泉城路开通，珍珠泉也正式对外开放了。很显然，有关部门下了很大的决心，为百姓做了件好事。“黄金周”的头几天，因不要门票，这里每天涌进十多万人。由此看出，人们对这座“躲进院里成一统”的神秘园林，是何等渴望一睹其风采啊！

王府池子
曲水亭
百花洲
鹊华桥

# 小桥流水人家

珍珠泉北面和西面的几条老街巷，最具“老济南”风情。人们枕泉而居，对弈品茶，曲水流觞，尽享天然。引得李攀龙、刘鹗、路大荒和辛铸九等历代文人雅士来此探幽、定居。

济南人应该永远记住刘鹗。他的章回体小说《老残游记》对济南有许多精彩的描述，他笔下的“家家泉水，户户垂杨”这诗一般的景象让人艳羡。

刘鹗（1857—1909），字铁云，江苏丹徒（今镇江）人，是治水专家，著有《历代黄河变迁图考》。光绪十六年（1890）山东闹河患，刘鹗被调来济南任黄河下游“提调”。他先是只身住在历城县衙（今县前街北），后接来家眷居小布政司街（今省府东街），不久又移居县西巷内的英武街。他这几处住所都距珍珠泉、王府池子和曲水亭很近。这一带泉水众多，或在街巷中，或在民居四合院里。珍珠诸泉北流成溪，穿街走巷，直奔大明湖。老城里的人们习惯于垂杨下、清泉畔、小河边，淘米、洗菜、担水、洗衣服，乃至洗澡、游泳，形成老济南特有的市井百态。长江边上长大的刘鹗写《老

王府池子街上的腾蛟泉

残游记》时，尽管已离开济南十年有余，但对济南如同自己家乡一般的美好景致仍记忆犹新，历历在目。

老济南多少年来广为流传着这样的顺口溜："东更道，西更道，王府池子二郎庙。"指的就是这一带的街巷布局和著名景点。"更道"，顾名思义就是过去更夫为王府夜间巡查打更所走的路，德王府东墙和西墙外各有一条狭长的更道。王府池子在珍珠泉西北方，走西更道步行几分钟便到。明德王建府时见此池水波荡漾，粉荷婆娑，便将此地辟为王府西苑，修亭、建榭、架桥，扩建泉池成湖，从此王府中人水中荡舟，花前月下，尽显升平景象。随着明废清兴，德王府更换门庭为巡抚衙门，这一带逐渐划归民居。一泓清水有了雅号，名濯缨湖。但人们仍喜欢攀高枝，按这泉的地理位置称其为王府池子。今天王府池子周围的亭榭已无踪迹，但丰水期泉旺水深，岸边杨柳依依。每至盛夏，周围的居民们到泉畔汲水、纳凉、饮茶、下棋、垂钓，乃至下池游泳，享受闹中取静的恬淡与闲适。

王府池子北岸有一片青砖黑瓦组成的四合院群落，这便是王府池子街九号的张家大院，至今有三百多年的历史。张氏的祖先曾是明德王府的武官，原先王府池有水槽，是王府饮马的地方，后来王府划给张武官家宅基，张家分三次买下了这块"二亩七分三厘三"的院落。过去这个院子很讲究，很完整。可惜，1958 年的"大跃进"将前院的客厅和砖砌月亮门及多株参天古树给"跃进"光了。今天尚存五进院落共五十间房，房前屋后树木繁盛，榆树、核桃、石榴、海棠和梧桐、丁香等郁郁葱葱，当然数量最多的还是水畔充满柔情的一株株杨柳。

如今几十间瓦房中住着张氏第十一代至第十六代的子孙。辈分最大的十一代孙张姚桓住在正院的正屋，他早年是济南女子中学的教员，写得一手好字，曾受到书法家舒同的好评。张姚桓1992年病逝后，他的夫人赵永久一直住在这里。一头银发的赵永久是位资深的小学教员，不仅桃李满天下，自己膝下也拥有八女两男共十个子女，及十几个孙子和外孙。她家后院有棵两百多年的石榴树，每年能结出两百多个石榴。在宅院前后种石榴，是济南人的风俗，寓意多子多福。进得屋子，摆设着雕有兰花图案的罗汉床、八仙桌子、太师椅、条几、条凳、立柜等，都是旧物。由于院子保存得好，这里一度成为许多影视剧的拍摄外景地。

王府池子过去从未干过，泉水很深，中间测不到底。这里的大人孩子都会游泳，就是在泉池中学的。这一带民风质朴，邻里之间和睦相处，相敬如宾，从不相互乱串门，但又相互照料，十分安全。除春天的鸟叫、夏天的蛙鸣、秋天的蛐蛐叫之外，没有吵架等嘈杂的声响，文明而祥和。

王府池子在南北朝时称流杯池，其水顺渠北流，穿过张家大院的西花墙，出起凤桥，绕曲水亭街，过百花桥，进百花洲，入大明湖，一路的居民，一路的清泉，一路的绿柳，一路好景致。这弯弯曲曲的溪水与珍珠泉的玉带河汇成曲水河，从街中央大摇大摆穿行而过。流杯、曲水的典故源于古时文人雅士春天时的一种诗酒聚会，即所谓“曲水流觞”。每逢农历三月上旬巳日，人们将盛满美酒的杯子放到托盘里，再放到流水中，任其顺流漂下。河沿上坐着参加活动的人，

戏水王府池

酒杯流到谁的跟前停下，谁就得一饮而尽，并即兴吟诗。这一习俗一直流传到清代。

曲水亭街以亭命名，亭以街貌取义，相得益彰，画龙点睛。曲水亭的位置和面貌，过去的文献中有许多的说法。晚清文人陈德徵于光绪三十年（1904）所撰的《济南游记》中《游济南曲水亭记》一文记述："百花桥之上有亭，名曰'曲水亭'。其联曰：'两道小桥一湾流水，数椽茅屋几树绿杨。'盖写实也。亭中常有人设茶灶，每当长夏客来，可以品茶而避暑；又设弈枰，凡城中之国手及嗜好而未工者，每日必集，对局以角胜负，其听鼓不得志之微官与赋闲无聊赖之幕客，亦多聚于此，茶余相与纵谈时事之得失、议论人物之臧否。其稍谨默者，则藉访新闻、听棋声，以消永昼。"这一段文字，以写实之风将街道面貌、盛夏品茗、设枰博弈、小聚闲聊的情形娓娓道来。但曲水亭的具体形态，以及那副对联到底出自何人之手，至今无从知晓。

1934年罗腾霄著《济南大观》中记述曲水亭："在城内后宰门百花桥南，仅屋三间，内设茶座、围棋供人消遣，为济南有名围棋社。旧有一联云：'三椽茅屋两道小桥，几株垂杨一湾流水。'此联为郑板桥所书，今失无考。"这里所提的对联与前面提到的，究竟谁是谁非，不好考证。不过，这里曾是济南的围棋中心确是不争的事实。据1957年曾获得过济南首届围棋赛冠军的张成铨回忆，中华人民共和国成立前，此亭内"幽雅爽朗，窗明几净，舒适宜人"。亭内所悬木匾，上书"陆卢停车"四个苍劲大字，因无落款，不知出自何人之手。亭内设茶室，由一赵姓人家经营，世代相传二百余载。百年间，不仅本地人，就连包括日本人在内的海内外围棋高手来济南，大多到此"手谈"。中华人民共和国成立后整治大明湖片区时，此亭被拆除，茶社主人改行，棋界一片惋惜之声。

院后街和曲水亭街的交界处，还是济南最早发电的地方。1905年，山东机器局总办刘恩驻个人投资27.9万银圆，从德国购进两台42千瓦的锅驼发电机，聘请德国人斯密特·哈姆来济南装机，建起了占地近两亩的济

济南城内跨度最小、知名度最高的古桥有一个诗一样的名字——“起凤桥”。

民国初年的曲水亭街（历史照片）

冬日百花洲在夕阳的映照下更是眉清目秀。在夏日，这里是当地人纳凉、垂钓的好地方。

南电灯房，专供巡抚衙门和附近达官巨贾居家照明。每当夜幕降临，刘恩驻要亲自到抚院里合闸送电。

“两道小桥”之一的百花桥，横跨曲水河上，将后宰门与辘轳把子街连接起来。它始建于元代，原为石桥，今改钢筋水泥桥。前些年，有人在桥北街角处重立六角凉亭，写上了“曲水亭”的名字。但没了原有内涵和故事的建筑构件，不免显得苍白与单薄。

比起以往，今天的百花洲小了许多。洲中原有小岛，风景绝好。宋朝时，被后人尊为“唐宋八大家”之一的曾巩来济南任齐州知州，他主持在此修百花台和百花堤，并留下《百花台》诗抄。明代“后七子”之一的李攀龙在岛上建高三层的白雪楼，与爱妾蔡姬隐居于此。蔡姬做一手好菜，最拿手的是葱味猪肉灌汤包，包子包好后在撮口处插上葱段上笼蒸，快蒸熟时将葱段迅速抽出，并将撮口封好直至蒸熟。如此一来，蒸熟的猪肉灌汤包品来只有葱香不见葱影。直到解放初期，曲水亭街上还有卖葱味包子的食摊。

如今百花洲仍楚楚动人。岸边民居错落有致，柳丝随风飘逸，平静的水面上，荷叶滴翠，莲花映日，鹅鸭翻掌。比起那些圈在园林里的湖水泉池来，多了几分朴素与野趣。每过此地，我总愿停下来，看看这动的河，静的湖，绿的树，红的花，养养眼神。垂钓爱好者们在此找到了打发时光的好地方，而不为钓到多少鱼。

此街另一道桥名气更大，就是原来连接百花洲与大明湖的单孔拱桥鹊华桥。该桥始建于宋，清嘉庆年间重修。长约 25 米，宽约 5 米，水面距桥顶高约 3 米。坡度很大，往来人力车和畜力车需斜行转折过桥，冬季遇到冰雪，桥上更是难行。据说当年站在桥顶北望，城郊“齐烟九点”中的鹊山和华不注山尽收眼底，桥名由此而来。元代画家赵孟頫曾在济南为官三年，他为其挚友、祖籍济南的画家和鉴赏家周密所作《鹊华秋色图》，描绘了鹊华二山之秋景，令人叫绝。此画深受乾隆喜爱，他还将画从宫里带出，来到济南按图索骥，现场比对，并题字、赋诗歌咏。这幅名画后被蒋介石政府带到了台湾，现藏于台北故宫博物院。

依水而建的曲水亭街有一个漂亮的弧线，民居枕河而建，宛若江南。

20 世纪前半叶，鹊华桥畔辟有码头，备有画舫，可由此乘船入大明湖，经北水门出城一路向北，穿行于广袤的稻田、藕池和村舍，最后抵华山脚下的鹊山湖，以领略济南老八景之一“鹊华烟雨”的诗情画意。当年省立一中就曾组织师生们参加过这样的郊游。1946 年，抗战胜利后，大明湖畔的省图书馆、省民众教育馆都被“国军”占据。为方便军车通行，鹊华桥被拆除加宽，改为方木支撑的平板桥。中华人民共和国成立后又改成水泥板桥，与拓宽后的明湖路持平，丝毫看不出桥的面貌了。桥附近的这条鹊华桥街，1965 年与其他道路整合称明湖路。园林专家们说，鹊华桥如果保留到今天，大明湖将更加完美。

曲水亭街与芙蓉街平行为邻，又通巡抚衙门、府学文庙、后宰门，闹中取静，环境清幽。枕河而居的街上人家，大多花脊小瓦，青砖粉墙，古朴雅致。早年这里开了些饭庄、药铺、客栈、澡堂，也有经营古董、书籍、碑帖和字画的店铺。还自发形成了远近闻名的“鬼市”，即一种古董交易市场。早年间卖古董者除了一些职业古董贩子，还有些家境破败的达官显贵、文人墨客及其后人们。为急等钱用，这些人拿几件家传的宝物，到此换些银两。而买家中既有收藏者，也有不少贩子，共同点却很一致，都不愿暴露身份。人们趁着夜阑人静，提着马灯来此交易，甚至买卖双方都用围脖把脸捂严实，生怕被熟人认出。说话也是压低嗓门，小声小气，鬼鬼祟祟，天一亮便人走集散，“鬼市”之名由此而来。1938 年，蒲松龄研究专家路大荒，在这条街上的聚古斋书肆发现了《聊斋文集》（共六册），无奈要价太高而他又囊中羞涩，只好在朋友的作保下，借回家翻阅，期限仅一天。他回到家后便挑灯抄录部分重点篇目，直至凌晨。也许是这一机缘的撮合，十三年后，他的家也搬到了这条街上。

路大荒（1895—1972），原名鸿藻，字笠生，号大荒，淄川菜园村人，一生置身于蒲松龄研究，收集蒲松龄手稿。早在 1936 年，日本文秋堂就出版了路大荒注释的《聊斋志异外书 · 磨难曲》。同年由王献唐介绍，上海世界书局出版了路大荒编纂整理的《聊斋全集》（中华人民共和国成立后修订版改名《蒲松龄集》）。原先胡适考证《醒世姻缘传》是蒲松龄的作品，路大荒对此给予坚决否定，但这却使他和胡适成了学术上的知己。1937 年底淄川被日军侵占，路大荒随县政府逃到山区。日伪政府知道路大荒藏有蒲松龄手稿，便对其软硬兼施，邀他出山，但他不惧淫威，毅然回绝，遂遭日本人抄家，家宅也遭日本人焚毁，他本人更是遭到通缉。他只好用蓝布包袱把《聊斋》相关手稿包好背在身上，先是去了北平，1938 年春又到了济南，寄居在大明湖东南岸秋柳园街 15 号表弟高梦周家，改名路爱范，继续蒲松龄著作的收集与研究工作。他生活得十分拮据，靠做家教、街头卖字画和古董谋生。抗战胜利后，由时任山东省图书馆馆长王献唐推荐，他到省图书馆任特藏部主任，承担馆藏金石及古籍善本的鉴定与考证工作。1948 年济南解放后，他被任命为省图书整理委员会主任委员、省图书馆副馆长。1954 年，他与有关学者受省政府委托，参与了淄川蒲家庄蒲松龄故居的修复工作，并用汉隶体题写了“聊斋”匾额，该匾额至今仍挂在蒲氏故居内。除书法外，其绘画也颇有宋元文人画之风骨，尤擅画梅花。

1951年，他搬到了曲水亭街8号（原10号）一个四合院，与子孙们住在一起。路大荒最小的孙女路方红从小在这个院子里长大，她介绍说，路大荒住在北屋，屋里的书堆得满满的，黄宾虹为其题写的篆书“曲水书巢”和溥心畬所画《聊斋著书图》，一直挂在墙壁上。他为人谦恭、和善，与当时济南的一些文化名人像王讷、关友声、李士钊、黑伯龙、金棨、严薇青、张彦青等都有交往，很多人经常到他家做客。曾被打成“右派”的武训研究专家、作家李士钊，早年曾用英文翻译过《聊斋志异》，自然与路大荒成了同路人而经常走动。画家张彦青是路大荒的画界笔友，又是“文博口”的同事，一同参与蒲松龄故居的修复，自然成了“忘年交”。家住按察司街的书法家魏启后，在路大荒面前也是“小字辈”，但同样的书法特长使他们走到了一起。“文革”时，他们二人都受到很大冲击，但路大荒还将省下来的粮票送给同样困难、孩子又多的魏启后。“文革”一开始，研究“鬼狐”的路大荒自然成了“牛鬼蛇神”，他精心收藏的秦汉瓦当、元史底稿、聊斋佚文及大量书籍，都被红卫兵抄家时当作“毒草”拉走了。原先满当当的“书巢”空空如也，屋里地面上的砖头也被撬起检查。他人生的最后五年，由于受到政治上的迫害，加之患有脑卒中后遗症，身体活动受限，经常卧床，但仍然不忘蒲学研究。他曾让孙女路方红偷偷打开事先藏好的《蒲松龄集》，告诉她某页某段还有些问题要记下来，并嘱咐她，此书以后如能再版，一定要把这些问题改过来。1972年他去世时，黑伯龙委托夫人来家里吊唁。这是除其家人之外，唯一的亲朋好友的代表。

路大荒生前还有一位好友辛铸九，两人都是书法大家，自然有共同语言。辛铸九赠送给路大荒的一副对联“语为吉祥滋厚福，心缘敬慎达康衢”，至今保留在路氏后人手中。而中华人民共和国成立前辛家住在曲水亭街北首，与路家相距不足三百米。辛铸九（1880—1965），名葆鼎，章丘人，清末举人，1915年任益都师范校长。1919年被选为山东省议会议员。此后任过峄县（今枣庄峄城区）和清平县（今分属临清和高唐）县长。回济南后任济南商会会长，开过经文布店，做过裕鲁当铺董事长。抗日战争时期，因其子辛葭舟投身革命而遭逮捕。其孙辛曙明、孙女辛锐都参加了共产党，也都成为烈士。辛铸九出狱后，曾任世界红卍字会济南道院副统掌。他善书法，尤善欧体，笔力刚劲，当年为大明湖画舫题字不少。

辛家的三层小洋楼，被人们称为辛公馆。它外观看起来不大，楼内却有五六十个房间。辛铸九及儿孙们一大家人都住在这里。中华人民共和国成立后，辛家搬出了这座小楼，这里曾做过医院和大明湖饭店。2008 年，辛公馆遭拆除。其原址上违章建起的大了许多的“山寨”辛公馆，也于 2009 年 2 月 13 日被依法拆除。

进入 21 世纪，曲水亭街经过两次统一整治，取缔了一度盛行的露天烧烤。沿街墙体和门窗被统一“描眉画眼”，老街整洁了许多。“路大荒故居”的牌匾也挂在其门楼上。包括路大荒后代在内的一些久居此地的人家，也将房子作为店铺出租，因而有了一些奇特的小商铺。有人还将济南小吃油旋当街做当街卖，只是那葱味包子，不知何时再飘香街头。

◆芙蓉街 ◆芙蓉巷 ◆金菊巷

# 聚财的宝葫芦

芙蓉街曾是济南老城内最著名的商业街，有过一百多家店铺，其中有很多老字号，有好几个“济南之最”，曾经引领济南的时尚潮流。

有位朋友对我说，台湾商人至今有这样的经营理念，凡是商业繁盛的街道，一定不能宽阔而敞亮，而应像宝葫芦一样密不透风，唯其如此，财气和运气才不至于漏掉。听起来，台湾人或者说是大陆去的台湾人还都讲些老理儿。这宝葫芦说法正是以前经商者所常常采取的。芙蓉街当年就是一个“宝葫芦”。

芙蓉街这个浪漫而极富诗意的街名源于街西今 69 号院内的芙蓉泉，此泉与街上其他两个泉子——南芙蓉泉、朱砂泉皆属珍珠泉群。金元时，附近建有姜家亭。因地靠王府池子，德王府修建西苑时，这里也沾了王爷的光变得富贵起来。清前期，韩观察将芙蓉泉圈进宅内，在此建芙蓉馆。清康熙初年，伴随德王府西苑的废圮，此地景色渐衰，桥毁亭塌，但曾寄迹

鸟瞰芙蓉街

于此的清代诗人董芸还是留下了“老屋苍苔半亩居，石梁浮动上游鱼。一池新绿芙蓉水，矮几花阴坐著书”的美妙诗篇。

中国向有“庙市合一”或“前市后庙”的街市格局，如南京夫子庙，苏州观前街，上海城隍庙等，无一不是商贾辐辏之地。芙蓉街北有府学文庙和关帝庙，中段路东有龙神庙，路西有尼姑庵，加之西北紧靠贡院，香客、学子、车马行人日渐增多，商家富贾各路云集，街市便渐渐成形。至全盛时，这条宽不过四米，长不过五百米的街巷，与相连的芙蓉巷、金菊巷和平泉胡同等支巷在内，商号多达一百四十余家。裁缝铺、首饰店、染坊、书馆、照相馆、乐器行、诊所、铜匠铺、银匠铺、眼镜店、杂货店、鞋帽店、服装店乃至青楼妓馆等一应俱全，许多商号堪称“济南之最”。像济南最早出售水晶眼镜的眼镜店、济南最大的乐器店、最早的照相馆、最有名气的鲁菜馆、规模最大的菜馆、最早的镶牙馆、旧城内唯一的汽水厂，以及中华人民共和国成立前老城内的最高建筑等都“挤”在这条街上，成为济南开埠前最为繁盛的街市。

即使你今天走在这条狭长的巷子里，面对着一座座斑驳破败而又古色古香的楼宇和宅院，一间间尘封良久的商号铺面，依然可以想象到当时这里的人声鼎沸和车马之喧。

街的南首有两幢斜对着的高三层的西式楼房，今天看来不怎么起眼，可在当时，这楼却是鹤立鸡群。路西那幢灰色的楼为山东教育图书社，由

历经沧桑的山东教育图书社，创建于1913年，由山东教育家鞠思敏等人发起成立。抗战时期，以抵制日伪教材而远近闻名。

山东教育家鞠思敏、王祝晨、许德一等人发起，两百多位教育界人士共同参股，1913年创办，20世纪30年代后由大布政司街（今省府前街）迁此重建，济南设计师参照德式建筑设计，成为中华人民共和国成立前旧城内的最新式的最高建筑。一层是营业厅，二层为经理室和公寓，三层是书库。楼外部采用巴洛克风格的装饰手法。三楼外设一不大的挑台，在此凭栏俯瞰，芙蓉街景一览无余。旧时这里主营中华书局的图书，兼营文具和教学仪器，很受读者欢迎。据说在济南沦陷前的1937年，这家书店银行存款达七万多银圆，相当于五座书店的成本。日伪政权时期，经营者一身傲骨，积极提倡国货，拒绝发行奴化青年的日伪课本。1962年，这家书店停止了经营，这座建筑曾被改为山东省教育厅招待所和电子器材厂的营业部，现为一家饭店包租经营。

街东，方方正正的那栋红砖楼则是20世纪20年代建立的广利顺杂货店，系旧城内最早采用机制红砖的建筑，在老城内一片黑瓦青砖的海洋里格外醒目。尤其采用新式的玻璃橱窗，方便了商品陈列，成为现代商店的雏形。过去所说的“杂货”，并非今天所指的土产杂货，而是指服装、百货类。“广利顺”经销服装、鞋帽、绸缎、丝绣、进口瓷器、玻璃器皿，还有上弦启动的火车、轮船之类的儿童玩具等“洋广杂货”，成为当时老城内最为时尚的卖场。30年代，这里成为同生弧光美术摄影公司，以弧光灯照明布光，成为济南最大的“电光日夜大摄影场”。

芙蓉街南口第一个向东去的岔路是一条与之同名的小巷。芙蓉巷中有三家店铺在泉城路拓宽前尚存昔日的模样。巷中段路北、平泉胡同东侧是“老济南”心目中颇有些声誉的老号“大成永”鞋帽庄。这里生产的鞋子在城里很有名气，当时有这样的顺口溜：“头戴一品冠，衣穿大有缎，脚踏大成永。”现存的这座清末建造的三进四舍院，系明清时期商业建筑盛行的“前店后坊”式，至今二进院门上还保留着如意纹样和象征“福禄”的砖雕。房舍挑檐下还有“狮子滚绣球”等精美的石雕、砖雕造型，象征财源滚滚。

“大成永”的东邻原有一座娇小玲珑的二层小楼，这便是济南首家卫生镶牙馆。创始人张巽辰，临清人，早年留学日本，回国后在上海跟法国医生学习镶牙医术。1882年回到济南后，在芙蓉巷租了间平房，开展了镶牙业务，还游走街巷出诊。1926年在原址上建造了这座楼房，增添一些新的医疗器材，成为济南首屈一指的镶牙馆。这座建筑有上海弄堂及小洋楼的某些特点，北侧相连的又是典型的济南四合院。这家“袖珍”牙科诊所，无疑在济南医药卫生史上占有重要地位，不仅解除了一部分人的病痛，而且还带来了西方先进的健康理念。他们有时还聘请外地甚至外籍医师坐堂。我的姑奶奶早年来此镶牙时，这里已有脚踏牙车、口镜和拔牙钳等“洋玩意儿”。大夫是位俄国人，好像中文名

济南最早的镶牙馆。始建于20世纪初，2001年被拆除。

字叫俄守发。后来此人还在芙蓉街上开设了守发镶牙馆。1927年，张巽辰还派其得意门生赵鸣歧及侄子张暨堂在经二纬五路开设了分号，实行了病历和分科诊治制度。1942年，张巽辰病故，由于家务纠纷，分号与老号登报断绝了关系，分号改名为渤海齿科医院。后来随着大型西医院镶牙门诊纷纷设立，这里的生意逐渐惨淡下来。中华人民共和国成立后有人借这老字号之名，搞起了中医诊所，通往后院的黑漆门扇上写道："祛病除根，三针保好。"

芙蓉巷还是济南照相业的滥觞之地。早在光绪年间，这条巷子里就出现了济南最早的两家照相馆，一名"容芳"，一叫"耀华"，都是广东人开办的。镶牙馆对面偏东，原有一座剁斧石到顶的二层楼房，形制欧化，体量虽不太大，但很是厚重，稳稳地立在那里。从墙上镶嵌"照相"二字和建筑年代刻记推断，它便是兰亭照相馆，其前身是开埠不久后谢小鹏开办的小鹏照相馆，1915年以后改称"兰亭"。20世纪20年代以前，济南

芙蓉巷的"兰亭"照相馆。2001年被拆除。

照相业普遍使用水彩为黑白照片着色，这样的色彩透明度强，易上光，但容易褪色。1922年，“兰亭”在济南率先使用油彩着色，既色彩艳丽，又便于长期保存。因油彩着色价格昂贵，多在社会上层人物和有钱人的大尺寸照片上使用。这座建筑1931年建造，在当时老城内其规模列各照相馆之首。

据说在泉城路拓宽规划中，镶牙馆和照相馆这两座堪称济南近现代商业标本的房子是要保留的，尽管争议很大。2000年开始动迁后，它俩还孤立于一片瓦砾中。直到2001年12月6日，这两个“难兄难弟”最终仍未逃脱被拆的命运。起先还将镶牙馆拆下的石头编上号，准备异地重建时照原样复原。但在不远处重建的假镶牙馆，根本没用那些原来的材料，原建筑墙上的“张巽辰牙医士”和“卫生镶牙馆”的精美刻石也不知去向。这座“假古董”无论如何也无法与那座老建筑特有的沧桑和厚重相提并论，使济南老城区的改造中又多了一份遗憾。

济南人一向重吃，济南菜成为八大菜系之一的鲁菜的重要分支。旧时济南有四大鲁菜馆，两家在芙蓉街，一是燕喜堂，二是东鲁饭庄。

这里说的是燕喜堂老号。用今人的眼光来看，老号的位置很“背”，或从芙蓉街南口北行至中段向东至金菊巷东首，或从院前经西辕门街西行至平泉胡同北首便是。这说明过去人们宴宾时与现代人的心理不同，多择“背巷”，而不喜欢要冲大道。燕喜堂创建于1932年3月，时值南燕北归时节，便得了这个雅号。它由两座三进四合院组成，有两个高大的门楼。今金菊巷1号为东院，是主人住宅，3号西院为店铺，共有十八间营业室，同时可容纳二百人就餐。创办人赵子俊，老家历城，十六岁进城打工，二十岁时到吉元楼饭庄以及后来在芙蓉街北首开设的魁元楼跑堂。燕喜堂这处房产原是济南电气公司董事长刘筱航（山东机器局总办刘恩驻之子）的房产，赵子俊在山东商业银行董事董丹如的资助下先是租赁，后来买了下来。因赵子俊科班出身，他对菜品质量和特色的要求很高。炉灶掌门人侯庆甫、梁继祥在烹饪技艺上追求典型的老济南风味，时称“历下风味”，以清汤、奶汤等汤菜见长。

燕喜堂在济南城里无人不知无人不晓。早先，金菊巷 3 号院是燕喜堂老号，天天车水马龙。这 1 号院则是主人起居的地方，相对安静。

我曾做过九年的餐饮管理工作，说起做菜以“汤”调味，那可是深有体会。所谓“吊汤”的方法，早在《齐民要术》中已有记载。制作清汤时以老母鸡、肘子骨，南方地区还要加上肥鸭等为主料，加水煮沸，再用微火煮，使主料香味溶于汤中，中间还要经过两次过滤，澄清汤汁。用此法制成的清汤，清澈见底，味道鲜美，清汤故名，广东人称其为上汤。制作奶汤须用大火，不用过滤，使之呈奶白色，广东人称之为“二汤”。绝不像现在做菜，一说奶汤，厨师便将“三花淡奶”放进去。济南菜素以清汤和奶汤作为烹饪时的调味品。除甜菜外，几乎所有的炒、熘、烩、炖等烹调兑汁时都要加入清汤。在白扒菜中要加入奶汤，这样做出来的菜味道鲜美醇厚。燕喜堂的老师傅们说，汤是唱戏的腔，炒菜的魂。灶间里一口大汤锅整天开着，不时地续骨头添水。有人说，在燕喜堂，前台的人到后厨来要块肉吃容易，要口汤喝却很难。有了这样的秘方，他们便创出了奶汤全家福、奶汤蒲菜、奶汤虾脯、奶汤鱼肚、清汤燕菜、清汤蝴蝶海参、清汤御笔猴头、汆黄管脊髓、莲子羹、八宝芙蓉鸭、五香苹果鸡、油爆双脆、卷筒鸭子、炸子酥鸡、蜜汁南荠丸等一系列招牌菜。

燕喜堂还有个“绝活”，即以梁师傅为主摆制的花盘看菜。他的“拼八宝”有葫芦与秋叶、吉祥与蝙蝠、扇面与白鹤、花篮与荷花等，根据不同客人需求变换花样。燕喜堂的菜好，就餐环境又颇具家居生活气氛，给人以宾至如归的感觉。很多人都以在此就餐为荣。赵掌柜提出，做生意最讲究与人结缘，就连拉黄包车的车夫也要请进来，不能怠慢，点菜更是童叟无欺，丰俭由人。燕喜堂开业不足两年，便跻身济南府餐馆三甲。20 世纪 30 年代，正在齐鲁大学任教的老舍偕夫人胡絜青及朋友一同来此聚餐两次，冬天的一次吃的是济南名菜“菊花锅”。

1950 年燕喜堂迁至今泉城路北。1956 年公私合营，经理由创始人赵子俊的儿子赵鑫荣担任。赵经理曾用大半年的时间搜集南北特色菜谱，不断推陈出新。在一次济南市的厨艺比武中，燕喜堂的师傅都名列前茅，生意也有了新的起色。1958 年，这家老字号又搬到今天的泉城路南卫巷口，“文革”后曾改名“红星”饭店。1980年后又改为“燕喜堂”。1986年新店又一次装修时，还特意请曾在济南求学的诗人臧克家题写了店名，挂在装饰一新的大门上。但无奈的是，到20世纪90年代，店面因经营不善被卖给了一家银行，这家曾红透老城半边天的饭庄就此有名无实了。好在燕喜堂老号的两座老门楼还在，赵子俊的孙子赵书元依然住在1号院内。2006年，赵书元找人刻了块黑底儿金字的门匾，上书“燕喜堂老宅”，算是对这一老字号、对祖先的追忆和缅怀。

这座考究的门楼，门楣上刻“咸宜”二字，据说过去是家颇具实力的银号。

与燕喜堂老号相邻的今金菊巷5号和7号院，从建筑上看是这条巷子中最为上乘的宅子。5号门临街，正门为青砖黑瓦的古代门楼，砖石雕齐全，拱券上有石雕蝙蝠，嵌石匾额上有“咸宜”两字。入门为照壁，向左进院后为近代砖石混凝土结构的二层洋楼，精细坚固。楼后还有五个小型四合院。据说这里曾是一家颇有实力的钱庄，主人姓纪，后来去了台湾，20世纪90年代末还回来看过这座院子。还有人说这里在韩复榘时代曾是一处高档妓院，生意红火。

“咸宜”对面今金菊巷14号门楼，过去是书画装裱老字号英华斋。1913年英华斋创始人白少杰从北京荣宝斋学艺回来，先在龙神庙处开店，1920年迁此。英华斋在当时的老城内很有名气，工作人员有二十余位。开始不收外活，只供南纸店销售的喜、寿及开业祝贺礼品中的中堂、对联、条幅和家堂轴的装裱。这里的绝活是古旧字画的揭裱。白少杰做这种活时要提前休息好，养精蓄锐，干活时门窗全封闭，不能有人打扰，用象牙制成的专用工具一点一点揭去衬在古画上的宣纸，有时揭一幅画需要很长时间，白少杰也从不偷工减料，从而保证了英华斋的质量和信誉。当年，黑伯龙、金棨、张立朝等书画家都是这里的常客。1956 年公私合营，英华斋并入了济南金笔厂，字画装裱生意少了，但同时装裱各厂矿图纸、制作药盒。后来白少杰的儿子白泰鹤及老伴亓宗英还住在这座老宅里。

与燕喜堂几乎同一时期创立于芙蓉街中段路东的，是一家以经营胶东菜和承办大型喜寿宴席为主的东鲁饭庄，日伪时期被改名为新东亚饭庄。前后共两进四合院，院落很大，东西还有侧院，可同时摆放一百多桌酒席，其规模旧城内独此一家。据说当年韩复榘娶儿媳妇时，就曾在此大摆喜宴，芙蓉街被挤得水泄不通。这饭庄后院有座九开间的二层楼房，至今尚存，青砖黑瓦，拱形门窗，后壁正对着王府池子，也成为一泓池水的背景参照物。旧时登楼，赏泉、小憩，别有一番滋味。

不长的芙蓉街上至少有三家在当时声名显赫的中西药房，均在路西。一是对着芙蓉巷口的中英大药房，二是面朝金菊巷口的明春堂药店，三是芙蓉街北段的普太和药店，都是清末民初创办。前两家系广东商人所为。过去济南的药铺多为京、津、冀和本省临清等地的药商把持。广东人的进入说明济南开商埠后投资环境有了改善，能够充分吸收各地的投资。尤其广东毗邻南洋，擅长将中国传统医药学与西方药业的先进制作、包装工艺相结合，产品具有很强的市场竞争力。像当年明春堂以生产小儿良药“鹧鸪菜”丸剂最为著名，对小儿头痛脑热、消化不良有明显疗效。

芙蓉街的时尚化是全方位的。颇有商业经营头脑的天津人看到济南水好，且老城内当时还没有一家汽水厂，他们遂于 1939 年在芙蓉街偏北段路东搞起了前店后厂的济东汽水厂，成为旧城内唯一的汽水厂。当时生产汽水虽设备简陋，属手工生产，但操作十分严格，据说共有九道工序。人们自然对这种新型的喝了能嗝气的饮料十分好奇和喜爱。每至盛夏，趵突泉、大明湖这些游玩之地都有“济东”牌汽水的销售点。到了秋冬季，汽水的生意淡了，汽水厂便在院子里设了磨坊，用传统的石磨磨制面粉，在当时洋面（机制面粉）充斥粮食市场的情况下，受到许多老市民的欢迎。

芙蓉街占尽“地利”，它南临院西、西门内大街，北接府学文庙与大明湖相通，西与贡院、布政使司相连，东与王府池子、曲水亭街紧靠，加之拥有如此众多的商号和“第一”，人气颇旺，不仅是百姓商贾的生意场，也是文人墨客、达官显贵们常到的地方。

中华人民共和国成立后，芙蓉街上的老字号、老店铺几乎都改变了用途，有的成了民居大杂院，有的成了街道小工厂，有的成了集体合作社，有的成了街道幼儿园。20 世纪 50 年代泉城路新商业街建成后，芙蓉街更是风光不再。这条没落了的老街在泉城路旁好像一条细长的夹缝，但也正是因为有了泉城路，芙蓉街也同北京王府井大街旁的东华街、上海南京路旁的中央商场、青岛中山路旁的劈柴院一样，有了依托，有了寄生的土壤。很多外地的风味小吃及济南当地的家常韭菜饼、马蹄烧饼、大米干饭把子肉等都在这里安家落户。每至饭口烟气蒸腾，热火朝天。

在传统的老字号中，后来只有巷子南口路东的三山眼镜店、玉谦旗袍店和宝明斋眼镜店了。济南最早销售水晶眼镜的店铺始称“一珊号”，后改成“三仙号”，传到今天三山眼镜店掌门人张广海老汉手中，已经历了四代。而位于街巷深处的玉谦旗袍店则有着百余年的历史。这家店铺不大的裁缝铺于清同治年间创立，今天的掌柜于仁谦是第五代传人。于仁谦的父亲于成章做了一辈子裁缝，公私合营后进了济南标志服厂做技术管理工作。家里至今保留着他做活用过的烧火烙铁、粉线袋、浆刀子以及美制的“胜家”牌老式缝纫机等老家什。从小耳濡目染的于仁谦除继承了祖辈传下来的精湛技艺和诚实的为人外，多的是几分创新意识和推销意识。他甚至将欧式晚礼服的样式运用到旗袍中，由于做工精细，款式传统中带着新意，不但当地的顾客登门，就连住在济南的许多外国朋友也慕名前来定做。说起在这里生活了几代人的芙蓉街，于仁谦充满深情，他愿在这里将先辈

旧日的关帝庙在中华人民共和国成立后曾长期作为粮店，如今已进行了重建。

传下来的手艺发扬光大。

21 世纪的钟声拉开了芙蓉街区改造的序幕。泉城路的拓宽工程率先将芙蓉街南首百年乐器店等部分建筑拆除，代之而来的是新型的所谓仿古建筑和街口上竖起的彩绘门楼。街口上那组栩栩如生的《老残听曲》的雕塑组合引来无数看客。

2007 年，芙蓉街进行了一次改造，拆掉了一些破旧房屋，并将保留下来的建筑粉饰，引来一阵争议。街北段冲着省府东街（原小布政司街）的关帝庙做了许多年粮店之后被推倒重建。建起来的新庙比原来阔绰不少，供奉起高大的关公塑像。每年大年初一，庙里举行新年祈福撞钟活动。按照道教传统仪轨，大年初五，这里还举行关公巡游，人们抬着关公塑像与牌位由庙里走到街上巡游，途经的店家门前摆供设坛，燃放鞭炮，祈求财源滚滚。

后宰门

# 陈年酒坛

大明湖南岸珍珠泉以北的几条僻静街巷，因地理位置优越，旧时有各色的客栈、印书馆、书店、饭庄和庙宇，是进城办事的人和游客歇脚的好地方。如今几乎所有的商号都成了民居，像一坛尘封的老酒，不打开不知其香。

明清时，从北京到各地，王爷府的后门（北门）一般称为后宰门。北门外这条东西走向的狭长街巷遂以此命名。它东起县西巷北首，与旧县衙、县学相邻，西至曲水亭街与文庙、芙蓉街相连，即所谓“芙蓉街，西奎文，曲水亭街后宰门”。南边经珍池街与院后街相通，北面与南北钟楼寺街、岱宗街相接，直

20世纪末的后宰门街

达大明湖南岸。如此优越的地理位置，比起芙蓉街来，少了些许商业的气氛和车马之喧，街道也显得敞亮。过去许多人逛完大明湖，总愿到这里走走，吃吃这里的小吃，逛逛这里的书店，至于那些各色的客栈更是进城办事人员休憩歇脚的好地方。如今几乎所有的商号、客栈都成了民居。

旧济南多庙堂，可谓有街就有庙。后宰门街东首是“土庙”，路北的关帝庙是济南府规模最大、规格最高的武庙，占地七亩余，中华人民共和国成立后被拆掉了。西侧紧挨着的是佛教庙宇福慧禅林，中华人民共和国成立前还住着和尚，至今尚存大殿遗址。中华人民共和国成立后，前殿及后殿留存佛像十三尊，“文革”中皆遭殃。从后来被副食店包围着的三间北大殿，不难想象昔日这座庙宇的恢宏。此街西头则是“洋”教堂，是老城内唯一的基督教礼拜堂。错列其间的商号中有四大名店很值得翻翻家谱。济南有道名菜“九转大肠”，它就诞生于这条街东首路南的“九华楼”饭庄。“九华楼”面积不大，但建筑考究，东面、西面和北面各有一两层楼回绕成“凹”字院落，上下共十间，木门窗、花窗棂。临街北楼拱券门两侧各有一圆形花窗，仿佛两只大大的眼睛。楼南面的天井中有泉井，久旱不干。店主杜氏是清代济南富商，特喜欢“九”字，所开九家商号都冠以“九”字。该店的菜品以猪下货菜见长。光绪初年的一天，杜掌柜请客时以“烧大肠”上席，颇受宾客赞誉。当宾客中有人得知其复杂的烹

济南名菜“九转大肠”诞生在这座名叫“九华楼”的饭庄。2003 年初，县西巷拓宽时被拆除，异地重建。

饪过程后，即席命名为“九转大肠”。一是取悦主人的“九”字癖；二是形容其烹饪过程如炼道家九转金丹。杜掌柜大喜，将这一菜名确定下来。这一菜品开了以猪下货为原料制作主菜上大席之先河。济南各老字号酒楼均纷纷效仿，使这一菜品名扬四方，至今仍是济南菜中的主打菜。但不知为什么，九华楼渐渐衰败下去，几经转手卖给一位经营大鼓和麻袋的生意人戴立尧为住宅。入口券门上方有三个石刻大字“九华楼”，“文革”时被抹上厚厚的三合灰盖得严严实实，老字号渐渐被人遗忘了。

戴立尧的外孙盛长贵自 1947 年出生后不久就住到这处楼院里，对这里的一切充满深情。2000 年，盛长贵将门口石刻匾额上的灰皮铲去，“九华楼”三个端庄大字显露出来，常常引来路人好奇的目光。县西巷拓宽时对是否拆除这座建筑有很大争议，后来采取了拆除异地重建的方案，拆下的石头、砖头也编上了号。在保护性修复的武岳庙内，九华楼重建起来。整体模样与原建筑相差不多，只是建筑朝向由原来的坐南朝北改为坐西朝东。房子自然也新了许多。那块刻着“九华楼”三个字的石匾还保留在文物部门的库房里。

与九华楼相比，街中段路南的“同元楼”饭庄名气更大。虽以楼命名，一座门楼内却分为两个平行的两进四合院。西侧为店铺、厨房，东侧为住宅，形制如同金菊巷内的老燕喜堂，各个院子相通，珍珠泉和珍池（当地人称鸭子湾）流出的清澈泉水汇成明渠，流经院内天井，店家将木箱放进池水中放养鲤鱼供客人选点。东家是历城县董家镇吕家庄的吕正轩。他读过私塾，有些文化。辛亥革命那年他与四弟吕本礼联手创办饭庄，取名“同元”。该店既经营小吃，又承办酒席。“拿魂儿”的是各色的面食，如蒲菜猪肉灌汤包、金丝卷、银丝卷、素菜包等。灌汤包将大明湖里采集来的蒲菜和半肥半瘦的猪肉剁成馅，倒入上好的酱油等调料，加进早已加工好的高汤肉皮冻，包好，上笼蒸熟，味道鲜美，散发着蒲菜特有的清香。当时在济南颇为流行的糖醋鲤鱼、荷花粉蒸肉、罐儿蹄等，该店也做得挺棒。20 世纪 50 年代，随着部分私营企业寿终正寝，同元楼也歇了业。现在的西院成了居民杂院，房舍面目全非了。东院为吕本礼的儿子吕海生的住所，保持着建筑的原貌。抗战胜利后，二十多岁的他作为同元楼的账房掌管着饭庄的财权，成了店里的顶梁柱。后来，他又成为吕家盘进的玉美斋食物店的中坚，在西门外估衣市街路南做起了点心生意。

这条街上还有家过去很著名的酱菜店远兴斋酱园，它是颇具商业头脑的章丘东北乡李家的产业，是其在济南开办的八大“兴”字商号之一，创办于清末。远兴斋本身也是联号，全市有三四家分号，属这家铺面最大。据说生意最火时，能装五百多斤酱菜的大缸就有三百多个，占据了街东首向南至珍池的多处院落。这里不仅酱菜做得好，而且用玫瑰花酿制的“玫瑰池”烧酒也远近闻名。

清同治年间，曾任左宗棠总管的胡雪岩利用其官场和经商生活中积累的资本，在杭州创办了中药店胡庆余堂，各地中药店仿效者甚多，庆余堂遍地开花。后宰门街北今 83 号是位姓尹的老板开的一家中药店，其店名改一谐音字谓之“庆育药店”。该店是典型的前店后坊式，铺面不大，三开间，前

“同元楼”饭庄当年的“少东家”吕海生。从老屋内的陈设依然可以看出主人当年的荣耀。

出厦，檐下挂罩雕刻精美，后院为二进四合院。自产的药品中儿科良药“至圣保育丹”成为店里的招牌药，此药配上药引子，可治愈很多儿科杂症。20世纪50年代，庆育药店歇了业，后来的铺面是一位姓郑的大爷开的小百货店，后院则成了住家户。至今门额上“庆育药店”的墨迹清晰可辨。屋内还保留着原来的隔扇。可能是借了原先老字号的光，小店的生意不错。

后宰门街上的田记公馆里精美的砖雕月亮门，如今在济南很少见到了。

因后宰门街西连文庙，东靠县学，北面又多是学堂，颇具文化氛围，街上便有几家在济南很有名气的书报馆及书店。同治年间私营的山东书局，1902年改由官府出资招商经营，改名山东官书局，地址就在这条街的路南。1922年2月又转由私人经营，并迁至院西大街（今泉城路西段）路北，主要是刊印发售书籍业务。这里还有家“大公石印馆”，系1905年由山东工艺局总办沈景忱创办，以印刷4开版的《简报》著称，又名简报馆，这是山东第一家石印馆。因该报发表了许多振兴实业、抵御外侮、收回权益的进步言论，成为当时济南最有影响的报纸之一，最多时发行量为四万份。后来由于办报人日渐保守，又不善经营，1929年7月停刊。街上还有家书店，以经营古文献见长。1922年10月18日中午，新文化运动的先驱，北大著名学者、教授胡适来到书店，购买了石印的李文田著《元秘史注》和洪钧所著的《元史译文论补》，总共花了六角钱。

从后宰门街关帝庙西行不远，路北原有条娘娘庙街（今岱宗街），街里自然有娘娘庙，雅称碧霞宫，也称泰山行宫，供奉泰山碧霞元君，即民间传说的“泰山娘娘”。泰山行宫旧时济南有数十座，尤以此庙最古，始建于明正德十一年（1516），后经多次重修。图为20世纪五六十年代济南的娘娘庙旧址。（历史照片）

济南的私宅中具有江南民居风格者凤毛麟角。这条街上偏西路南的田记公馆是其代表。今86号院的田家，原为殷实富户，据说是开染房的。院落的正门已不存在，但内部院落保存较为完整。入口是一道精巧细致的砖雕组成的月亮门，进门是一座太湖石砌的假山，假山下原有泉池，后被填埋。绕过假山向北的院落为正院，正屋朱红色大漆立柱及门窗花格扇工艺精美。南院有一处卷棚顶拱券门，上亦有精细的砖雕纹饰，拱门内有两层青砖楼，玲珑雅致，北侧山墙上为六角窗。此楼据说是小姐的绣楼。

◆贡院墙根 ◆遐园 ◆临湖街 ◆府学文庙 ◆东西花墙子 ◆庠门里

# 城市书斋

济南长期作为县、府、省三级衙署聚集地，是全省文化教育中心。拥有大型的文庙、贡院和各色书院、私塾、义学和新式学堂，相对集中在环境清幽宁静的大明湖南岸。

早年，贡院作为举行乡试或会试的场所，非济南独有，布局和构成各地也大同小异。今天的贡院墙根街东有座面向西方的大照壁，长达二十四米的正墙与两侧翼墙构成“八”字形，其长度在济南仅次于济南道院影壁，百姓称之为“状元墙”。照壁对面原是一石牌坊，过石牌坊向西三十米是南北甬道，北面就是原来的贡院。贡院大门三楹，两侧各有东、西辕门。门内建有“明经取士”“为国求贤”两座牌坊，以标榜科举制度的公正与廉明。二道门称龙门，进来后即见至公堂，为监临官及其所属办公的地方。至公堂后为明远楼，为全院制高点。考试时监临、监试、巡察等考官于此居高临下监督考生。楼后是聚奎堂，考官们在这里评阅试卷，决定录取人选。堂楼两侧为应试号舍，应考者入内即封号棚，考生考试和食宿都

旧时的贡院入口（历史照片）

在里面，待交卷日才打开。至光绪年间，应试号舍达一万五千个。全院围墙两重，内墙高一丈，外墙高五丈，墙上都密布荆棘以防爬越，故有“棘阁”之称。

1902年，山东巡抚周馥在贡院内创办“师范学馆”，即后来的济南师范学校。清政府于1905年废除了有着一千三百余年历史的科举制。此后，至公堂以南建成提学司署；监临院以北改建为济南府中学堂，即济南一中的前身，又在提学司署东建模范小学，后为省立第一实验小学。东新号改建为省立图书馆；西新号建为咨议局，辛亥革命后改为省议会，因其建筑的造型颇为奇特，人们形象地称之为“大鸟笼子”。1912年12月，孙中山曾在这里演讲。如今，贡院和“大鸟笼子”早已消失了，那些学校也早早搬了家，原址上改建成省政府所属机构的办公楼和宿舍楼，只有图书馆旧址和贡院墙根街保留至今。

1908年，山东提学史湖南人罗正钧向抚署提出创办图书馆的建议。次年正月，时任山东巡抚袁树勋上奏《山东省创设图书馆并附设金石集存所以开民智而保国粹折》，次月即获钦定。当年3月由罗正钧主持开工，至9月竣工，耗银两万，建成了遐园，罗正钧题写的“遐园”石刻如今仍立在东侧回廊入口，即原来大门处。

遐园是一座典型的园馆结合的庭院式建筑群落。当时建有书楼两层，因背靠大明湖，面朝千佛山，取名“海岳楼”，另有一贮存金石的楼取名“宏雅阁”。还建有神龛、虹月轩、金丝榭、碧云轩、碧琳琅馆、明漪舫、浩然亭、朝爽台等，与扬波的碧水、飞架的小桥、摇曳的垂柳一同构成风景图画，被文人雅客称颂为“南阁（天一阁）北园（遐园）”。

因当时带有博物馆性质的济南广智院为洋人开办，山东还没有专门的文物收藏、陈设的场所，所以图书馆还兼有博物馆的某些职能。当时，这里除有经、史、子、集等四类线装书外，还珍藏了许多碑刻及佛造像。其中，碧琳琅馆内有十块出自嘉祥蔡氏园中的珍贵的汉画像石，曾被日本人购买，罗正钧出钱购回，存放于此。馆内还有动植物标本陈列。院子里饲养着珍珠鸡、寒翠鸟、梅花鹿和金钱豹。

1922年，山东省教育厅在图书馆内举办山东历史博物展会，内容涉及历史、地理、古生物、教育、社会风俗、工商、农业等七大类，洋洋大观。展览开幕时，蔡元培、梁启超、陶行知等名流专程出席，梁启超还作了长篇演说。1928年“五三惨案”时，日军炮火轰击城区，馆舍建筑和藏书文物遭到严重破坏。1930年夏，城北火药库爆炸殃及书楼，岌岌可危。时任省教育厅厅长的何思源与刚刚上任一年的馆长、金石学家、考古学家和目录学专家王献唐决意建一处新的藏书楼。1935年3月动工，当年10月落成。这座两层的砖混结构的楼房名“奎虚书藏”，取古天象“奎星主鲁，虚星主齐”，意在涵盖齐鲁之精华。正门匾额石刻“奎虚书藏”四字，为时任教育部部长傅增湘题写。楼内藏新旧典籍二十六万册，楼下有阅览室，可同时容纳四百人。此外还有金石文物室、柳氏捐书纪念室等，时为省内最大、全国十大公共图书馆之一。梁启超曾评价道，中国公共图书馆，除北京外，以山东为最佳。“七七事变”后，山东省图书馆遭受重大损失。1939年4月，在海岳楼旧址改建抱璧堂。1945年12月27日，山东战区日军受降仪式在“奎虚书藏”一楼大厅举

20世纪50年代初期的山东省图书馆正门。后被拆除。（历史照片）

行。当天，第十一战区副司令李延年题写了“我武维扬”匾额，至今藏于该馆。解放战争期间，这里成为国民党的兵站，还存放军械弹药，禁止读者入馆。1949年3月图书馆重新开放时，当时编目上架的图书仅有3200册，其中还包括1500册新书。

在山东文博发展史上，王献唐（1896—1960）厥功至伟。他出生于日照韩家村，幼读家塾，十一岁时入青岛特别高等专门学堂，习土木工程。后就读青岛礼贤书院，先读完文科，又插班德文科，很得院长德国人卫礼贤赏识。后在济南《山东日报》和《商务日报》任编辑。1922年，任青岛督办署秘书。1926年，随其姑丈、同盟会创始人之一、国学大师丁惟汾赴南昌，先后任国民党中央党部秘书和中央训练部总务科长。1929年任省立图书馆馆长时还兼任山东通志局筹备主任和齐鲁大学讲师。济南解放后再度出任馆长一职。一生勤于著述，身有遗稿数百万言。长于文物鉴定，精于目录学，诗、书、画、印功力深厚，并以献身精神力保文物不失。1931年4月，当他得知日本人大田且企图将潍县高氏上陶室所藏五百余件秦砖汉瓦通过青岛火车站外运时，他急电青岛站要求截留，并通过山东省教育厅电请教育部予以没收并交省图书馆保存。同年7月，他又听说潍县陈氏万印楼欲将所藏钱币、刻石、陶器、杂项及秦砖汉瓦共计3826件，以9万元售予日本人，他立即呈报教育厅，并亲自到潍县陈宅接洽，终以3000元将上述文物收归公有，成为馆藏。

抗战爆发后，为避免馆藏古籍善本、书画与金石器物精品毁于战火或落入敌手，他及时向省政府建议异地存藏并申请款项，但政府置之不理。1937年10月，无奈的他只好选择其中的精品装了满满二十几只大木箱，分三批运到曲阜，通过孔德成安排到孔府内妥善保存。后见曲阜亦陷于炮火之中，他又告别妻儿老小，变卖自己的收藏，筹措运费，从中挑选出五箱精品中的精品，包括商代铜器、秦汉瓦当、唐代经书、宋元善本、明代瓷器等共计2111件套，与省图书馆编藏部主任屈万里及工友李义贵，随省立医院改组的随军车辆由兖州一路南下。漫长的旅途中时常遇到日机空袭，但他们三人始终与五大箱子宝物形影不离。王献唐曾说："这些东西就是我的生命，一个人不能失去了'生命'。"次年初抵达汉口时，苦于经费不足，货船难寻。恰逢南迁的国立山东大学需要中文系教授，他便接受时任山东大学代理校长林济青的邀请在四川万县授课，并预收八百元酬金作为运费及三人日常开支，文物也运到了万县。不久，山东大学暂时停办，他们又一次失去经费来源。王献唐只好向时任中央研究院历史语言研究所所长的傅斯年求助，作为"管理中英庚款董事会协助科学工作人员"，到已迁至四川嘉定（今乐山）的武汉大学工作，至 1938 年 11 月 24 日，终将这批宝物运抵乐山大佛寺，依照防霉、防蛀、安全严密的要求，选择天后宫内大佛一侧隐而不露且朝向好、易干燥的崖洞存放，并砌堵洞口。历时近一年零一个月，辗转行程约三千五百公里。王、屈二人为了生计，向李义贵作了守护嘱托，就先后告辞，到大学和学术团体履职。李一人留在了这里。开始时李义贵还能收到王献唐寄来的津贴，但随着战事的加剧，李义贵仅有的生活来源也断绝了，他只有到江岸做搬运工，担沙扛石，疏浚清淤，摆地摊，卖香烟和山果，以换取微薄收入糊口，苦苦熬过了十三个春秋。1951 年，这批宝物方运回山东，分别成为省图书馆和省博物馆的藏品。后来王献唐在回忆起那段往事时赋四首七绝，其中之一感慨道："故家乔木叹陵迟，文献千秋苦自支。薪火三齐留一脉，抱残忍死待明夷。"1960 年，王献唐病逝，葬于济南城西南万灵山下，路大荒撰写了碑文。1994 年，墓迁至青岛大学后的浮山，墓表为孔德成撰写。

与王献唐当年同甘共苦的屈万里，是济宁鱼台人，就读于济南府学文庙内的东鲁学校高中部文科班，该校校长是曾参加过辛亥革命，并担任过山东省联合会会长的夏溥斋（名继泉）。"五三惨案"时，学校被日军所占，他没能完成学业也没拿到毕业证便返回家乡，1929 年任鱼台国立图书馆馆长。后经齐鲁大学国学研究所所长栾调甫推荐，应聘于省立图书馆。1949 年去了台湾，成为同样去了台湾、时任台湾大学校长的傅斯年的秘书，后来成为中文系主任。1972 年当选为台湾研究院院士。曾为美国普林斯顿大学、加拿大多伦多大学和新加坡南洋大学的客座教授，成为具有国际影响的国学大师。而李义贵自四川回来后一直在山东省博物馆默默无闻地工作到退休，后来与我父亲同住在上新街省博物馆宿舍楼的同一单元内。巧合的是，王献唐的家于1956年由经十路14号搬到了上新街的这处博物馆宿舍院，只是那时没有现在的楼房，是个大的四合院，王家住南北两处平房，共三间。

2002年10月1日，位于济南东外环路上的新山东省图书馆大楼落成并正式开放。大明湖畔的老馆也有幸得以保留下来，成为大明湖新区的一景。

过去贡院的北面贴近大明湖南岸还有条贡院后街，后来叫临湖街。街的走向呈“凹”字形，原与大明湖内的辛弃疾纪念祠（原是祭祀李鸿章的李公祠）一带相通。很多人家花脊翘檐，木雕挂落，多是商贾富户。街上有晏公庙和潘公祠等祠堂。晏公庙是纪念春秋时的齐国相晏婴所建，余有一门一殿，中华人民共和国成立后成了淘粪工人组成的环卫队的办公地。2001年3月，此街开始拆迁，划进了大明湖景区。拆迁时只留下了晏公庙正殿和潘公祠，晏公庙的老门楼和其他的老宅一起被拆掉了。

看得出，大明湖西南岸临湖街19号过去是家大户。2001年3月，此门楼被拆除。

大明湖正南门东行路北即私立正谊中学旧址。辛亥革命后，山东大教育家鞠思敏与同盟会成员刘冠三、王讷等人看到济南的中学堂太少，无法满足培养人才之需要，于是筹款，自1913年6月至9月仅三个月的时间，就在这秀丽的湖畔，利用为清同治年间山东巡抚阎敬铭修筑的阎公祠旧址，开设了这所学校。鞠思敏（1872—1944）任首任校长。他是荣成人，清末举人。青年时毕业于山东优级师范学堂历史系，毕业后在北洋军阀张怀芝部下任职。曾出任山东省教育司司长、山东高等师范学校（后为省立第一师范学校）校长、省立第一乡村示范学校首任校长，还在北园先后创建了七处民众学校。他因热爱教育，力主办学，深得济南人爱戴。为纪念他，原先从岱宗街北口至大明湖鹊华桥东有一条“思敏街”，如今成为明湖路的一部分。“正谊”开始为旧学制，1924年实行新学制，改为完全中学并附设小学，还在花园庄开设了分校。这也是济南教育史上最早的中学之一。师生中即有早年追随马列主义信仰的革命者，像1922年济南地区直属党支部代理书记马克先，济南第一批共青团员李卓吾、宋辅圣等，也有张春桥这样的人物。1956年改为公立，并更名为济南第十七中学。20世纪80年代后又相继更名为济南第一职业中专和济南艺术中学。

济南府学是旧时济南府设立的国学学校，内祀奉孔子，也称文庙。为与历城县文庙区别开来，济南人又管这里叫府学文庙。它南起芙蓉街北首，北到大明湖畔。始建于北宋熙宁年间（1068—1077），是老城内现存最古老、规模也最大的建筑群。同其他孔庙的程式化布局一样，府学文庙在中轴线建有万仞宫墙（影壁）、棂星门、大成门、泮池、大成殿、明伦堂、尊经阁等建筑。两侧则有东西两庑、乡贤祠、节孝祠、名宦祠、崇圣祠等附属建筑。大成殿绿瓦覆盖，阔九间，进深四间，飞檐斗拱。内供孔子及四大弟子的塑像和“十二哲”牌位。东西两庑供奉七十二弟子的牌位。殿内有明嘉靖庚申年吴维岳临吴道子画孔子像石刻。殿前还有两个精制的碑亭。论其规模及建筑体量虽不及孔子故乡曲阜的孔庙，但比起南京夫子庙来气势要恢宏得多。

旧时每年二月和八月的上丁日，即入月后所逢第一个丁日，即为孔子的祭日，亦称丁祭。每到此，文庙内张灯结彩、鼓乐喧天、杀鸡宰羊，举行祭孔仪式。还因这里紧靠贡院、各色学堂和芙蓉街，即使在平日，许多学子及赶集的人也会到此祭拜。

1929年，教育家、戏剧家赵太侔在贡院墙根街和府学文庙成立了山东省立实验剧院，设话剧班、京剧班，成为当时全国较有影响的三处剧院之一。赵太侔（1889—1968），原名赵海秋，艺名赵畸，益都（青州）人，曾在美国哥伦比亚大学攻读西洋戏剧专业。1925年回国后，任北京艺术专门学校戏剧系主任，并在北大任戏剧理论兼职讲师。他应时任山东教育厅厅长的何思源之邀筹建山东大学，但不忘推进戏剧运动和京剧改革。实验剧院成立之初，除他和新婚妻子俞姗以及吴瑞燕、秦虹云外，又招收了俞启威（俞姗之弟，后改名黄敬）、魏鹤龄、李云鹤（江青）、崔嵬、陶金等人。当时李云鹤只有十五岁，与母亲一同住在按察司街27号其堂叔李子明家。两年后她在济南经历了一段极短暂的婚姻，之后便去了青岛。

1934年，大力提倡“尊孔”的韩复榘，组建成立了山东孔教会，筹款修缮了文庙，他带头捐款两万元，蒋介石捐了五万元。1936年8月28日，济南各界在文庙举行祭孔典礼大会。孔子七十七代嫡孙、最后一位被袭封为“衍圣公”、国民政府改封“大成至圣先师奉祀官”的孔德成在典礼上发表题为《信与忠恕》的讲演。祭孔当天，省政府各部门还放了公休假。

中华人民共和国成立后，随着历次政治运动对孔子的否定与批判，文庙附属建筑大多已废，主要建筑尚存，被“肢解”为四块。高近六米、厚达一米的影壁和单檐歇山三开间的大成门被围在街道工厂里。按照“周礼”专设的半月形泮池和济南最早的五孔石拱桥北面原是家铆焊厂。中华人民共和国成立前，利用府学文庙明伦堂、尊经阁两个院落建成了鹊华桥小学，后校北拓宽为大明湖路，校名遂改称明湖路小学。大成殿被包围在校园的中央，“文革”时还成为礼堂，时常放电影，后来成了学生们退避三舍的危房，放些破旧杂物。房顶上的筒瓦和木檩条有多处塌陷，伴着风雨时常坠落。学校为保护孩子们，不得不围起简易围墙。至于府学文庙的第一道门棂星门，早在20世纪50年代初就被拆卸移至大明湖正南门，成了公园的牌坊。1981年，那座重檐斗拱、原木结构的牌楼又被拆卸到了五峰山。现在的大明湖牌坊是比原来大了一号的钢筋水泥复制品。

府学文庙棂星门牌坊。20 世纪 50 年代初移到大明湖东南门，成了大明湖的地标性建筑。（历史照片）

重修后的府学文庙大成门

2005年9月10日，府学文庙千年大修工程终于正式启动。原有文庙建筑整合置换，交由市文物部门统一管理。先后修复了大成门、东西廊庑、东西御碑亭、戟门、东西掖门、屏门、棂星门、牌坊、更衣室等，大成殿更是抬升地基，落架重修，恢复了原有建筑规模与气势，蔚为壮观。2010年9月28日孔子诞辰日，历时五年的重建工程竣工开放。成人礼、开笔礼等仪式活动成为开放后每年的保留活动，为这座城市再添几分厚重。

与府学相连的几条陋巷，依然是古旧的气息。原先府学文庙的东西院墙，是青砖砌成的花墙，因此府学东西相邻的街道则分别叫东、西花墙子街。紧靠泮池的东花墙子街，早年很繁盛。像孙辑五的古籍书店聚文斋、良辰照相馆、郭大锥剪子铺、裱画店、古董店，还有饭馆等。在东花墙子街南首，府学文庙的东便门外，原立有“官员人等至此下马”之石碑，与曲阜孔庙东南角上的石碑同出一辙。人进了庙，马自然要暂时留下，于是马就被集中地拴在了这条短短的街上，马市街之名由此而来。

东花墙子街向北，府学东侧有条短街，因地处府学东旁门里，故称庠门里。“庠”是古代学校的称谓，“庠门”便是学校的一种统称。胡同西面就是泮池，过去上学即叫“入泮”，学校的树林也叫“泮林”，因此这府学墙壁之外的街就叫“泮壁街”了。

老济南早有“三山不见”的传说，还有“三山不见出高官”的民谚。这三座“山”分别指历山顶街上的历山，汇泉寺街上的灰山，还有庠门里街上的铁牛山。说是山，其实都是些不足一米的“小山包”。铁牛山，这条街上的人就叫它铁牛，早先铁牛就裸露在街边的玉带河畔，黑乎乎的，牛一样

这是20世纪末的庠门里街。图右高墙内就是府学文庙。

府学文庙泮池旧景（历史照片）

的样子，对此习以为常的居民也没感到怎样。至于铁牛的来历，没几个人能说得清。有人说它是“镇水之宝”，有人说它不过就是块天然的铁矿石。但究竟是此地原产，还是他处运来，何时在此，历史上都从无记述。清人有诗云“我问济水南，沧桑变未休。历山久无顶，耕者沉铁牛”，并且诗后加注曰：“历山、铁牛山久埋入地，今成市冲而存其名曰：历山顶、铁牛顶云云。”由此看来铁牛在此颇有些历史了。

20世纪70年代，街道居委会盖房将其压在了一处平房下，这铁牛摇身一变成为“地下文物”了，从此披上了神秘的面纱。2001年10月2日上午，经各方面精心准备和策划，将埋藏地下三十年的铁牛进行了挖掘。为此，地质勘探部门用了精密的航空遥感技术来测定铁牛的具体位置。电视台甚至动用了平时很少使用的数字卫星转播车对挖掘全过程进行了直播，现场人山人海。但铁牛挖出来，令人大失所望。它非石非铁，质地坚硬，有人说是古代炼铁的遗迹，有人说是“天外来客”陨石，虽然尚无最后定论，如今这个黑家伙被移到府学文庙院内，向游人展示。

◆兴华街
◆运署街
◆按察司街
◆东城根

# 紫气东来

父辈的家世微不足道，却与济南的街区地标文化联系在一起。父亲的求学经历不足挂齿，他所读的省立一中却是名人荟萃，桃李满天下。

仔细观察就不难发现，济南老城的四个城门是不对称的。除南门居中外，北（水）门偏东，西门偏南，而东门则偏北。老东门是指最初修建的偏北的那道齐川门。当地人说的老东门指的是大致一个区域，范围约在按察司街北首、汇泉寺街南首以东以及东关大街西段。后来为了方便城东市民出入城方便，便在运署街东端开了新东门，雅号巽利门，经跨河桥与对岸的兴华街、七家村等连接起来。老东门地区开发得早，人口十分密集，民宅星罗棋布。而新东门一带除了古老的运署街外，其他建筑的历史相对短暂，洋学堂和民居交融。新老东门的共同之处是官署少，大商号少，庙堂等公共建筑少，更没有城西那样的殷实富户。

过去新东门外护城河水清澈见底，附近的人们大都挑着担子顺桥头下去打水。大家都有个约定俗成的规矩，一大早挑饮用水，快到中午时才到河里淘米、洗菜、洗衣服。

过了桥即到兴华街，原名华美街。鸦片战争后，西方列强来华传教。美国基督教长老会于19世纪末来济就在东关一带租地，建医院、教堂和学校。兴华街北私立齐鲁中学便是教会的学堂。其前身系长老会于1893年创办的“济美学馆”，是济南最古老的中学。建校时的黑色匾额保存在校史陈列室中。1929年，原先只收男生的济美学馆与西邻1914年建立的教会学校“翰美女学”合并，更名为齐鲁中学，校长为中国人张子修。齐鲁中学是我国最早男女同校的教会学校，张子修也成为最早的教会学校华人校长。中华人民共和国成立后改为济南五中。著名书法家欧阳中石、漫画家钟灵就是这里的学生。20世纪30年代胡絜青随老舍来济客居时，曾在此任图画教师，并主编进步学运刊物《齐中月刊》。

运署街得名于都转盐运使司署衙门，兴建于明洪武元年，负责全省的官盐运输及盐税征收。署衙旧址在后来的济南一中西面，而一中校址则是

青砖黑瓦、两面坡顶的房舍围成的一个个四合院，曾经是济南人温馨的家园。

明清两代按察使司署遗址。按察司自唐代设立，后历代延续，相当于如今的监察部门，掌门人称按察使，负责巡察、考核州、道、府、县的吏治。明洪武年间，济南有了府的建制，府按察司署便由青州移至济南城东垣，明代成化年间重修。今司署已废圮，旧迹难寻。新东门开辟后，运署街有了人气，街两旁店铺林立，杂货铺、饭馆、电料行和磨坊以及雕花门楼并肩而立。至今有些铺面还保留着当年的雅韵。

而运署街西首连接着的按察司街，有名的地方是位于街南首 106 号由韩复榘 1932 年 6 月设立的裕鲁当，韩复榘亲自题写当铺匾额，并亲自任当铺监督，辛铸九任董事长。作为官典，开业后给原本控制济南典当业的日商当铺形成较大冲击，后在进德会还开设了裕鲁分当。这条街上住的多为官宦人家和殷实富户，其多处院落建筑细部精致。最为典型的是 63 号的魏家大院。这是一处清末建筑，门楼饰有彩绘葫芦、花篮、牡丹、云纹、铜鼎、香炉等造型的砖雕。临街墙上有三块拴马石。内为三进四合院，东西错列。二进门楼为卷棚顶垂花门楼，额楣上有“福”字雕刻。中华人民共和国成立后，这里被一分为二，分别为街道幼儿园和东门大街派出所驻地。

家父牛继曾（1932—2000），幼时住新东门里东城根街，离苗家巷很近。如今此街难觅踪迹，只有越过明湖路北靠近老东门的地方还有条东顺城街，可能是早年东城根街的延续。近年建设明湖新区，东顺城街也已作古。父亲曾回忆说，东城根街上旧时有关帝庙，庙的规模不大。有酱菜店、杂货店，还有一个淘粪工人的行业组织，名字很有意思，叫“金汁业”。父亲命苦，是个弃儿，自幼由养母抚养成人。父亲称她为姑姑，我们第三代就自然称之为姑奶奶。姑奶奶曾对父亲说起过牛氏家族的历史。牛氏祖籍直隶大兴（今北京大兴区），明朝时牛家已有人做土木工程师了。1962 年，父亲曾将一幅家传的“宝贝”——《晒书图》画卷捐献给了自己的工作单位山东省博物馆。画上有牛家十五代先辈的题款和钤印，其中不乏举人和秀才。直到“文革”之前，牛家在南山土屋有家族墓田，有九座祖坟。我家还同看坟人李财有些交往，他们来城里时总要到我家探望，带来些山地瓜、柿子和小米。姑奶奶命薄，年轻时丧夫终未改嫁，亲生一儿一女也因病夭折，家境自然破败不堪。她便与我父亲相依为命。姑奶奶借居的是其公公、辛亥老人朱照的宅院。这位雅号容斋的老人，家境殷实，有些名望，民国初年做过漠河金矿、山东实业银行兼招远玲珑金矿的经理，在这条街上有几处院子。因我父亲年幼，姑奶奶不能到外面做事，便省吃俭用，靠亲戚接济，或卖几件老家什过活。她对我父亲疼爱有加、无微不至。她识些字，便整天给父亲讲《三侠五义》《小五义》和《聊斋志异》的故事。她重视教育，将父亲送到东门外护城河畔的莪雅坊小学读书，因学校濒临旧时放养鹅鸭之所，这里原称鹅鸭房，后取了雅号。这所创立于1908年的小学是周围一带最好的新式学堂。学校自办《莪雅周刊》，刊登教师心得和学生范文，在当时教育界颇有反响。父亲儿时的玩伴、小学同学寿逢午晚年时仍忘不了1939年小学一年级国文课本的内容：第一课“天亮了”，第二课“弟弟妹妹快起来，起来看太阳”……

抗战胜利后，父亲考上与家宅一墙之隔、位于运署街上的省立一中。这是有着百年历史和辉煌的“王牌”学校，在山东教育史上举足轻重。其前身山左公学，由山东同盟会会员刘冠三于1903年创办。1914年，山左公学与官立中学堂、公励中学堂合并为山东省立第一中学，校址就在贡院北首，即后来的省立图书馆处。1918至1922年邓恩铭在此读书并编辑出版进步刊物，在校期间他曾出席中国共产党第一次全国代表大会。1928年“五三惨案”后，学校被迫停办。1929年底，原校址改为初级中学，高中部迁至杆石桥西路北（今

1946年，父亲牛继曾在济南一中就读时，在县西巷南口子琳照相馆的留影。

实验中学），改称省立高中。1937 年抗战爆发后，两校南迁四川并入国立第六中学。1939 年下半年，两校合并迁至运署街原济南女中校址，建立省立济南中学。1950 年改为山东省济南第一中学。

一中的师生中文化名人很多，胡也频、李广田、范予遂、张默生、王冶秋、楚图南、卞之琳、季羡林、赵太侔、李何林等曾在此执教，邓恩铭、王统照、贺敬之、张承先、陶纯、赵焕章、朱逢博、项堃、罗干以及美国科学院院士、数学家、王祝晨之子王浩等曾就读于此。胡适、老舍等文化界名流也应邀到这里讲学。“五四运动”前后，一中校长由山东省议会议长王鸿一兼任，可见一中当年的社会地位之突出。1922 年 10 月 8 日，胡适在一中作了题为《科学的人生观》的演讲。

1929 年底，山东实验话剧院院长赵太侔兼任刚刚迁址到杆石桥外并恢复教学的省立高中校长。他鼓励学生开阔视野，一专多能。学生的课外活动在原有的基础上有了新的变化，修建了礼堂，开辟了学生阅览室和游艺室。雅乐、军乐、国术、话剧等学生文体团体也成立起来。他还亲自指导学生排练演出《茶花女》《悭吝人》和《苏州夜话》等中外话剧。

1930 年 2 月 22 日，经陆侃如、冯沅君介绍，作家胡也频离开上海，来济南在今杆石桥附近的省立高中任国文教员。当时正在这里读高中三年级的季羡林回忆说：胡也频“教书同以前的老师完全不同。他不但不讲《古文观止》，好像连新文学作品也不大讲。每次上课，他都在黑板上大书‘什么是现代文艺’几个大字，然后滔滔不绝地讲了起来，直讲得眉飞色舞，浓重的南方口音更加难懂了。下一次上课，黑板上仍然是七个大字‘什么是现代文艺’。我们这一群年轻的大孩子听得简直像着了迷。我们按照他的介绍买了一些当时流行的马克思主义文艺理论书籍……我们当然不能全懂。生吞活剥，在所难免。然而，‘现代文艺’这个名词却时髦起来，传遍了学校的每一个角落”（《忆念胡也频先生》）。1930 年，季羡林考入清华大学。1934 年，大学毕业后，他又应邀回母校任教一年。胡也频的夫人、作家丁玲没过多久也来到济南，他们便搬到离学校不远的徐家花园所租的三间房居住。她有时也到学校听胡也频讲课。丁玲回忆胡也频在济南讲课时的情景：“我简直不了解为什么他被那么多的学生拥戴着。天一亮，他的房子里就有人等着他起床，到深夜还有人不让他睡觉。他是高中最激烈的人物，他整天宣传马克思主义，宣传唯物史观，宣传鲁迅与冯雪峰翻译的那些文艺理论，宣传普罗文学。”（《一个真实人的一生》）她还回忆道，胡也频的“革命实践是从1930年春在济南高中教书时开始的……已经不是文学活动，简直是政治的活动，使校长、训育主任都不得不出席，不得不说普罗文学了。全学校都被轰动起来了”（《也频与革命》）。由于丁玲的作品和才情早为学生们所知，她的年轻貌美、服饰入时更使许多同学心生敬爱之情，以至于当时学生中一度流传不无调侃的话语：“你爱丁玲，丁玲不爱你！”

为不忘1915年5月7日日本强迫中国承认“二十一条”，民国政府规定每年的5月7日为“国耻纪念日”。1930年“国耻纪念日”这天，胡也频在学校组织的纪念大会上发表了言辞激烈的演讲。这下激怒了韩复榘，他下令第二天逮捕胡也频。时任省教育厅厅长的何思源得知此事后，立即将此消息秘密告知了当时省立高中校长张默生。张默生当即委托学校相关人员及时通知胡也频。胡也频乘火车去了青岛，最终返回上海，顺利脱险。张默生还慷慨解囊，资助胡也频二百元现金。

张默生（1895—1979），原名张敦讷，临淄人，1924年毕业于北京高等师范国学部，还曾在济南任教于省立第一师范、齐鲁大学。1927年，张默生因触犯张宗昌，遭通缉，不得不改名易姓，逃往朝鲜。后返回济南执教、掌管省立高中。抗战爆发后，他入川，任教复旦大学和重庆大学，中华人民共和国成立后任四川大学中文系主任。1957年被错划为“右派”，1979年平反后不久便去世。他一生致力于教育事业，并对古典文学和传记文学有较深研究，对先秦文学造诣尤深。著有《先秦诸子文化》《墨子精选读本》《韩非子新释》《老子章句新释》《庄子新编》等。尤精于庄子研究，是国内屈指可数的“庄学”专家之一。在传记文学方面，著有《王大牛传》

这本《武训传》由曾任济南一中校长的张默生撰写，其封面及二十余幅插图均为丰子恺手绘。

和《武训传》。王大牛，即王祝晨，他也曾任一中校长，但比张默生晚几任。为武训写传记，讴歌其行乞、励志、孜孜兴学的传奇经历，则从一个侧面表达出了张默生自己的理想抱负。我从一位专营旧书的书商手里高价淘到了一本1946年由东方书社出版的《武训传》。这家出版社创建于1928年，位于济南院西大街，后在上海、成都和重庆等地设有分社。该书文字不多，却以鲜明、真实、细腻的细节描写，展示了武训独特的形象和平凡而传奇的一生。张默生古典文学功底深厚，而这部传记用的是大众化通俗化的口语，尤其大量使用武训乞讨时的顺口溜，非常符合人物的性格特征。弥足珍贵的是，丰子恺为这本区区六十四页的小书插图二十余幅，线条简洁，圆润流畅，形象传神，绘画书法相得益彰。从藏书印上看，这本书原藏于20世纪50年代初开办的山东工农速成中学（山师附中前身）图书馆。

20世纪30年代中期，省立高中校长孙维岳十分注重教学质量和新生录取。这里当时就是山东最好的学校，在新生录取前总会收到一些达官显贵为子女上学而求情的信件和条子，但他绝不讲人情，总是在新生录取张榜公布后才拆开那些说情的信件。就连韩复榘的两个儿子也都未能进入一中，而是在私立齐鲁中学上学。最令人感动的是，孙校长在抗战爆发时，

这是父亲牛继曾保存的《省立济中（济南一中）同学录》。

为了不让师生当亡国奴，亲自带领两百名师生流亡南下数千里，从济南经泰安、河南、湖北，最后到达四川罗江，在极其困难的条件下开展教书育人大业，继续办学。

我父亲在抗战胜利后考上一中，当时，德高望重的王祝晨担任一中校长。王祝晨在民国时期与鞠思敏、于丹绂、从禾生并称山东四大教育家。“五四运动”后，为积极响应和参与新文化运动，1920 年 9 月 2 日，时任济南第一师范教务主任兼一师附小主任的王祝晨，开始讲授了山东教育史上的第一节白话课。讲述的内容正是白话小说《老残游记》中老残游大明湖那段。张宗昌督鲁后，提出“白话就是赤化”，并通缉王祝晨等人。王祝晨在学生帮助下改名换姓，化装南下，躲过一劫。王祝晨对自己的绰号“王大牛”欣然接受，他自谦地说：“我觉得大牛不巴结上司，不为自己享受，独为农夫服务一生，死后又把它的皮肉毛骨贡献给人类，这样伟大的大牛，我自愧弗如！”

1949 年暑假，父亲从一中毕业，这是济南解放后的首届毕业生。学校专门为此印制了32开17页的《省立济中同学录》，灰色封面上还印着五角星、齿轮、麦穗的图案。父亲一直把它保留在身边。父亲还从他的学兄那里找来了 30 年代由一中老师、作家李广田作词，瞿亚先老师作曲的《济南一中校歌》。歌中唱道：“我们是紫色的一群，我们是早晨的太阳，我们是迎日的朝云，我们是永久的少年人！看！佛山长碧，明湖长青，趵突水长喷，我们的意志长存，我们的精神常新！坚忍、活泼、劳苦、天真、日新、又新，永久向前进，向前进！”紫色是一中的标志色，学生们身着童子军式的校服，佩戴的是紫色领巾。紫色象征着血液，象征着最初的霞光，象征着拼搏和希望。正是这样一座充满深厚文化传统、倡导尊师重教优良学风的名校，

山东省立高级中学旧影（历史照片）

对父亲、对济南这座城市影响很大。

姑奶奶在我出生八个月时就去世了，没有任何的征兆，也没有去医院，就那样安详地去了。悲痛欲绝的父亲每天都用蝇头小楷写追思日记，以缅怀这位与他朝夕相处，不是母亲胜过母亲的女性，写了很长一段时间。

父亲有张十四岁在一中就读时身着长衫的全身像，是当年姑奶奶领着他到县西巷南口对面的子琳照相馆照的。每当我看到这张泛黄的照片，看到清晨东方的天际那紫色的霞光时，总会想起东城根、我的老家，想起我那仙逝已久的姑奶奶和过早逝去的亲爱的父亲！

◆县东巷
◆东华街
◆县西巷
◆钟楼寺街
◆万寿宫

# 六扇门·八字墙

老历城县衙及其周围的街区都颇具历史。唐代大将罗士信故居，教育家鞠思敏故居，以及督城隍庙、江西会馆都集中在此。重建的书场明湖居在县西巷的北首，再现了“曲山艺海”的风貌。

千佛山古称历山，历山之下建城谓之历城。早在汉代，历城即为县制，其在全国的知名度之高，影响力之大，在宋明以前远远超过济南。后来济南建府，地位提升，统辖历城，明清时历城遂成为山东“首县”。县衙位于旧城中心偏东，南起县前街，北至县后街，县东、县西两条巷子分列左右，与济南府署和山东巡抚署院成鼎足之势，形成老济南官方建制的独特景观。县衙始建年代不详，明崇祯十二年（1639）毁于兵，后来重建，至清道光十六年（1836）又毁于火，后再次重建，至民国时期历经修葺，中华人民共和国成立后成为省政府宿舍大院。

过去对州县一级的衙署有形制上的统一要求，门楼三楹六扇门，平时只开启东西两扇供人出入，故“六扇门”成为州县衙门的代称，历城县衙也不例外。门前有照壁和石狮一对，两侧则是“八字墙”，即民谚所云“衙门口八字开，有理无钱别进来”。从乾隆年间《历城县志》所附县署平面示意图来看，照壁、大门、二门（仪门）、大堂、二堂都在同一个中轴线上，大堂左右两侧的厢房是书办房，东西两旁是一个个小院，有土地庙、外库、厨房、账房、内书房、典史署、内宅、德泉斋、监狱和驿舍，驿舍内还有马王庙。而一些下属机构也都在离县衙不远的巷子里，便于知县（县长）监督。明清以来，官场上流行一种“官不修衙”的说法，意在树立“清廉”之形象，不妨碍自己的仕途之道。清人曾衍东有部笔记叫《小豆棚》，其中说道：郑板桥当年到潍县任知县时，有意派人将衙门外墙上挖了些孔，显得十分破败，有人问他原因，他说这是为了出出前任县官的恶习和俗气。听老人们说，过去的历城县衙并不气派，只是作为明清以来最基层的政府机构和正七品县太爷们办公、断案的地方。时至今日，县衙前后左右四条街巷周围大多是民居了，也有少量门面很小的商号。东西走向的县前、县后街较短，而南北走向的县东、县西两巷则是老城内的南北干道。

县东巷历史上曾叫“塔行街”“东县巷”。过去这里有三样“宝贝”，一是南首路西的龙王庙，主祀金龙诸水神，祈盼消除黄河和南山洪水水患，确保县城安全。庙前还设有戏台，旧时上演神功戏，令主水的龙王们开心。二是巷子中段路东原有眼罗姑泉，也称罗姑井，是七十二名泉之一。传说此地曾是与秦琼同为唐朝开国名将的罗士信的故居。罗士信和秦琼都曾在历城县衙当差，前者曾为“执衣”（杂役），后者为“捕快”（保安）。罗士信从军后，其姐带侄儿在此习文练武，后人念之，遂取泉名流传今世。三是文合楼烤鸭店。烤鸭是山东人的首创，以小饼卷大葱蘸甜面酱佐食，便是极好的证明。后来烤鸭传至京城，发扬光大，成了“京城一绝”。据传，县东巷这家薛姓人家开的店铺有两百多年的历史，此地距各官衙不远，他们便采用外卖的经营方式。客人需要时，店里伙计随时用提盒登门送餐。原来离县东巷不远处有条南北刷律巷，就专门买卖宰杀活鸡活鸭，成为这些烤鸭店的原料供给基地。县东巷改造较早，很多老房子被新建的明湖小区一幢幢居民楼取代，几乎找不到昔日的影子了，三样“宝贝”早已不见。罗姑泉于1995年被压在新建的楼宇下。

县东巷仅存的几处老宅院中，有处花脊小瓦的门楼，这就是105号山东教育家鞠思敏的故宅。鞠思敏一生致力于济南教育事业，经常慷慨解囊资助学校改善办学条件。他生活俭朴，省吃俭用，日常并无积蓄。当年正谊中学毕业的学生们被自己校长的这种精神所感动，便自动发起成立了“正谊校友自动乐捐委员会”，为老校长募捐建起了这座四合院，并为其购置了家具物品，捐款千元交鞠思敏作养老之资。搬进新居前，他的全部家当为两地排车报刊和两地排车被褥杂物。1944年，年逾古稀的鞠思敏生活愈加穷困，在这所院子里度过了他的最后时光，于8月7日病逝。

后来，前有出厦廊柱的北屋里住着鞠思敏的儿媳崔英民，我见到她时，她已八十七岁高龄。屋内还使用着当年鞠思敏用过的木床和衣架。这座四合院，“文革”时被没收充公。后来落实政策，将北屋归还给了崔老太太，而鞠思敏生前珍藏的六大木箱图书，被红卫兵们抄家时拉走的拉走，焚烧的焚烧。当初学生捐资购买的木器也大多被变卖了。

县东巷北首与按察司街之间还有条东西走向的短街东华街，路北便是督、府、县三级城隍庙中仅存的督城隍庙。这座庙宇明代始建，半个多世纪前改弦更张，成了容纳六十余户居民的大杂院。从至今保存还算完好的山门、前殿和戏台来看，这个省内最高级别的“阴衙门”经典且气派。其中，三开间单檐歇山顶、上覆绿瓦的山门为济南老城内规模最大的无梁殿。门额上有石刻“督城隍庙”四个大字，“文革”期间被白灰涂盖写上了“革命标语”。被临时搭建的小棚屋包围着的老戏台，旧时每到阴历五月十一，这里都要锣鼓齐鸣，演三天神功戏，以庆贺城隍老爷的生日。

比起县东巷来，旧称“西县巷”的县西巷的旧貌曾经保存得更多一些。这条巷子的中南段过去有几处有些名气的商号，像前面提到的子琳照相馆，城内唯一的清真菜馆五福楼，以及当年京剧票友们时常出入的乐我心饭馆，等等。只是随着时间的推移，这些老字号大概在五十年前便销声匿迹了。

督城隍庙是济南原有的三座城隍庙中唯一保留着总体格局和部分建筑的。

巷子偏南段路西的孙家大院、郑家大院，北首路东与后宰门交界口的2号院都是青砖黑瓦的房舍。门牌63号的孙家大院有四进院落，门楼高大，门楼下有班房，即早期的传达室，这在我看到的许多民宅中尚不多见。二道门也很气派，保存尚好，只是正房、厢房改变了模样。房舍面貌较为完整的是与孙家北部紧靠在一起的61号院的郑家。虽然门楼已废圮，院内到处是零乱的临建小房，但丝毫抵挡不住古老院落的典雅与宁静。郑家中华人民共和国成立前以经营面粉厂等实业成为殷实人家。中华人民共和国成立后，正房和东厢房交公，西厢房自家留用。正房檐下木雕精美，东西各有一边门，为小块整石砌成，额石上分别镌刻着“种德”和“收福”字样，檐下的砖雕也像一幅幅工笔画。古老的石榴树和无花果树伸展着苍劲的枝条。

巷子北头2号院内有处泉水，名“中央泉”，系七十二泉之一，位于四合院的东北侧。旁边有一石碑，上书泉名和本宅主人舒卿氏黄士泰宣统三年时立碑题记。院内一直没有安装自来水，生活用水全用泉水。县西巷

40号院中的泉井被街坊们亲切地称为“尺子泉”，好像地下水位“监测仪”，只要该泉水面涨到井壁上的特定青砖位置，济南四大泉群就到了全部喷涌的时间。

钟楼寺街过去是大明湖通往老城中心的必经之地。2003年初，县西巷拓宽改造，将此街一并拆除。

县西巷向北过后宰门街又是条笔直的街巷——钟楼寺街。街的尽头原有钟楼，今楼基尚存，中华人民共和国成立后扩明湖路，使楼基被分离在路北，而那口铸造于金代明昌年间，重达8吨的大铁钟被移至大明湖的北岸。为保护这口号称“齐鲁第一钟”的铁钟，还建了钟亭。钟楼寺街西有条岔路叫万寿宫街。万寿宫是座道观，原称“许真君祠”。许真君，原名逊，东晋河南汝阳人，家居江西南昌，任过县令。相传其年少时师从仙人求道，在赣湘一带为民斩妖除害，晋武帝时成道，宋代封其“神功妙济真君”。宋徽宗政和年间改许真君祠为万寿宫。清乾隆五十年（1785），经增修后改为江西会馆。后来早已是居民大杂院的会馆，部分殿堂保留下来，但年久失修，破败不堪。

2003年初，县西巷连同附近的县前街、后宰门的一部分及钟楼寺街全部拆除，万寿宫街上的江西会馆得以保留并修复一新。县西巷拓宽前进行考古发掘时，在这里挖出了北魏以来的许多石刻造像。据说唐代开元寺中心区域就在县西巷东临的济南府署旧址（今山东省政协）。新拓宽的县西巷宽阔笔直，北首正冲那古老的钟楼台基。

如今，台基后面建起了高大的中国古典式建筑风格的明湖居，内为两层戏楼，大红立柱，高阔宽敞，宫灯悬垂。楼上楼下的席位一概八仙桌配

2003 年县西巷拆除中的传统民居

如今的明湖居旨在重新打造济南的“曲山艺海”。

太师椅，有茶坊提供茶水、瓜子及饮料服务。不定期上演山东大鼓、山东琴书、雷琴、山东快书和相声等曲艺节目。明湖居是个书场老字号，原来的位置靠近鹊华桥，由梨花大鼓创始人郭大妮创办于清同治年间，规模很大，有一百多张大方桌，兼做茶园，开场前后茶房卖些茶水及油条等茶点。刘鹗《老残游记》中白妞、黑妞在明湖居说书，便是当年这家书场的真实再现。而白妞、黑妞的人物原型就是清光绪年间山东鼓书艺人王小玉姊妹。

梨花大鼓发源于鲁西，原名犁铧大鼓，是早年人们在田野地头利用两片破犁铧片敲击伴唱的民间歌谣体曲调，逐渐发展衍变成为“犁铧调”，后加入大鼓伴奏，美其名曰“梨花大鼓”，如今称山东大鼓。王小玉的身世鲜有记载，据说她清代同治年间生于山东郓城（一说为河南范县），自小学艺，专工犁铧大鼓，十六岁便随父亲到临清书肆献艺，“歌至兴酣，则又神采动人，不少羞涩”（清师史氏著《历下志游》外编卷三），因而闯出了名头。光绪初年她与黑妞一起来到明湖居卖艺。在此，她大胆吸收皮黄、梆子、昆曲及临清小曲和众多艺人的新腔新调，改编新词，丰富了原来的曲调，使原犁铧大鼓的行腔曲调呈现出了新的韵味，唱起来字字清脆，声声婉转，令人叫绝。

刘鹗在《老残游记》第二回《历山山下古帝遗踪　明湖湖边美人绝调》中，

不吝笔墨，大篇幅细致入微、生动传神地刻画了黑妞，尤其是白妞王小玉演唱梨花大鼓的精彩情景，甚至“喊”出了“五脏六腑里，像熨斗熨过，无一处不服帖；三万六千个毛孔，像吃了人参果，无一个毛孔不畅快”的观后感。

山东大鼓是济南曲艺的代表性门类，当年深得刘鹗赏识。

由于书艺高超，环境清幽，又距巡抚衙门、提督学院很近，清末至20世纪二三十年代，这里常常座无虚席，热闹非凡。当年老残来时园子里坐得满满的，“看了半天，无处落脚，只好袖子里送了看座儿的二百个钱，才弄了一张短板凳，在人缝里坐下”（刘鹗《老残游记》）。抗战前夕，随着商埠一带新型书场、戏院的兴起，明湖居经营惨淡，后被拆毁。

督城隍庙大殿旧影（历史照片）

◆舜井街 ◆府馆街 ◆卫巷 ◆小王府 ◆宽厚所 ◆黑虎泉

# 短暂夕阳

老城东南一带，有黑虎泉这样的风景走廊，也有宽厚所街、司里街那样幽静的巷子，还有卫巷和小王府的文化沉淀，更有舜井街的热闹与喧哗。

20世纪50年代初的济南城墙东南角（历史照片）

护城河黑虎泉一带是我最喜欢去的地方。那时，解放阁上没有如今的阁楼，登上阁去是一片沙土地的空场子，春天还有人在上面放风筝，四周是条石围成的栏杆。周围的街区也没有这么高、这么密的楼宇，凭栏远眺，还真有“一览众山小”的味道。

仔细端详，黑虎泉喷水

的石雕兽头非虎非龙，有人说是龙生九子的第五子狻猊。早年这里只有一个兽头，1931 年，韩复榘收拾旧山河，清理整治黑虎泉池，又增加了两个，喷水量无疑增大了。三个兽头不知疲倦地倾吐着泉水，在马路上就可听到“哗哗”的水声。那太湖石环绕的泉源洞穴很是神秘，水很清，一看到底，可啥时候也看不到水在动。孩子们常常好奇地向大人们问这水从哪里来，有的大人说是从千佛山兴国禅寺的龙泉洞里来，另有人则争辩说，这水源来自于泰山西麓的黑龙潭，不信你抓把稻草从那里放进去，准保从这里冒出来。越说，孩子们越觉得神奇。九女泉、白石泉散落在河中，孩子们总是伸进脚或手，感受那泉水的清凉。附近的女人们则端着木盆子手拿棒槌，来此浣洗衣物。

更为惬意的是，马路上车水马龙，人声嘈杂，而仅走几步，逐级而下，但见小桥拱起，山石点缀，绿柳成荫，尽显园林意境。没有围墙，没有门票，人们不约而至，在此遛鸟，晨练，荡舟，赏泉，散步，或在亭子中和长廊里唱几段京戏，或在泉畔的英语角与“老外”交流几句。

位于黑虎泉畔，连接半边街和司里街的水胡同，是南护城河人家挑水、洗衣的必经之地。20 世纪 90 年代中期兴建居民小区时此街消失。

护城河南岸，东有半边街、司里街、所里街，西面原有后营坊街等几条老街陋巷，宁静素雅而无车马之喧。过去司里街和所里街尽是些盐商大户和募捐来的“候补”官家，早就流行着这样的民谚：“司里街看上任的，所

20 世纪二三十年代的南门大街（历史照片）

里街看出殡的。”以此形容街上住户是多么的排场。这里的街巷尽是青砖、小瓦粉墙，黑漆门扇的四合宅院，房前屋后，墙根路旁，花草成畦，藤萝攀缘成廊。20 世纪 80 年代初对外开放没几年，那时尚无“胡同游”的说法，旅游外事部门将司里街列为开放单位，请外国人走街串巷，到百姓家做客，在老石榴树下坐着马扎和户家一起包水饺吃，与街上的女孩一起跳绳，等等，“老外”们激动不已。随着泉城广场建设和居民小区的连片开发，后营坊街连名也没有了，司里街有名无实，只有半边街还保留着原有道路，勉强支撑着人们往日的记忆。

南护城河的北岸原是高大的城墙，墙北侧旧有两条与城墙平行的街道，南门里以东叫南马道，是昔日骑马登城楼的小路；西面的地段叫南城根街。20 世纪 50 年代城墙被拆除后，这两条街也成了环城马路的一部分。直到 2009 年解放阁片区拆迁之前，这一带依然保留着传统的格局和历史风貌，宽厚所街当是代表。

这条东起历山顶街南首，西止舜井街的老街名字的由来，坊间有两种说法。一是说早年此街很窄，给居民的出行带来很多不便。街上恰有两户争强好胜的人家为扩大各自的宅基，都想把有限的街面圈进自家的院子。其中一家还给在京里做官的亲戚写信求助，这位贤达的京官回信道：“两家争斗为一墙，让他五尺又何妨？居邻不忘睦为主，宽厚所致持家长。”这家见信中说得中肯，便主动将院墙退后五尺。那家为此感动不已，也后退五尺，使街道扩宽丈余。后人以这段传说取了街名。而另一种说法比较可信，因街西首路南曾经有一家慈善机构叫“宽厚所”而得街名。

宽厚所街东首路北 1 号是两进四合院，门楼高大，墙上有拴马石。据

安静整洁的宽厚所街一直保留到了2008年后被拆除。

在这座院子里度过了七十多个春秋的袁先生介绍，他祖上是位老中医，家境殷实，这宅院是祖上留下来的，有两百多年的历史了。他还介绍说，街西头49号院原住着市工务局局长张鸿文，为了方便自己的轿车通行，这条街便成了老城内最早的柏油路。20世纪50年代曾任济南常务副市长的狄井芗一家，“文革”期间也曾住在49号院。2005年登上中央电视台“百家讲坛”说《聊斋》的山东大学教授马瑞芳，那时也住在49号院，与狄家对门，两家成了好邻居。自袁宅西行不远，路南是16号、18号大门，人称魏家大院，房舍考究。主人魏福村，是民国时期的大商人，经营“通益”“元亨”两家银号。据说他家有一年娶亲时，送圆房的车马排满了半条街。魏家原先有五六进院子，中华人民共和国成立后前院充公，余下的供老伴及子女们居住。再往西走路南60号和62号共有一个临街门楼，西院62号是植灵茶庄的掌门人王渐三的宅院。1929年，军阀阎锡山手下的几员旧将集资在西门外估衣市街（今共青团路）著名的泉祥茶庄总店不远创办了植灵茶庄，并聘请同为章丘人又营销过茶叶的王渐三做副经理，王老板借鉴“泉祥”的“祥”字号经营理念，并注重宣传造声势，最终与实力雄厚的泉祥茶庄在济南的茶叶市场上平分秋色。1931年，张春桥随在韩复榘政府内供职的父亲张开益来济南，也住在这条街上，就读于正谊中学，与狄井芗是同学，后来去了上海。张春桥早年在山东《民国日报》，上海《中华日报》《太白》杂志，南京《中央日报》等报刊上发表了《春雨之夜》《学校生活素描》《济南文艺界简报》《相声》《布的交易——用济南话写作的实验》《俺们山东人》《明湖春色》《关于臧克家》《山东的方言》等反映山东乡土文化的文章。“文革”开

拱券门窗是金家大院的一大特色。

始后，原任上海市委副书记的张春桥成为中央“文革”小组副组长。他支持王洪文为首的上海造反派夺了上海市委的权，陈丕显、韩哲一等市委领导身陷囹圄。而韩哲一的父亲就住在西小王府街，离张春桥旧时的家仅几十米之遥。

宽厚所街与武库街交界口西侧，是1910年历城县知县金猷大的宅第。正院前后两进，横列西向三合院两进，共四个院子组成。门楼已被拆除。正院前为东西厢房。北为二层穿堂式楼房，过穿堂楼的后院是由两层楼组成的四合楼院，四面上下均为木制环廊，中间是天井。门窗为拱形八棱石门柱，拱形门券上为“富贵牡丹”石雕纹样。北楼木制走廊，栏板上有几十幅木刻翠竹图，形态各异。西跨院原有平房四合院和百花园，今已拆除另做他用。过去的官员仗着“山高皇帝远”，天不怕地不怕，但却极为迷信。这位县太爷的房子固然气派，但事先忘了请风水先生看看，房子盖好后才发现，屋脊高出了正北不远处的历城县城隍庙，这位县官便一天也没在此住过。中华人民共和国成立后宅子充了公，成了历下区房管所的办公楼。那座令金知县生畏的县城隍庙，则成了历下区教委等机关的办公地。

宽厚所街中段路北，除武库街外，还有几条岔路，分别叫东西小王府街，这便是当年郡王府名称的遗存和延伸。明成化年间在珍珠泉畔建德王府之后，按照明朝仪轨，亲王的长子封为世子，可世袭亲王，众子则可封郡王，郡王不再封地，只在亲王管辖的地盘建郡王府，并享有俸禄。德王在济南共传袭七代，其子孙共有十五人受封郡王。而宽厚所街西半部以北区域则是明代德庄王第四代孙宁海王和德庄王第七代孙宁阳王先后建造的西、东两座郡王府，时称西小王府和东小王府。因此，宽厚所街还曾叫王府南街。虽然小王府街上的建筑丝毫找不到当年郡王府的影子，但走进巷内转转，狭窄曲折的巷子宛若迷宫，街面铺设着青石条，街上很容易见到拴马石、柱础、旗杆石、石锁等旧物。

昔日的弯曲小王府街宛若迷宫，所铺地面也多为古建筑构件。

宽厚所街西路南的 56 号和 58 号，由一组三栋的两层楼房及若干厢房组成，中西合璧。砖石木结构，拱形门窗，木栏木扶梯，都是那样的精制。这里人称李家大院。街上的老人们说，这里曾是国民党整编第十九陆军军长吴化文为其姨太太们盖的“偏房”，中华人民共和国成立后成为人口稠密的大杂院了。

宽厚所街与黑虎泉西路之间有两处相隔不远的会馆旧址。曾作为历下区文化馆使用的是原江南会馆旧址，原门开在宽厚所街，后仅存早已被封堵的临街如意门楼和门外影壁。西邻是浙闽会馆，始建于清同治十二年（1873），因浙闽两省富绅联办实力雄厚，故建筑考究，其规模列济南各会馆建筑之首，也是迄今济南唯一保存的会馆建筑。整座建筑为南方井庭式木结构建筑群。会馆正门原为北大门，原先门楼上有楹联：“同是南人，四座高风倾北海；来游东国，两乡旧雨话西湖。”文辞表达了漂泊的江南人士对故乡的眷恋，书法则出自清同治年间济南知府、福建籍书法家龚易图之手。后北大门焚毁，入口改在现在的南门，现存建筑规模也比初建时小了许多，由大门、大罩棚、过堂天井和两层戏台及包厢、看台组成。东西宽三十米，南北长八十米。建筑细部有架梁透雕和雀替透雕及彩绘。会馆西墙上保存有“扬州八怪”之一金农的四字石刻“九畹芝兰”，笔力遒劲。过去每逢节庆之日，这里都请戏班唱大戏，热闹非凡。中华人民共和国成立后，这里分别作为省第四招待所和殡仪馆，1979 年被列入市级重点高度保护单位，现为市国资委老干部活动中心。

2010 年，解放阁片区的拆迁改造将原先宽厚所街为主的老街陋巷及四合院基本拆得干干净净。只有浙闽会馆、金家大院和李家大院这三组建筑呈鼎立之势，凸立在一片瓦砾之上，很是异样。而 2011 年 4 月底，保护了近三年之久的李家大院也突然倒在了铲车和油锤的巨大轰鸣声中，被夷为了平地。只有另外两组建筑，顽强坚守在被称为“明府城”的东南隅这片虽然狭小却有着深厚历史文化积淀的土地上。

随后对这一片区进行的考古发掘共发现古井 23 口，房基 27 座，灰坑 90 个，房屋 100 余间，并出土了大量精美的瓷器、石雕构件、石头柱础等文物。更为惊喜的是，发掘出了明代宁阳王府和宁海王府的遗址。这两座王府东西并列，相距 70 米。西侧宁海王府遗址，整体保留较差。而东侧宁阳王府遗址，保存较为完整。主院墙东西宽 83 米、南北长 134 米、墙厚 1.7 米，局部保留高度近 2 米，共有房屋 100 余间。主院五进，东跨院三进，西跨院两进，另有厢房、回廊等建筑。

南门里以西的南城根一带变化更大，有了些现代都市的氛围。天地坛街已宽得不行，而昔日学子看榜处的榜棚街更是一溜的笔直，“胜利”“华鲁”两个高档写字楼分列左右。只有卫巷和府馆街在这一座座“庞然大物”的阴影下、夹缝中曾经保留着自己的古雅和娇小。

卫巷南首东邻是黑虎泉西路小学，过去叫南城根小学，其前身是光绪年间山东师范学堂创办的附属高等小学堂，属省内第一所省立小学。再早，这里便是明朝禁卫军驻地，又称“济南卫”，隶属都指挥使司。当时都指挥使司辖济南卫等 19 个卫和 17 个独立的守御千户所。到清代济南卫原址改为抚标右营游击署，规模也随之缩小。这卫衙西邻的街道自然就叫卫巷了。别看历史上这里是兵营，旧时却还有诸多的庙宇。卫巷南首正对的原有三元宫，巷中路西紧傍财神庙，巷中路东有观音禅院，巷北路东是准提庵，虽然规模、形制都不大，却也佛道杂处，香火缭绕。后来只剩下观音禅院的门楼和准提庵的正殿了。这座康熙初年建成的准提庵正殿三间，坐南朝北，每间都有四扇近四米高的镂花门。殿顶的正脊和垂脊上所雕的数组“二龙戏珠”图栩栩如生。一个古庵里有如此众多的龙的图案，令人生疑。据说这里最早建庵的僧人是一种替僧。“文革”以后，这里成了水产门市部，老屋檐下摆些带鱼、黄花鱼和海带之类，颇有些异样。2001 年，泉城路拓宽改造时拆掉了周围的建筑，这座古庵的正殿暴露出来，成了临街房。它的古朴、破败、娇小与咫尺外宽阔的泉城路形成了极大的反差。

卫巷中段朝西有条支巷，最早叫副官街，可能也与军事有关。后来此街因明代德庄王第六代孙嘉祥王和清平王建有王府，后改称富官街。再后来定名府馆街。仔细观察不难发现，路北有几处四合院门楼高大，形制优美，显示出当年宅院内富商官宦人家的特有地位。府馆街东首路北，还有座时代更近的两层洋楼，据当地人说，这是当年“祥”字号旧军孟家的家产。据史料载，20 世纪二三十年代，以有钱人组成的行业协会济南市商会便设在此街办公，富商巨贾，也经常在此碰头聚会。2002 年，伴随着泉城路拓宽和附近区域的连片开发，此街已全部消失。随后，为建设恒隆广场，卫巷也没了踪影。

富有古韵的卫巷。此片区拆除后建起恒隆广场。

在老城区内旧的街巷格局变化最早的当数连接南门里大街的舜井街了。

济南人自古对舜充满景仰与崇拜，历山（千佛山）上有舜祠，趵突泉畔有祭祀大舜两个妃子娥皇和女英的娥英祠，护城河曾被命名为娥英水。舜井街的命名是因为这里有一眼舜井，也称舜泉，为七十二泉之一，相传大舜曾在此淘井，水势曾经很旺。北魏郦道元《水经注》便有“舜泉在祠东，一名舜井，双井并列，世名源源”的记载。相传此井不仅水势旺，还会突然猛涨。清代王士祯在其《香祖笔记》中就有康熙年间舜井“忽溢高数尺，须臾泛滥”的说法。而《续修历城县志》中则有如下的记载：清道光二年(1882) 秋天，舜井突然涨水，大量喷涌，流经刷律巷，直抵巡抚衙门，“十余日方止”。井旁原有宋代元丰年间建的舜皇庙和娥英庙。

舜井街北连院东大街，南头斜冲南城门，自古便车水马龙。原先不宽的街道两侧店铺林立，有木器铺、马车行、杂货店、铜锡器铺、书肆、古董店、大鼓店和饭馆。街南首路西有家名叫“友竹山房”的书肆，专营珍稀古籍、碑帖和字画，济南有名的藏书家时常光顾于此。元代时，丘处机的弟子陈志渊、赵志信在舜庙东侧建全真派道教庙宇迎祥宫，并立有元代历史学家、书法家张起岩撰书碑文，元代散曲家张养浩篆额的迎祥宫碑，中华人民共和国成立前庙宇废圮，那通石碑也下落不明。20 世纪 30 年代，私立国医学校设在舜皇庙内，后来这里成为舜庙小学。1977 年此庙拆除，原址上建起 65 中教学楼。原先这里除舜井外，还有香泉、古杜康泉等名泉，南门一带的居民都到这里挑水喝。中华人民共和国成立后，随着泉城路的崛起，此街商业功能的退化，舜井被填埋，这条老街失去了旧有的灵性。

1985 年，济南市建设十大商业街，舜井街名列其中，沿街有十九栋框架结构的大楼组成，在今天看来算不上经典，更谈不上完美，但那顺势而建、自然弯曲的街道走向，宽窄适度的街面，整齐中富于变化的建筑布局和有分有合的商业功能，一律褐色的斜坡檐口和淡黄色的建筑基调，在当年所谓十大商业街中最为整齐划一，1988 年被评为“泉城十大景观”之一。街上的店铺中，富丽商场的服装鞋帽，大亨皮草行的高档皮衣，齐鲁渔业商场的海鲜副食，泺源金店的黄金首饰，侨汇商店的名牌烟酒，鲁鹏商厦的家用电器等吸引了济南百姓的眼球。山东画报社在街东开设了济南彩扩图片社，服务人员戴着白手套在玻璃房子里现场操作原装进口的彩扩机。当人们眼看着冲扩的照片从机器里一张张“吐”出来，只觉得稀奇和兴奋。

舜园是此街的最大亮点，显示了设计者之慧眼。舜园建于原舜庙旧址，由重檐庑殿顶的牌楼、舜井锁蛟雕塑、湘妃亭、醉心亭、假山、游廊和反映大舜传说的连环彩釉陶瓷壁画组成。填埋已久的舜井被疏浚，修复了石雕井栏。那通迎祥宫石碑在拆迁时被从民居的墙壁上取下，立于舜园内。园北侧的仰舜斋里一派书香，销售的尽是文房四宝和名人字画。虽说园子很“袖珍”，但能在寸土寸金的地段有一席之地，闹中取静，难能可贵。

后来此街成了远近闻名的家电批发一条街。什么索尼录音机及录音带、松下录放机及录像带、先锋 LP 影碟机、爱华组合音响、JVC 音箱等全套的日本家电一应俱全，上货的时间仅比广州番禺稍晚几天，都是空运过来，据说多为原装走私产品，价格自然比正规的家电商场便宜很多。除济南的消费者外，省内各地及周边省份的批发商也到这里拿货。一时间，到舜井街买家电成为一种时尚。但见街上的大小商店，黑色的家电一摞又一摞，一个个装着电器的大小纸箱车载人扛，出出进进，好不热闹。

没过多久，这条原本以文化与商业有机结合而立足泉城的名街成了鱼龙混杂的街市。横七竖八的电器广告牌匾，强拉硬扯的条幅，使原本雅致的街道凌乱不堪。小小的舜园之命运更是可悲，黄色玻璃瓦覆顶的群房被比例严重失调的高大广告牌压得要塌掉的样子。舜井旁更是杂物横生。那座不大的假山也被“愚公”移掉了。二十多年后，此街终于又一次作古。

舜庙大殿旧影（历史照片）

# 偏巷幽歌

在大明湖新区建设之前，大明湖东岸以东，明湖路以北，依然保留着传统的街区格局。因这一带没有什么交通要道，也非商业集散地，曾是老城内四合院最集中的地区，一些巷子还保留着青石板路。

原先大明湖没有围墙时，周边的许多街道都与湖畔相连。湖北岸的北水门一向不通车马，只通舟楫，这相邻的街巷便行人稀疏，门庭冷落。中华人民共和国成立后大明湖围墙造园，与这里的老街便有了隔挡。一些街巷如北门里街便成了口袋似的死胡同，更显得偏僻而幽深了。除南北历山街拓宽后成了大明湖东门的交通要道外，其他街巷依然故我，狭窄而悠长，长街连短巷，而北门里街、阁子西街、北曾家桥街、司家码头街和秋柳园街一直保留着老石板路，成为济南旧街巷的标本。在这一带漫步，仿佛昨日重现，时光倒流。

旧时的大明湖南岸原先有两处集中停船的码头，一处在鹊华桥头，另一处是司家码头。司家码头附近原本是只有三五户人家的小村庄。早年时蒹葭苍苍，杨柳依岸，菊生东篱，鸡犬相闻，一派乡野气息。清道光年间历城举人王钟霖有诗赞美道："近水还临市，人家宛似村。伊水湖口卜，几户马（同"码"——笔者注）头存。杨柳有泥路，蒹葭白板门……鸡鸣茆舍顶，犬出竹篱根。驯鸭知声唤，鲜鱼不价论。"

晚清时这里先有了司家庄的名字，后有了司家码头之街名。司家是这个村里的有钱人，其中司绍堂、司松岩父子从事实业，在杆石桥南开办了毛巾厂，"司家"之名便在济南百姓中间口耳相传，知名度也日益攀升。这条南北走向、长不足百米的小街北与湖岸相连，南通东西钟楼寺街，西与正谊中学毗邻，东与秋柳园街相接。20 世纪 50 年代，大明湖竖起围墙，司家码头的功能丧失，这街也被拦在了公园外成了死胡同，昔日的景象不见了。稍晚些时候，东门里大街、司家码头街、东西钟楼寺街合并改称明湖路，司家码头的街名从济南地图上消失。

原司家码头街北首尽头有座三公祠，码头就在旁边。街上住的几户人家都是平民百姓，有种湖田的，撑船的，织布的，拾破烂的，挑大粪的，也有掌勺的大师傅。路北首道东的第一个院子，是司绍堂的故宅。由北向南的第二个院子，即后来的明湖路 235 号，住着司松岩及其子孙。这是一处典型的四合院，北屋三间，两明一暗，另有东西厢房和南屋各两间。北屋窗台下那口司家井常年流淌着。司家的第四代孙司长岭和那些祖上留下的八仙桌、太师椅一起，一直坚守到搬迁以前。

第三个院子则是辛铸九的宅院，其规模和司松岩家差不多。称得上大户的是路西中段的一处五进院落，占地达三千多平方米。其中跨园内有北楼，上下两层。据说这里曾是清末山东盐政使王鸿鹿的官邸，后来由王家的私塾先生陈氏居住，而北楼则成了出租房。街的北首原先还有一家主营济南菜的饭庄"雅园"，店里掌勺的大厨李让就住在此街，中华人民共和国成立前饭庄倒闭。

司家码头街向东便是学院街。清雍正四年（1726），山东提学道与其

旧时的学院街有些形制考究的宅院

他省一样称为提督学院，并改官名为“钦命提督山东省学政”，俗称“学台”，其驻地就叫“学院”，街名由此而来。虽然学院早已不见踪影，但路东那组带有高阔门楼的四合院保存完好。据说这些房屋中华人民共和国成立前属张姓大户，张家四兄弟一家一个院子，后来充了公，成了普通民居。

学院街北行东折即为秋柳园街，是清代诗人王渔洋读书的地方——秋柳园旧址。王渔洋（1634—1711），字士禛，号渔洋山人，原籍诸城，祖上迁至新城（今桓台），此后世代均居济南大明湖畔。他的诗中有很多对济南山水充满情感的描绘，像“济南山水天下无，剩水残山还自殊”。他常与朋友到秋柳园中宴饮、读书，还以此成立了秋柳诗社，写下了《秋柳四章》，其中有“秋来何处最销魂？残照西风白下门”和“娟娟凉露欲为霜，万缕千条指玉塘”等佳句，诗中句句写柳却不见“柳”字，一时风靡大江南北，因此也有人说他的诗是中国“朦胧诗”的滥觞。秋柳园不知何年废圮了。街上11号是个三进四合院，房主是西门亨源木业的王玉林。20世纪二三十年代，他家盖房时曾挖出来一块石碑，据石碑记载，这里就是秋柳园遗址。后来这座院子的主人是王玉林的儿子王德明，我见到他时，他已是八十岁的老人了，但对文化的钟爱，对这条小街的眷恋与祖上一脉相承。全长不过百余米的老街上磨得光亮的青石板路面，向人们传递着幽古情思。

从秋柳园街再往东走，便是汇泉寺街、阁子西街、阁子前后街及贺胜戏场街。这一带既没有什么有名的商业建筑，少有的庙宇也早已倾圮。汇泉寺街北首是今日大明湖的兰花岛，早先是个半岛，与汇泉寺街连为一体。因小岛景色幽雅，植被茂盛，是夏季纳凉佳地，老济南称其是“清凉岛”。

上有汇泉寺，是个佛寺，辛亥革命后中华佛教协会支部建在此。这里曾是泉水入湖口，故得寺名。寺何时倒塌或被拆除不得而知。旧时汇泉寺街叫二郎庙街，庙址是路西一间小平房，临街墙上嵌有石刻。济南民谚中“东更道，西更道，王府池子，二郎庙”，这最后的地名指的就是这里。“文革”时“破旧立新”，改称二贤街了，似还不妥，便因袭旧有名胜改称汇泉寺街。

秋柳园街的青石板路泛着幽光。

在阁子前后街的结合部，过去还有个汇波寺，汇波寺上筑有三官殿，内祀诸神，佛道杂处，当地人俗称为阁子。后来修整街道时，将阁拆除。过去阁子前街叫汇波寺街，阁子后街称为“后街”。后来的大明湖东岸平淡无奇，缺少起伏，可以想象，有了汇泉寺和汇波寺，东岸的景致就非同一般了。

小雨中的阁子西街更显寂静。

湖东一带最为热闹的地方是南北历山街西贺胜戏场街上原有的“大舞台”。“大舞台”是个老戏园子，由刘和坤为班主的京剧科班“全胜班”创办于1870年，是济南第一家剧场，当年还上映过无声电影。据老人们回忆，这戏园是个圆形，地方不大，条件非常简陋，是用席子和苇箔扎起来的席篷。四周墙壁是用木板钉制的，戏台坐北朝南，台下几十张方桌，开演时观众坐在桌子四周，边喝茶边看戏。戏园东西两侧还有简易的两层厢楼，是有些身份的人看戏的专座。民国初年，著名的京剧演员汪笑侬就经常在此演出。后来此地成为济南著名的戏班易俗社的演出阵地，像扮演老生的张金泰、扮演青衣的邱步武都常常到此。《桑园会》《击鼓骂曹》和《卖马》等京戏剧目都经常在此轮换上演。1920 年新年，山东学生联合会在“大舞台”演出爱国反帝新剧，遭军警干涉，参加演出的学生被打伤，剧场部分设施被砸毁。后来在一次大火中，“大舞台”化为灰烬。这贺胜戏场街的名称在后，有人说这是“火剩戏场”留下的谐音。

历史上这片区域住着不少大户，其中多为商人，而济南向有“十商九盐”的说法。贩盐在当时特定的历史条件下颇为赚钱，盐商无不腰缠万贯，宅子自然也很讲究。阁子前街东侧与之并行的有条街叫东玉斌府街。相传过去是德王女婿的驻地。皇帝的女婿叫驸马，王爷的女婿叫仪宾，其住所自然叫仪宾府。人们在口口相传中以讹传讹为玉斌府。街口路东 6 号是座不寻常的四合院，院子正房和南屋都是二层楼房，砖石结构，工艺精细，山墙上的砖石浮雕也十分传神。这座房子有两百多年的历史，最初的主人姓左，是济南府有名的大盐商。中华人民共和国成立后这里成了十户人家共住的大杂院。

当然，最令我心仪的还是那一座座历经沧桑的老四合宅院和那些生活在里面的人。这些院子大多为老砖筑成，也有些土坯或夯土墙，屋顶上是花脊小瓦，硬山坡顶的门楼上枯萎的衰草在微风中摇曳。这里的人依然过着自己习惯了的平淡、祥和、舒缓而有些慵懒的生活。我敲开一扇扇大门，不是丁香花开，就是榴花似火。家雀在老屋檐下做巢，白鸽在主人提供的旅舍中休憩。天井里的人们在锅碗瓢勺的交响之后，便以搓麻将、打扑克、下象棋添乐。槐树下借助一把躺椅、一把芭蕉扇品茶纳凉，更是老人们的美事。到了冬天，老人们提着马扎，找个背风的墙

老街游走卖糖人。

百姓们在四合院里过着宁静的日子。

根处坐下，抄起手来，懒懒的冬阳晒在身上，暖洋洋的。走街串巷的磨刀人的吆喝声，吹糖人的小铜锣声，弹棉花的弓子声将街坊邻居吸引到巷子口，见了面自然家长里短，絮絮叨叨，呈现出淡泊、闲适、质朴的人间生活景象。

如今，上面所说的这些七曲八拐的老街陋巷被一股脑儿划进了大明湖新区拆迁改造。一些孤立的老建筑保留下来，司家小院里的井水依然在流淌，学院街的张家大院改建成“老舍与济南”纪念馆，秋柳园街保留了王家大院，所谓的仪宾府也整治一新，还重建了高耸的超然楼和曾经的“七桥风月”。欣慰之余，总觉得还少点什么。

# 庶民之湖

文人眼里的大明湖是抒发浪漫情怀的名胜：曾巩在此纳凉，刘鹗在这里观佛山倒影。而在湖民眼里，这片水就是赖以养家的聚宝盆，他们在这里冲船、逮鱼、种蒲、踩藕，使大明湖成为这座老城的鱼米之乡。

外地人爱逛趵突泉，因为它是济南名胜，有“天下第一泉”的美誉；当地人则更喜欢大明湖，因为它大，玩得痛快。湖纳百泉，像是这座老城的胸怀。

描绘大明湖的诗文很多，最为著名的要属那刻在铁公祠内的名联：“四面荷花三面柳，一城山色半城湖。”写字的这位是乾隆年间的进士、书法家铁保，作词的这位便是被乾隆称之为“江西大器”的进士、清嘉庆年间任山东学史的刘凤诰。他虽官居他乡，却如此爱恋济南山水，不仅将大明湖，而且将整个济南写活了。他的这副对联与刘鹗的“家家泉水，户户垂杨”一道成为宣传济南的最佳广告词。那时的济南湖大，城小，柳树多，荷花更多！在宋代时，大明湖曾被称为西湖，据说全国的“西湖”有三十几个，所以杭州人便毫不客气地将刘进士的这副对子刻在了西湖三潭印月岛小瀛洲上（李杭育《老杭州》）。今天，济南市树和市花分别为柳树和荷花，这也同杭州撞了个满怀。

为大明湖唱赞美诗的诸多文人中，最有名的就是“诗圣”杜甫。唐玄宗四年，他来山东临邑看望弟弟杜预，途经济南时与时任北海太守的李邕同游大明湖，写下了最早赞美大明湖的诗篇《陪李北海宴历下亭》，虽然历下亭搬过好几个地方，但那两句千古绝唱“海右此亭古，济南名士多”却始终萦绕在历代济南人的心中。清代诗人、书法家何绍基在济南，别人为他饯行，他酒后即兴将这两句诗写下来，后又被刻制成楹联，悬挂在历下亭正对的回廊过门楼上。

曾巩在济南为官时为济南，也为大明湖做了不少好事：修建了北水门、汇波渠和百花堤，使湖水“久雨不涨，久旱不涸”；架设了芙蓉、水西、北池等桥梁，形成“七桥风月”之景象；设立了北渚亭、环波亭、水香亭，丰富游览观景要素。这也是古时对大明湖集中整治规模最大的一次。后人不忘曾南丰的功德，在大明湖北岸离北水门不远处修建了南丰祠。他的诗《西湖纳凉》将大明湖描写成了避暑胜地：“问吾何处避炎蒸，十顷西湖照眼明。鱼戏一篙新浪满，鸟啼千步绿荫成。虹腰隐隐松桥出，鹢首峨峨画舫行。最喜晚凉风月好，紫荷香里听泉声。”

明代万历年间进士、诗人王象春是秋柳诗人王士禛的从祖，他来济南时，在大明湖南岸的百花洲上购得明“后七子”之一李攀龙的旧居白雪楼为家，又筑问山亭。羡煞济南山水的他，作《济南百咏》（也名《齐音》）组诗时，把济南的山山水水、风土人情赞美个遍。他的《明湖莲》诗说：“五月荷花半压塘，北风直送满城香。当垆瓶酒兼虾菜，南客游来不忆乡。”

清代济南本土诗人任弘远的《明湖杂诗》，则写到采莲女在湖中边采莲、边纳凉的情景：“六月乘凉争采莲，湖中来往女郎船。临行笑折新荷叶，障却斜阳细雨天。”何绍基曾在济南前后住过近五年，大明湖边也曾有他的居所，他的诗反映了自己的切身感受：“我昔大明湖上住，出门上船无

1912 年的大明湖（历史照片，出自《老照片》第十一辑）

十步。高楼下收云水色，小桥径接渔樵渡……半生足目江湖多，诗草酒痕成册簿。算来难似明湖游，少年奇赏由天付。”

当年老残是在秋天乘船游湖的。“荡到历下亭的后面，两边荷叶荷花将船夹住，那荷叶初枯，擦得船嗤嗤价响，那水鸟被人惊起，格格价飞；那已老的莲蓬，不断的绷到船窗里面来。”他还在湖北岸铁公祠南望“佛山倒影”：“梵宇僧楼，与那苍松翠柏，高下相间，红的火红，白的雪白，青的靛青，绿的碧绿，更有那一株半株的丹枫夹在里面，仿佛宋人赵千里的一幅大画，做了一架数十里长的屏风。正在叹赏不绝，忽听一声渔唱。低头看去，谁知那明湖业已澄净的同镜子一般。那千佛山的倒影映在湖里，显得明明白白。那楼台树木，格外光彩，觉得比上头的一个千佛山还要好看，还要清楚。”（刘鹗《老残游记》）今天，铁公祠小沧浪里立有“佛山倒影”石碑，让人期待老残所看到过的奇妙景象能够再现。

现代作家王统照回忆当年与徐志摩在济南炎热的夏夜一同游大明湖，他们"卧在船上仰看着疏星明月"，听着"间或从湖畔的楼上吹出一两声的笛韵，还有船板拖着厚密的芦叶索索地响"。

这些美文诗篇多是写景状物的，将大明湖的游船、拱桥、莲荷、芦苇、斜阳、月色、飞鸟等风物刻画得那么美，那么浪漫，那么妙不可言。而描写大明湖的人物故事，则少之又少，采莲女之类不过是风景的陪衬。老舍在济南时曾经以"五三惨案"为背景写过名为《大明湖》的长篇小说，自然是说故事的。但十分可惜的是，从不留底稿的老舍将小说原稿寄给了上海《小说月报》后，其书稿不幸在1932年"一·二八"淞沪抗战中葬身火海了。书稿中的完整故事连老舍本人都记不起来了，即便他后来根据回忆将其中的部分情节改写成了短篇小说《月牙儿》，却也似乎与大明湖关系不大。对济南人而言，这不能不说是一大憾事。

台湾女作家琼瑶倒是在不经意间写到了大明湖的故事。她的清宫戏《还珠格格》里"插播"了一段乾隆巡游济南时与大明湖畔一位名叫夏雨荷的

20世纪二三十年代的大明湖历下亭（历史照片）

女子发生的感情纠葛，并演绎出他们的女儿紫薇的人生悲喜。电视剧红遍全国，济南的观众尤其关注夏雨荷，到处打听她究竟出生在哪条街，一些好奇心强的外地背包客也来大明湖按“剧”索骥，非要找到当年夏雨荷与皇上幽会的地方不可。南丰祠外的水榭遂改称雨荷亭，里面准备了紫薇、小燕子的格格服饰供游客拍照，道具中还包括芦苇丛中皇上乘坐的画舫。人们拍照时有说有笑，热热闹闹，把剧中原有的“留得残荷听雨声”的凄美意境丢在了脑后。乾隆来过济南多次，也游过大明湖，并留下了御书“历下亭”及一些诗文，但是否有过与夏雨荷的交往呢？一家当地电视台便依照琼瑶故事线索东找西打听，还真在小东湖附近找到了一户夏姓人家，可谁也不敢断定夏氏祖先里有没有攀上皇上这门亲的。最终只好打跨海电话找到了始作俑者琼瑶本人，她细声细语地解释说，夏雨荷是她创作的人物。她本人从未到过济南，剧中提到过的济南地名，都是她根据有关资料查找的。观众这才恍然大悟，失落感也油然而生，但历史自有清白，文学就是文学。

经过历朝历代的人为包装，大明湖的粉黛一天天增厚，天然本色少了许多。其实，远的不说，半个多世纪前，大明湖朴素得像一个清晨起来尚未梳妆的村姑。昔日的大明湖是一个大大的渔村，湖西和湖北岸是高高的府城墙遮挡，湖东和南岸则与街巷民居相通。20世纪初，城墙西北角开了个小门，当地人称斜门。从北关火车站经此门沿西城根街至电灯公司（后来的工业展览馆馆址）铺设了一条窄窄的双轨铁路，上面行驶装着煤炭的人力翻斗车，由两个苦力一前一后的肩扛手推缓缓行进，湖民们形象地称之为“轱辘马”。湖滨的住户分野鲜明，湖东南岸多书香门第、达官贵人，湖被他们当作了后花园。湖民们则集中在北岸北极庙到铁公祠一段，时称北城根街，有百十户，分赵、刘、隗三大家，其他还有周、胡两姓。由于世代居住在此，姓氏单一，人口又少，叙起来都能攀上亲戚。这湖对他们来说则是赖以生存的米粮仓。

为便于耕作，当时的湖面并非今天这样烟波浩渺，而是由一条条纵横交织的地埂隔开，形成一块块四四方方的池塘，池塘内是各家各户种植的藕荷、蒲菜和芦苇，地埂上则是一棵棵高大的垂杨。池塘间有公共水道，当地人称之为河，供各家行船和游人湖上游玩。如无亭台楼阁的映衬，真可谓一派乡间野趣。

1922年，赫赫有名的北大教授胡适曾两次来济南，第二次来济时，他在司家码头雇了条游船畅游大明湖。眼界高阔的他似乎不满这有些画地为牢、各自为政的小气和拘泥的湖景，便赋新体诗道："哪里有大明湖？只看见无数小湖田，无数芦堤，把一片好湖光，划分得七零八落！这里缺少一座百丈的高楼，使游人把眼界放宽，超过这许多芦堤柳岸，打破这种种此疆彼界，依然寻出一个大明湖。"后来这首曾名为《游大明湖》的诗发表在《努力周报》第25期上。

八九年后，老舍客居济南时也游览了大明湖。与胡适一样，他对大明湖没有留下太好的印象，其文笔较胡适更露锋芒："湖中现在已不是一片清水，而是用坝划开的多少块'地'。'地'外留着几条沟，游艇沿沟而行，即是逛湖。水田不需要多少深的水，所以水黑而不清；也不要急流，所以水定而无波。东一块莲，西一块蒲，土坝挡住了水，蒲苇又遮住了莲，一望无景，只见高高低低的'庄稼'。艇行沟内，如穿高粱地然，热气腾腾，碰巧了还臭气烘烘。夏天总算还好，假若水不太臭，多少总能闻到一些荷香，而且必能看到些绿叶儿。春天，则下有黑汤，旁有破烂的土坝；风又那么野，绿柳新蒲东倒西歪，恰似挣命。所以，它既不大，又不明，也不湖。"（《大明湖之春》）然后他将笔锋

20世纪80年代的大明湖

一转说起了大明湖之秋："只是在秋天，大明湖才有些美呀。济南的四季，唯有秋天最好，晴暖无风，处处明朗。这时候，请到城墙上走走，俯视秋湖，败柳残荷，水平如镜；唯其是秋色，所以连那些残破的土坝也似乎正与一切景物配合；土坝上偶尔有一两截断藕，或一些黄叶的野蔓，配着三五枝芦花，确是有些画意。'庄稼'已都收了，湖显得大了许多，大了当然也就显着明。"看了这两段话，我作为济南人心里却不是个滋味。这位对济南大唱赞美诗，写下了众多的美文来讴歌趵突泉、千佛山、广智院，甚至山水沟药集的大家，却唯独对大明湖如此贬低，但这就是历史上的大明湖。这就是率直的老舍，有好说好，见坏说坏。

与赏景为快的文化人比起来，湖民更加现实，靠山吃山，靠水吃水，天经地义。对他们来说，湖就是个聚宝盆。当地人说："水有多深，钱有多深。"不仅白莲藕、蒲菜、鲤鱼、湖虾是济南人最喜爱的佳肴原料，可以卖个好价钱，就连浮萍草、荷花梗、芦苇根都是中药材，有人专门收购。漫滩上有的是旮旯油子（即田螺），可送到县西巷集市上去卖，做成的酱油螺蛳，济南人顶爱吃。田螺扒出肉来送到万紫巷商场，送多少要多少。有了如此多的挣钱路数，勤劳的湖上人家便八仙过海，各显其能了，栽蒲菜的，种藕的，冲（撑）船的，拿鱼摸虾的，谁有本事谁挣钱就多。

我有一门亲戚便是世代居住在此的隗家。据说隗姓是从明洪武六年迁来的，至今已有二十多代。隗广智年近古稀，身子骨硬朗，无疑得益于年少时在湖上的摸爬滚打。他的父亲隗鹏在湖上算是能人，拿鱼、捞虾、踩藕、冲船样样通。后来，他还担任大明湖捕鱼委员会生产队长。他有一手绝活，晚上在湖中下上十几个用竹子编制的虾笼子，一拃长的湖虾钻进去就别想出来。早上将活蹦乱跳的湖虾小心收起，不伤腿须，集中装到两个笼子里，送到金菊巷里的燕喜堂，每天两斤，保证鲜活。

隗广智说，现在的大明湖种的多是红莲，开粉色的荷花，虽然好看，游客喜欢，但莲藕个头小，产量小，口感面而不脆，只能做藕粉，过去没人种。而旧日的大明湖是一色的白莲藕，这样的藕个大身子轻，藕眼大，口感爽脆，生吃起来赛过雪花梨，没有渣。藕虽好吃，但种藕和踩藕却很有学问，也十分辛苦。踩藕是济南收藕时的行话。初秋收藕时，需光着身子进入水和泥中。还有的要春节前踩的，则需穿上用麻绳缝制的不透水的牛皮衣下到冰冷的湖水中。藕一般埋在泥下半米深处，踩藕人要根据藕秆和藕叶的方向，来判断藕横在泥中的位置，用脚在水下探索找到藕枝藕节。踩到藕，用脚尖挑起，接着就是拉藕，拉藕时要用力得当，要踩好拉好，不能将藕枝踩断拉断。藕整支卖，好看好卖价也高；如果藕被踩断、挖破皮或者灌进泥汤，等于破了“卖相”，卖不出好价钱。

20 世纪 80 年代小沧浪的荷花

莲藕浑身是宝。荷花是济南夏日生活中不可或缺的植物。唐代人段成式在《酉阳杂俎》一书中记载：早在唐代以前，一些文人贤达，便将大明湖中莲叶割下，折成酒杯盛上美酒，然后用簪子将莲叶的中心部分刺开，使之与空心的荷茎相通。人们从荷茎的末端吸酒喝，以感受“酒味杂莲香，香冷胜于水”的美妙滋味。这便是被历代文人传为美谈的“碧筒饮”。

被文人墨客赞美不已的荷叶，济南人看重的是实用。用鲜嫩碧绿的荷叶煲制的荷叶粥，便是济南夏令的著名饮品。而选用嫩荷叶做成荷叶鸡、荷叶鱼、荷叶粉蒸肉，既有鸡鱼肉香，更有荷叶的芬芳。鲜荷叶采摘下来，用绳子穿起支到用木条子做的荷叶架上晾三四天，用这样半干的荷叶包裹生熟肉、酱菜和包子等食物，既不漏汤，还散发出特有的清香。荷叶完全干透，可吊到房梁上贮存。用时往干荷叶上喷水，一夜后便柔软好用。用荷叶包装食物也成为济南一大特色。

过去还有一道夏令名菜“炸荷花”，即将新鲜、完整的荷花瓣洗净，

每至盛夏，街头卖莲蓬的摊位成为济南一景。

挂上一层薄薄的鸡蛋糊，放到油锅里炸熟后撒上白糖，吃起来香甜爽口。当年老舍到济南友人家中赴宴，曾品尝过主人做的香油炸莲花，虽觉得有些煞风景，却也感到无比新颖，并写下了散文《吃莲花的》，称其为“济南的典故”。他在《大明湖的春天》中还写道：“在夏天，青菜挑子上带着一束束的大白莲花出卖，在北方大概只有济南能这么‘阔气’。”而去掉花瓣的莲蓬被湖民摘下卖给那些小贩。小贩们则到火车站、街头和游览点去卖。当时小贩们有这样的叫卖吆喝声：“坐火车，到济南，不尝莲蓬不解馋。”

济南人最擅长最普及的还是藕的各种做法：姜拌藕、糖醋藕片、醋熘藕片、滑炒藕丝、炸藕盒、排骨炖藕、藕丁煮咸菜、酥藕等，济南人大都是内行。济南还有句老话：“苔下韭，莲下藕。”前者是指刚出苔的韭菜最鲜美，后者说的是荷花盛开后当年结成的藕瓜，老济南人形象地称为“藕孩子”。这种藕脆酥嫩甜，生食最佳。1972年8月15日，柬埔寨国家元首诺罗敦·西哈努克亲王来济南游大明湖时，在铁公祠内品尝了明湖楼饭庄制作的凉拌藕、水晶藕、冰糖莲子和奶汤蒲菜等湖产美味。正因济南百姓对莲藕的推崇，莲藕交易十分活跃。早年间，西门外估衣市街西段就叫“藕市街”。

可能莲藕关乎民生，不知何时起济南便有了“藕神”崇拜。铁公祠之西原有一座藕神祠。相传每年的农历六月二十四日是藕神的生日，也有人叫作迎藕花神节。这时湖上的荷花刚刚开满，荷香四溢。人们来到这里乘船游湖，到藕神庙里上香，再买些荷花、荷叶、莲蓬回家，为藕神祝寿。农历的七月十五日是中国佛教界的盂兰盆会，是追忆祖先的一种节日。而独有济南将这一节日安排在农历七月三十日，因为这一天也是送藕神的节日，这时湖中赏荷已近尾声，湖南岸的汇泉寺与本属于道教的北极阁一同参与节日法事活动。寺庙内吹吹打打，香客纷至沓来，烟气萦绕不绝。和尚和道士们还用彩纸扎制成“法船”，漂浮在寺庙后的湖面。天黑时，庙里人将彩船烧掉。善男信女们将事先用面团捏成的灯碗，放上棉籽油或菜籽油，再用棉花搓成灯芯点燃，放到湖面上，以“超度亡灵”。这时的北水门水闸也被打开，似繁星点点的灯火随波漂荡，一直飘到水门外的河道里，让兴奋的孩子们追逐不已。这便是最初放河灯的景象。湖区里居住的百姓还要在每年的大年初一到藕神庙烧香上供，求藕神爷保佑，以祈莲藕丰收。

有意思的是，早先谁都不知道这位藕神姓甚名谁。到了清同治年间，宋代女词人李清照被封为藕神，看起来有些牵强。她在词《一剪梅》《如梦令》和《怨王孙》中确有“红藕香残玉簟秋”“误入藕花深处”“莲子已成荷叶老”等描写莲荷的著名佳句，她本人既是女性又是济南人，被尊为藕神似也合情合理。民国时藕神古庙废圮，前些年南丰祠旁又建起藕神祠，里面立着李清照的塑像。

蒲菜与白莲藕、茭白并称“明湖三美蔬”。1927 年出版的《济南快览》评价道：“大明湖之蒲菜，其形似茭，其味似笋，遍植湖中，为北数省植物菜类之珍品。”每年五月至七月，是大明湖盛产蒲菜的时节，届时不但百姓们买回家中自烹，济南的各大饭馆更是隆重推出这道时蔬美味，奶汤蒲菜、蒲菜炒肉、锅煽蒲菜都是各家鲁菜馆子的招牌菜。20 世纪 20 年代，诗人臧克家曾在济南求学，他在《中国烹饪》杂志上发表的一篇文章中回忆道：“大明湖里，荷花中间，有不少蒲菜，挺着嫩绿的身子。逛过大明湖的游客，往往到岸上的一家饭馆里去吃饭。馆子不大，但有一样菜颇有名，这就是‘蒲菜炒肉’。”

那些以冲船为主的“船户子”在湖区属家境较好的，造一条船和船上置办的东西算下来花费不小。湖内总共有五六十条客船，都集中在鹊华桥头和司家码头候客。船也分三六九等，最好的是一种带楼阁的画舫，比现在湖里见到的略小些。船舱的门窗雕刻精美，镶着玻璃，湖民们称之为“玻璃船”。门上挂着匾额，门旁挂着木刻对联。舱内方桌椅子，桌上铺着台布，摆着细瓷茶具和干鲜果品，舱的后半部还设有双人床榻，上铺凉席，为游湖的人想得十分周到。二等的是篷子船，除了没有玻璃门窗，其他同上面说的一样。三等的是布篷船，最次一等的是“光腚船”，上面没有任何的设施。还有一种鸭蛋形的小木盆，只能一个人划行，是湖民们作业时的工具，不能供客人使用。除小木盆外，其他船都靠冲船人撑篙前行。这篙并非南方的竹篙，而是用扒了皮打磨光的柳木棍。大的画舫要由两人交替撑篙。

因从南岸经历下亭到北岸再折返回去，要两个多小时。船上的茶水比茶馆贵一倍，水果则更贵，当地人称之为“仙果”。那时乘一次游船花销不少，撑船人要价很高，业内人称此为“猛一唬”，还有一句“半年不发市，发市吃半年”的说法。像租玻璃船进湖一趟，收金圆券三五十元，相当于十来斤面钱，好的可弄到二三十斤面钱。因此，除了少数商号的学徒利用放假时机结伴而行，AA 制凑钱共乘一条画舫外，其他乘船的人多少都有些身份。前面提到的胡适、老舍不再说，孙中山、冯玉祥也来此乘过船。孙中山是 1912 年 9 月的一天到济，先视察了辛庄北洋陆军第五镇兵营，下午游的湖。韩复榘宴请陈立夫还选择了历下亭。那时历下亭旁有家刘氏兄弟开的饭店，除了炒菜，最拿手的是蒲菜烫面三鲜包，一笼蒸二十个，一般人吃不起。乘船最多的要数国民党第二绥靖区司令长官兼山东省政府主席王耀武了，因他将最后的指挥所设在北极庙西侧成仁祠内，所以来往次数多，撑船的、卖饭的、卖莲蓬的都认识他。

老济南的孩子们几乎没有不在北极庙的石阶旁打过滑梯的。

因玩湖的人相对较少，

船户便有人到城里贡院墙根街南头东侧的茶巷、省府前街，城关的趵突泉、剪子巷北头，商埠的青年会、经二路邮局以及石泰岩饭店等处“跟买卖”，即今天所说的上门推销，谈好价钱后用三轮车或黄包车将游人带到船上。达官显贵们可以让船工到城内的燕喜堂、汇泉楼等大饭店叫菜，到船上吃。还可以约定好艺人或让船工去把艺人请来（称“点活”或“点戏”），到船上表演。许多京剧名角都来湖中唱过戏，富家公子、京剧票友更是湖中常客。那时在后宰门、曲水亭、庠门里一带，还有许多暗娼，当地人称“条子”。经皮条客介绍，也会到船上交易。老舍的短篇小说《月牙儿》，正是描述了那个年代这一区域为生活所迫的下等妓女的生活。

船户们也有自发的组织，领头人大家都叫他“船头”，每个星期，每家每户要出一天的收入交给“船头”，以摊销一些公项，如国民党的巡逻队乘船下湖从不给钱，费用都由各家共同负担。当然游船的业务季节性很强，春天开始，农历五、六、七月生意最好，秋天便很少有人来了。当地人编的顺口溜：“过了三月三，大米干饭也嫌酸”，“苇子秀了穗，冲船

历下亭前的票友们自得其乐。

的没了事，棒子（玉米）黏粥也不嫌稀”。但到了冬天，湖民们也闲不住。湖上冬天特别冷，三九天湖面冰达一尺多厚。过去没有冰箱，但到了夏天总有对冰的需求。湖畔人家便在东南岸的秋柳园一带，在背阴处挖几个冰窖，有一人多深，两间屋大。用麦秸将地面和四周铺好，既保温又防止冰块粘泥土。凿冰要选择湖水干净，没有荷叶梗的冰面，凿冰者手持上边有把手的铁镩，向冰面捣捶。取下四四方方的大冰块用榆木杠子、粗铁丝固定好，由人用肩扛着推送进冰窖内封存。等到来年夏天，一些饭店、卖肉的商家和医院，都排着队用地排车到这里来买。因大明湖的水清，冰块晶莹透亮，如明镜一般，可以直接食用，有些饭店用它做冰淇淋。三伏天时，有些散落的小冰块也被那些家境贫寒的孩子抢来，放到柳条筐里用荷叶遮挡太阳沿街叫卖：“拔凉解渴的冻冻啊！”很受街上孩子们的喜爱。真正闲下来，是到了年根，约几个人围坐在一起，炒几个菜，喝上几盅。每年正月十五的龙灯队伍中，大明湖的格外耀眼，他们总是到西关一带最热闹的地方去耍。

说起湖中的一些景观，隗广智还清楚记得，现在的大明湖南门的牌坊处，原来是一处大大的砖木结构的穿堂门厅，起脊两面坡，飞檐斗拱，东西有山墙，玻璃门窗。厅里有卖荷花、莲蓬的，卖脆萝卜的，卖嫩藕的，还有卖瓜子的。夏天这里有穿堂风，很多人在此纳凉。那时省图书馆的正门朝东，有个红砖的西式门牌楼，门前有“雨来散”等四五家茶社，都是竹竿席棚，但茶具却很讲究。那时的北极庙有石阶 38 级，现在可能是回填地面的原因少了四级，因此那时的北极阁与今天比较更显高大。北极庙的历史古老，早有“先有北极庙后有济南城”之说。庙内正中真武像，高 2.5 米，上悬“位极天枢”匾，配祀青龙、白虎、风伯、雷公、仙曹、雨师、电母、四天君等十八尊彩绘神像，这些神像“文革”时遭到破坏，当时发现神像内有丝绸做的内脏。庙北原有座两米宽的木桥，直通北城墙顶。站在上面，鹊华二山和泺口黄河大桥尽收眼底。北极庙西临就是成仁祠，即今天月下亭连同身后的茶社，系 1937 年韩复榘为纪念陆军 58 师江西抗日阵亡将士

民国初年，大明湖的北极庙与北城墙相连。（历史照片）

而建，里面过去摆着很多的牌位，供人祭拜。下面有间不小的地下室，设有通向城外的地道。济南战役时，国民党守军司令王耀武最后的秘密指挥所就设在这里。听说他刚到这里时很不高兴，因为是成仁祠，犯了地名的冲。但他没有像蒋介石赐给他的那把佩剑上写的“不成功便成仁”，而是同他的卫兵一起从地道里逃出，后在寿光被俘。

1950 年开始拆除老城墙，拆除的石条用在了大明湖的堤岸上。隗老汉就参加了当年的修堤，干一天给五六斤小米，一个星期去领一回。后来听人说这叫“以工代赈”。湖区内的住户也从这一年开始陆续搬迁，迁到老东门一带的湖滨新村，那些房子的条石和青砖也是从城墙上拆下的。大明湖后又修起了围墙，去掉了湖中的地埂，砍掉了荒草和很多的柳树，挖湖清淤，建成了如今的公园。湖区的人也大部被“收编”，成了中华人民共和国成立后的第一代园林工人，领起了工资。

◆布政司 ◆皇亲巷 ◆尚书府

# 三重门外

原布政司衙署是个面积仅次于巡抚衙门的大院，院内亭台楼阁，泉水叮咚。院外则是经营文化用品的街市，书局、刻书坊、南纸铺、古董店、装裱店鳞次栉比。张养浩、许邦才的故宅隐于周边的巷子中，韩美林也出生在此。

济南旧时衙门很多，大都集中在今泉城路以北。明清时，仅次于巡抚衙门的权力机关就是承宣布政司，今天的省政府大院便是布政司旧址。元代时这里是中书省东西道肃政廉访司驻地，人们称之为宪台，也叫宪司或宪衙。明洪武九年（1376），布政司衙署由青州移驻于此，长官为布政使，官品为从二品，掌管全省的民政、田赋、户籍。明天顺四年（1460），重修布政司署。

布政司建筑布局很有讲究，中为正堂，前有砖砌月台，再前为花坛、太湖石及碑刻，石栏环抱。左右两侧各有一重檐歇山四角凉亭，20 世纪 70 年代初，两亭迁至四门塔景区重建，以接待去那里参观的西哈努克亲王。

这是原布政司第三道门内的正堂。前面的两座四角亭一直保留到 20 世纪 70 年代。（历史照片）

山东最后一任布政使司王丕煦及其家人在布政司院中留影。（历史照片）

正堂的南面建有三道门，左右两侧是配房。二道门内有两个石砌围栏的方形泉池，名凤翥池，与东邻贡院内的华笔池同为清乾隆年间山东布政使江兰疏浚凿建并题字。正堂北面建有官邸，而西侧是西花园，山石嶙峋，花墙透绿，草木扶苏，辟有可以行舟的河道。正门外为高大的影壁墙，周围形成小广场，东侧有高耸的鼓楼，台基石头筑成，十米见方，足有两层楼高，中有拱券门洞可行人，上为重檐四角楼阁，大鼓直径达一米半。清代时，布政司俗称“藩司”。辛亥革命后，这里成为巡按使公署，不久改为省长公署。1928 年“五三惨案”后，国民党山东省政府迁至泰安，次年又进驻济南珍珠泉大院，原省长公署大院即改为省民政厅驻地。济南沦陷后，伪省公署、省政府又驻在这里。1940 年，伪省长唐仰杜在院子东北侧建高台房子，整修周围的平房，作为办公用房，与西面的办公用房连成一片。抗战胜利后，国民党山东省政府主席王耀武在高台房子办公，周围则是建设厅、财政厅、教育厅驻地。

昔日的小布政司街（历史照片）

布政司正门外的南北大街也由元代所谓的宪司街、宪衙街改叫布政司街。而布政司门前的那条通往芙蓉街的东西小巷则叫小布政司街。

20世纪40年代以前，布政司街宽仅四五米，清一色的青石板铺路。由于北通贡院，东连府学文庙，这里是各地来参加乡试的秀才们的必经之地，书店、刻书坊、笔店、南纸铺、古玩店、照相馆都在设在附近街区，当然也包括客栈、浴池、酱园和粮店，有点像北京的琉璃厂，满街书墨香。蒲松龄在《聊斋志异·偷桃》中描写过在布政司衙门口看杂技的情形。清初西周生所著长篇小说《醒世姻缘传》里便有考生“从守道门前四牌坊到了布政司街里面，由布政司街各家书铺里看过书”的记述。其中提到的四牌坊，便是小布政司街的旧称。

清代时，这里有近二十家刻书坊铺，主要出版《四书》《五经》之类，其中有聚合堂、双和堂、齐升斋、鸿文堂、书业德、德华堂、子云堂和东昌善成堂等。这些坊铺刻书虽非官刻，大多节约成本，以营利为目的，出品的精品较少，但也颇具特色，像文友堂专为公家刻书，会友堂则刻政府出版物，字大行疏，悦人眼目。随着科举制度的废除和新式印刷技术的兴起与普及，这些传统的刻书坊到20世纪三四十年代大多寿终正寝。解放初期，新型书局、出版社如雨后春笋，遍布此街，如集古堂、蓬莱书局、建古斋、德古斋、齐鲁书社、济南书局、大新书局、广文书局、志诚书局、达武商行、新中华书局、儿童书局等。而小布政司街上有中华书局、午夜书局、中山书局、振兴书局、新济南杂志、励志书社、学生书店、成文新乐记、明湖书画社、黄风书店、开诚书店等二十多家书局，及庆云斋、博古斋、萃林斋等几家装裱店。

清末时，济南府的旅馆、客栈统算起来不过三十余家，主要分布在大小布政司街、后宰门、鞭指巷、县东巷和县西巷等靠近各级衙门府署、人多热闹的地方。《老残游记》中写了一段老残住店的经历，虽是小说的叙事手法，却成为晚清济南客店为数极少的生动描述。进来济南府，老残“到了小布政司街，觅了一家客店，名叫高升店，将行李卸下，开发了车价酒钱，胡乱吃点晚饭，也就睡了”。1915年出版的《济南指南》中确有高升店的记录，地址写的是“在府学门前南首路西”，位置与小说中所述的十分接近。而小说中还说，老残当时住店内院东厢房，北上房内住着的是两位天津来捐官的“李老爷”和“张老爷”。从老残和店里茶房的对话中还可以了解到，这家客店有点心和夜膳供应，还有外面的馆子来此送菜。从所住客人的身份、服务门类及院落中还有潺潺流水的描述判断，高升店属当时较高档次的客店。小布政司街与尚书府街交界处还有处名为尚书府的澡堂，是济南城内开设较早的浴室。后来大布政司街北首路西又开了家裕德池，设施规模在老城内属上乘，浴客趋之若鹜。

大布政司街偏北段路西原有半截胡同，胡同路北便是坐北朝南的山陕会馆，一般称其山西会馆。会馆始建于清乾隆三十九年（1774），到光绪二年（1876）才大体完成，属跨世纪工程。八字形影壁，重檐门楼，门前石狮雄踞。进门是一座双层戏楼，戏楼的天花板中有一方孔，台面角上有一活盖，专供神话剧中“神仙们”上天入地时使用。戏楼东侧是花园。戏楼后面是神殿，里面供奉着关公。再进去是大厅，上方是高大的罩棚。此外还有复室、穿堂、宝藏库等附属建筑。建筑物上的石雕、砖雕、木雕精细美观，在济南各会馆中独树一帜。在古时，一般民用建筑上是禁止使用重檐龙纹花脊和鸱吻套兽等装饰的，而这组建筑却广泛使用，无疑沾了关羽的光。清朝时加封关羽为护国神，关羽出生在山西河东解县（今属运城），老家的人供奉他，出点格自然很正常。1905年，这里放映过一场无声电影，轰动了济南府，“往观者人山人海，率皆喝彩”。

20世纪20年代，山陕会馆改为慈善团体救济会开办的私立正宗小学。学校不收学费，还发些铅笔等文具，课余时间动员学生上街募捐，以助学校经费不足。在街对面皇亲巷出生长大的韩美林就曾在这所小学读书。曾在这里执教或访问过的老师，如李元庆、赵元任、陈叔亮、秦鸿云等，都是后来中国文艺界的脊梁。韩美林上小学时演话剧《爱的教育》，辅导老师就是秦鸿云，他是中国第一部无声电影的开拓者，也是江青、赵丹的老师。

后来韩美林参加工作进了济南话剧团，也得益于秦老师当年的启发与帮助。后来山陕会馆拆掉了，现在省府前街上仍竖立着仅存的刻有《重修山陕会馆碑记》的三通石碑。

旧时街中段路西的玉环泉不在人行道上，而是再向西凹进去四五米的地方，两口直径一米半的相连泉井，青石铺就的井台有两间屋大，井台边铁链连着绳子和水桶，供街上居民打水使用。挨着马路牙子是一道青砖垒砌的影壁，上嵌刻有“玉环泉”三字的石板，据说为金代遗物。夏季水盛时，泉水会溢出井口，顺着石板流向路边。

玉环泉对着街东的巷子呈“L”形走向，后来叫玉环泉街，但古时此街称曲巷，后称东西巷为皇亲巷，相连的南北巷称尚书府街。其实，皇亲巷里找不到皇亲，只有司马府的一个后门。韩美林1936年就出生在这个巷子里，他的著作《天书》向人们讲述了他小时候在这条街上的经历和故事：“据老人讲，也不知哪一朝的皇帝偷娶了司马家的一个小姐，因为不是明媒正娶，所以从后门接的亲……反正我们小孩听大人讲的事都犯糊涂，所以我

日伪时期的布政司大街（历史照片）

也就糊涂着写，大家也只能糊涂着听了。”韩先生说得实在，那只是个传说。司马府是清康熙年间的兵部侍郎孙光祀的府邸，兵部侍郎别称“少司马”，故名。司马府的正门开在今泉城路。明崇祯十三年（1640）刊行的《历城县志》便有“刘皇亲巷，布政司街东”的记载。可见，司马府比巷子名至少晚了一个朝代，况且司马府家姓孙不姓刘，所以，韩先生小时候听不明白也就对了。

司马府后门旁有一个观音堂，供奉着观音、关公和土地爷，是个佛道杂处的小庙。1917 年，观音堂内创办山东省易俗新剧社，该社系私立公助，省教育厅每月资助四五百元，学员免费食宿，其编排的《西门豹》《胭脂》《闯王进京》《渔夫恨》《风波亭》等京剧新剧目，常在城内大舞台、鹊华居、富贵大戏院演出，颇受老戏迷好评。早年观音殿里还有一个私塾，儿时的韩美林放学后到庙里去玩，凑到土地爷大玻璃罩子里去看看究竟有些啥，他忽然发现土地爷的屁股后面藏有《四体千字文》《六书分类》《说文古籀》等几本书以及印章、刻刀、印床子等。他此生第一次接触文字就是篆书。他还在巷子口的同济堂中药铺见到了当作药材出售的骨头和龟甲，药店称其为“龙骨”，上面写着奇怪的文字就是甲骨文。那几本书和龟甲上好似图画的文字影响了韩美林一生的追求，他便比着书上的字写，照着骨头上的字画，为其日后成为艺术大师打下了基础。

皇亲巷里找不到皇亲，尚书府街上确有尚书的府邸。尚书府街因元代政治家、散曲家张养浩（1270—1329）故居位于街西侧而得名。张养浩是济南人的骄傲，原籍章丘相公庄，从其祖父起迁居济南。他少时好学，十九岁作《白云楼赋》一鸣惊人，后历任翰林院侍讲学士、监察御史、礼部尚书等。张养浩为官清廉刚毅，敢于犯颜直谏。李清照、辛弃疾虽都祖籍济南，但在济南生活的轨迹、留下的遗迹和讴歌济南的诗文甚少，而张养浩不然。1321 年，他以“父老归养”为由辞官回济南，在北园建云庄，立遂闲堂、处士庵、绰然亭、翠阴亭等建筑，园内还有著名的龙、凤、龟、麟四大灵石，其中龟石现存趵突泉，麟石现存其墓地。他在济南隐居八年，品清泉，赏龙洞，游大明湖，登华不注，寄情济南山水，埋头诗文散曲。流传于世的散曲小令一百六十余首，诗四百多首，《行书酷暑帖》等书法作品也堪称一绝。其间朝廷六次以高官厚禄征召，他坚持不赴。元天历二年(1329)朝廷第七次诏请他出任陕西行台御史中丞主持救灾。他受命赴任，星夜兼程，向灾民开仓放粮，向死者赐以棺木，并留下了“兴，百姓苦；亡，百姓苦”（《山坡羊·潼关怀古》）这近乎呐喊的散曲名句。在任四个月没有回家食宿，终因劳疾卒于任所，终年六十岁。其墓地在北园，人称张公坟，至今这里已成为北园办事处柳云社区，生活着张养浩的后代七八百人。张养浩在尚书府街的故居，后人取名为“七聘堂”，源自皇帝曾七次下诏聘任的史实。张养浩去世后，朝廷追封其为滨国公，谥号文忠，明朝时其故居改为张文忠公祠。“文革”时祠堂被毁，分成了几个院子成了居民住宅。

在布政司街寓居的还有明代诗人许邦才（字殿卿）。他在明嘉靖年间夺乡试第一，历任济南德王府、开封周王府右长史及左长史，人称许长史。

20世纪90年代末的省府东街（原小布政司街）

他与边贡、李攀龙、殷士儋并称明代历下四大诗人。他少年时和李攀龙过从甚密，一起“山栖同隐”，在佛慧山（即大佛头）下开元寺读书。据清人王培荀《乡园忆旧录》记述：“许殿卿邦才故宅，在城中布政使街，路东有瞻泰楼，与李沧溟（即李攀龙——笔者注）唱和处；芙蓉泉西，读书楼在焉。”他的诗集也以此楼而得名《瞻泰楼集》。他还有别墅在水村（今北园水屯）。清初诗人田雯从德州移居大明湖畔，曾登瞻泰楼凭吊先贤，并题诗壁上：“晴霞飞不断，湖水含泓澄。一丛白菡萏，无数红蜻蜓。我爱许长史，诗思何冷冷。”（田雯《黔书》）只可惜老迈的瞻泰楼早在清中期就已坍塌了。“文革”时，皇亲巷和尚书府街名显然在“破四旧”之列，随后两街合并称为玉环泉街。

布政司街的南半段还住着几家大户，像清朝翰林、左都御史张英麟的张家大院和河南巡抚李庆翱的堂弟李庆翔的李家大院。“文革”后期张家大院整个拆除，建起了济南第四十中学，李家大院部分拆除，陆续盖起了三座居民楼。

1980年，省府前街第一次大范围拓宽到十五米，沿街的旧房屋被一股脑儿拆除，街上出现了高楼，修建了人行道，栽上了法桐，后来又铺了花砖。老玉泉饭店、常春饭店、穆宾楼饭庄相继开业纳客。2007年，省府前街片区动迁，老街旧貌不存，玉环泉街更是整体消失了。2011年，此地建成红尚坊。

◆旧军门巷 ◆鞭指巷 ◆寿康楼

# 文韬武略

一路之隔的两条巷子中，一条有状元陈冕的府宅，一条有山东巡抚丁宝桢的故居。两人在济南都留下了许多故事。

旧军门巷位于南城根至西门大街（今泉城路），长不足两百米，宽不过三米。因清督抚军门曾建于此，后迁至德王府成为军门旧址而得名。清同治年间，山东巡抚丁宝桢在巷北路西建宅第，这条短小的巷子便在济南出了名。

丁宝桢是咸丰进士，贵州人，同治元年（1862）起任山东按察使、布政使，1867 年任山东巡抚，被曾国藩称赞为“豪杰士”。他在鲁期间，整顿军队，减少步卒，增建水师和骑兵，注重军备，强化海防。他曾于同治八年（1869）在趵突泉东的金线泉畔建尚志书院，并于光绪元年（1875）在济南创办山东机器局，收购进口设备造洋枪洋炮。其最惊人之举是杀了慈禧宠信的安德海。慈禧“垂帘听政”时，身为太监的“小安子”极为得势，逐渐干预政务，弄权纳贿，排斥异己，朝廷上下怨声载道，同治皇帝更对其恨之入骨，有心杀他，只是找不到可靠之人下手。慈安推举丁宝桢为最佳人选，并由慈安下密令执行。同治八年（1869）九月，安德海离京赴粤采办龙衣，所到之处招摇过市。丁派人在泰安将其逮捕，押解回济南。丁宝桢紧急奏折到京后，慈安召集军机处及内务府大臣商议，决定以太监不得出都门，擅自出京者死无赦为由，要求立即就地正法，以维护“祖制”，慈禧无奈之下只得同意，等朝旨到济南，即连夜将安德海押至城顶街杀死，并暴尸三天，任人去看，随行者中有十三人被同时处死，另有八人被发配黑龙江为奴。

丁宝桢不仅胆略过人，还是远近闻名的美食家。在济南期间，他曾调名厨数十人当其家厨。当时济南有名的鲁菜师傅周进臣、刘桂祥等人都到丁府当过差。他极喜欢吃炒鸡丁，每次宴客必有此菜，他还向厨师面授机宜，调理此菜的做法。他调任四川后，请当地师傅也做此菜，只是辣味更加浓烈，很受当地人喜欢，各饭庄如法炮制。为表彰他的功绩，清廷加赠其为“太子太保”，他因此有了丁宫保的称呼。人们便将他所喜爱的这道菜命名为“宫保鸡丁”，只是有些地方将菜名中的“保”字换成直白的“爆”字，突出强调了其做法，使点菜的食客看到菜谱便知其然。如今，山东、四川和丁宝桢的家乡贵州这三省都说这菜是本地的家常菜，贵州人还干脆拿出了民谚作为证据：“没有宫保鸡，不成黔味席。”

丁宝桢病逝后，因贵州战乱，其灵柩被运回济南，与前妻合葬在华不注山阳。墓前有碑志和石供桌，松柏掩映。20 世纪 50 年代末，其墓被掘，发现朝珠等随葬品一宗。据说那重一两多的花托由银行收购，朝珠在古董小贩来市内兜售时被没收充公。

丁宝桢还曾在后营坊街建了一处带有花园的宅邸，称“半弓花园”，建泉城广场时被拆掉了。旧军门巷 11 号的丁府旧址，曾是全国仅存的丁氏故居，占地约一公顷，原有三进大跨院，北有两侧院。正房五间，足有两层楼高，派头十足。虽说是丁公府，但丁宝桢没怎么住过，他在济南为官时住在巡抚衙门内，这里供其子女及后代们居住。几十年前，因一家工厂盖宿舍楼，将大部分房屋拆掉，只有外墙、门楼、影壁和二门还保存至

2002年10月。门楼高六七米，比一般人家的高出近三分之一，进深也长。门梢如意砖雕为“喜鹊报春”和“狮子滚绣球”造型。门楣为福字木饰，门楼垂柱上也有精美图案。门前两侧各有一高近八十厘米的枕石，雕竹、兰、佛手、石榴、葡萄等，细腻传神。门楼内两侧各有一门房，是卫兵安身之所。丁宝桢调任四川总督后，将此宅卖给了济南本道署理东司沈廷杞，因此又被当地人称沈家大院。沈的儿子还娶了“祥”字号创始人孟雒川的女儿。这院子里有位年逾古稀的宁老太太，在此住了几十年。据她说，“文革”中红卫兵从老宅里抄出了不少古籍，顶戴花翎的官服以及古家具、古玩等，烧的烧，摔的摔，拿的拿，只剩这门楼、影壁和几间老屋了。2002年10月，门楼和影壁终也没有逃脱被拆除的命运，这条老街便没有一点历史的印痕了。只是在文物部门的要求下，有关方面在拆除时又与拆镶牙馆时一样，将拆下的砖、瓦、石类编号存放，准备异地重建，但建在哪里，建成什么样子不得而知。

2002年10月，拆除中的丁宝桢故居门楼。

有意思的是，丁宝桢的重孙女丁泽琛也生活在济南，1942年她嫁给了曾任丁宝桢建立的山东机器局的总办刘恩驻的孙子刘航荪，真可谓前世有缘。“文革”时，刘航荪将家里从曾祖父开始就保存下来的清朝官员如李鸿章、张之洞、丁宝桢等人的书信统统烧了。他原打算把丁泽琛娘家的丁氏家谱保留下来，并悄悄拿到内兄家，最后他和内兄商量还是烧了妥当。不久，“出身不好”的他们两家都被红卫兵抄了家，但没有找到什么“反动罪证”。

1907年，大清户部银行济南分行在此设立。1913年英美烟草公司在此落户。济南钱业公会曾在此设立，1924年改建为济南电影院（后称大华、胜利、新华），成为中华人民共和国成立前老城内唯一的专业电影院，1981年被拆除。

旧军门巷北首过泉城路直冲着鞭指巷。此处旧时靠近各衙门口，清康熙、乾隆年间这条巷子多是买卖鞭子、缰绳、鞍子等车马用具的常摊，人们遂称之鞭子巷。相传乾隆皇帝下江南路过济南时，从巡抚署行宫骑马至此，看见巷子里摆放着琳琅满目的商品，便扬鞭一指问道："这是何处？"随行宰相刘墉，也就是那位民间传说的"刘罗锅"，见机行事说："万岁御鞭所指，可名鞭指巷。"就这样，巷名一直流传下来。刘墉是山东人，是位清官，在查办大贪官山东巡抚国泰一案时秉公处理，他的事迹被后人传奇化，还编成鼓词《刘公案》在济南民间流传。

巷子北半段路西有两座紧靠着的青砖黑瓦的门楼，这便是赫赫有名的状元陈冕的府第。陈冕的祖父陈显彝，自浙江来济定居，曾任山东盐运使、山东候补道，被诰封为"资政大夫"，人称"资政公"。其父陈恩寿曾任莱阳、恩县、长清等县县令及知府，一生乐善好施。据陈冕的曾孙陈建邦介绍，清咸丰九年（1859），陈冕出生在这陈家大院。他出生前，其父梦到百姓赠送了一顶精致官帽，以此祝其后人成栋梁之材，陈冕之名及字冠生，均由此而来。少时陈冕勤奋好学，才艺双全。十四岁中秀才，十六岁中举人。陈冕考中秀才后曾考入当时的最高学府"国子监"学习。考中举人后经选拔又当上了"国子监"的教官。光绪九年（1883），刚满二十四岁的他一举夺得殿试第一名，成为清代第一百零五位状元，也是最年轻的状元。在长达一千三百多年的科举历史上总共产生过五六百位状元，济南有两位，另一位是元代济南属县章丘的张起岩。陈冕中状元的这一年恰逢黄河决口暴发洪水，山东部分地区灾民流离失所。其父带头一次捐出数万银两救济灾民，并亲临抗洪一线参与救灾，因操劳过度去世。次年，黄河又闹水患，陈冕子承父业，再次捐款赈灾，并乘船给灾民送衣，帮助安置。九年后山西发生了大旱，他又将家中剩余的钱财凑成千两黄金全部捐献，还在济南街头当场写字、卖字，共募得万余两黄金送往山西。1893 年，因赈灾劳累过度积劳成疾，陈冕病逝于家中，年仅三十四岁，安葬于十里河的陈氏墓地。朝廷对陈冕褒扬有加，御赐“状元及第”贴金大匾。此匾刚解放时尚存，后被毁。相邻的将军庙街城隍庙前还专为陈冕树立了高达数丈的旗杆。在老城东南丁家庄建了陈家祠堂。解放初期利用陈家祠堂建起丁家庄小学。

当年状元府是由二十八个四合院和一个南花园组成，东起鞭指巷，西至西熨斗隅巷，南至将军庙街，北抵双忠祠街。位于鞭指巷 9 号、11 号和 13 号的三个大院各由八个坐西朝东，东西相连的四合院组成。中华人民共和国成立后这里成为居民大杂院，保存还算完整。院子里种的葡萄、石榴、香椿、老槐树至今枝繁叶茂。9 号院门楼高大，门楣栏板上刻着九个宝葫芦图案，象征着荣华富贵。院内有口古井，人称“状元井”，至今井水清澈。只是临时搭建的小房密不透风，拥挤而杂乱。但从建筑布局、石阶木柱、砖雕石刻来看，足见状元府昔日的风韵。西熨斗隅巷 16 号、20 号、22 号、24 号四个院落，也是状元府的组成部分。西熨斗隅巷 20 号院，即状元府西八院，是陈冕当年的私塾，屋前曾挂有“小默默斋”牌匾。走进 16 号院内，一处坐东朝西的五开间二层小楼是当年陈冕的藏书楼。

也许是这条巷子里出了义士，很多商人也图个财气兴旺而向这里靠拢。一些票号、钱庄由西邻高都司巷转到这里，至今巷子南头尚能看到几处两层高的青砖黑瓦的楼宇，石基高宽，不设窗户，为当年的库房，今天早已是住家户了。

这是幽静的鞭指巷。图左三座相连的门楼就是昔日的“状元府”。

鞭指巷中部的东侧还有家传统的饭店熊家扁食楼。山东人爱吃饺子，济南人、胶东人也称饺子为扁食。熊家扁食楼发迹于清末，20 世纪 20 年代在老城里出了名，楼上对外营业，楼下是伙房。饺子皮薄馅大，包制精细，荤素皆有，酱油、醋和山东人喜爱的大蒜瓣均免费奉送。后来熊家还在芙蓉街开了分店。

这条平静的巷子里过去还有几家老字号的乐器店，像“衡泰和”“文英斋”“文顺和”等在济南的票友界知名度很高，如今早已不见踪影了。巷北头路东，与“状元府”相对的原有一处很不起眼的民房，两蹬台阶之上有一小门，旁边挂着“乐器修理铺”的牌子。这家的主人杜福庄，年逾古稀，父亲杜庆茂十几岁时从河北衡水老家到北京“文盛斋”学做胡琴，学成后来济南，在这里租了二十多平方米的房子，开办了这家北京马良正胡琴铺济南分号，直到 1975 年他老人家去世。20 世纪 50 年代初，杜福庄从老家弃农来济南随父学艺，后进了济南乐器厂，除做各类胡琴，还学会做月琴和大小提琴等。父亲去世后他接过店面，还将手艺传给了两个儿子杜长江、杜文源。奇怪而有趣的是，这个有着近百年历史的琴铺，祖孙三代手艺人都不会拉胡琴，做琴、修琴就是凭丰富的经验和良好的听力辨别音准和音色。做琴用的上好的篙竹和乌蛇皮在济南市场上买不到，为确保质量，他们每年都要亲赴湖北、福建、安徽、浙江等地选购。买不到好料，即使不做也从不用次品凑合。琴好，自然不愁卖。当年京剧大师方荣翔的琴师毕可安、山东京二胡专家周娜娃都到这里买琴、修琴，一些台胞和海外侨胞也慕名到此选购。省内各地的一些票友们更是“近水楼台”，常借每周到省城参加电视台“好戏连台”专题戏曲节目的机会，到这里转转，高兴了，唱上两句，这里便成了大家的“胡琴之家”。后来省府前街拆迁时，这条巷子北端东侧拆掉了，其中自然包括杜家的房子。于是杜家和他们的胡琴铺搬到了街西的院子里，与状元府靠得更近。

过双忠祠街向北是西公界街，连着几条寂静的胡同。寿康楼街 2 号，是升阳观旧址。清嘉庆八年（1803）又在此新建萧何、曹参二公祠，并据

20 世纪 90 年代的题壁堂古戏楼

升阳观住持见祖师化身题诗于壁的传说取名“题壁堂”。1905 年重建，并新建戏楼。至今保留着正堂题壁堂、三星楼、吕祖庙、戏楼、大罩棚、大门等建筑。戏楼砖木支撑，舞台是传统的方形，看台为两层，竹节木栏围绕。南侧为山形巨型天窗，采光充足。二层北侧有挑台可供凭栏远眺。木制梁架、立柱及门窗棂均为红色，彩绘工艺算不上精细，却也不失文雅。当年每至四月十四吕祖诞辰，道士在这里做法事，上演神功戏，香火盛极一时。道光年间这里开办了吕祖庙义学，免费招收学童。清末戊戌变法时，梁启超曾在这里发表慷慨激昂的演讲，以宣传革新教育唤醒国人。民国后改为私立薇垣小学，中华人民共和国成立后成为高都司巷小学分校。后改为教师宿舍，升阳观大殿还成为济南童装厂的仓库。如今空荡荡的戏楼因南边和西边院内都是住家户，这里便成了高大的过堂，同时成为杂货棚供各家各户存放大白菜、蜂窝煤、三轮车和破旧家具。后来整座戏楼的门扇和窗户因常年失修，至今仍在风雨中飘摇。

# 袖珍香炉

老济南多庙宇，有街就有庙，土的、洋的、大的、小的，皆有之。祭祀清廷将军刘猛的将军庙、济南府城隍庙、道教宫观慈云观以及老城内第一座天主教堂都挤在这条小街上。

西门里鞭指巷或高都司巷北行，中间有条东西走向长不过一百八十米的街道，路北原先并列着四座庙堂，自东至西依次为城隍庙、将军庙、慈云观和天主堂。

庙是中国的“特产”，敬奉的是神、先祖、圣贤或为国捐躯的人物。将军庙内供奉的是清廷将军刘猛。提起他来，我们济南人有种说不出的酸楚。雍正皇帝实行“密折”制度，大兴文字狱。他穷奢极欲，刻薄寡恩，杀戮功臣，刘猛就是冤魂之一。

刘猛，济南人，少年时习书练武。雍正年间他带兵东征西讨，是一位智勇双全的常胜将军，功绩显赫。他的夫人是一个绝代佳人，忠贞而贤惠。雍正贪色，三宫六院仍难满足，听人介绍推荐后便将刘夫人召进宫里，意欲图谋不轨，被刘夫人以自己是有夫之妇为由婉言拒绝。次日，刘猛便接到了陪皇帝狩猎的御旨。一心尽忠报国的他便欣然随皇帝去西山猎区。耿直豪放的刘大将军却中了雍正的奸计，连人带马从山上摔了下来当场身亡。还在宫内的刘夫人得知夫君身亡，认定是雍正下的圈套，便对着宫内的大红立柱撞去，欲以死抗争，但被太监拉住。雍正得知此事气急败坏，就以刘夫人如寻死，杀刘家九族相挟，逼刘夫人就范。无奈之下，刘夫人决意顺从，只提出请皇上为刘猛建个庙，以表彰他忠君爱国。雍正二年（1724），虚伪的雍正就下令济南府为刘猛建庙，济南府便将前布政使李成龙的书院前堂改建成刘将军庙。后来事情传开，济南的百姓们认为刘猛是个刚直、善良的人，化作神仙后定会保护百姓，很多人都来烧香还愿，年年祭祀。还有另一种说法，刘猛将军是抗旱、灭蝗的英雄，受到上至皇帝下至百姓的信任和崇敬，各省均建将军庙。这座将军庙规模不大，有两道仪门，共三进院落，东西均有配殿，还有戏台。今天的将军庙已成为居民杂院，但仔细辨认仍能看出些当年的眉目。现存大殿五楹，基本构架尚存。

在将军庙的东侧，过去是府城隍庙。城隍是道教所传守护城池的神，古代称无水的城堡为“隍”。民间流传城隍爷管阴阳两界，下属有文武判官、十司官、三十六天兵和七十二罡煞。后唐清泰六年（939）封城隍为王。明太祖洪武三年（1370）又正式规定各府、州、县都要供奉城隍神，济南便有了督、府、县三级共三个城隍庙。督城隍庙位于城东东华街，历史最为悠久，现保存尚好。县城隍庙清嘉庆十五年（1810）建于南关东舍坊玉皇宫内，道光七年（1827）移建城内广丰仓之西，即后来的历下区教委院内，后被拆除。清同治年间，从东昌府调来济南任知府的龚易图，见督、县均有城隍庙而无府庙，便在将军庙街利用状元府的后花园和一座大车店的地皮，兴建了五进四院、气势不凡的庙宇。内有照壁、大门、钟鼓楼、土地庙、戏台、班房、官厅和大殿及寝殿，祀府属十六州县城隍及十司诸神。当时的山东巡抚丁宝桢前来祝贺，还亲自题写了“明远坚是”的大匾，悬挂在大殿正中。据老人们说，庙里过去既有泥塑的城隍，又有一尊木雕城隍，每年清明和七月十五日，这木雕的城隍被抬着“出巡”，“城隍老爷”坐在架子上，脚下踩着一个绿色的小石狮子。大人小孩常常俯下身去跟老爷脚下的小石狮对对眼，据说这样一年内不害眼病。今天这府城隍庙仅存主殿、山墙及换过瓦的屋顶，整座院子已成为居民杂院了。

将军庙街中段，就是道教的慈云观。这座仅存仪门、主殿和配殿的道观规模不大，始建于清道光二十五年（1845）。现在正殿的山墙及小瓦屋顶还在。中华人民共和国成立后整座院子成为民居。原先拱门过道两旁有泥塑人马一对，“破四旧”时被捣毁。府城隍庙和慈云观都由同一道长主持。最后一位道长为李嗣云，是第十六任住持，1950年还俗，原先住在慈云观内，后搬至仪门东侧的两层小楼，平时房门紧闭，深居简出。2002年他从这条老街上搬走，住进了新居。

将军庙街的最西头，便是天主堂。天主教17世纪传入济南，就是从这

与天主堂比邻的小修道院入口

西熨斗隅巷西邻天主堂和小修道院，人称“洋楼街”。

里先开始的。清顺治八年（1651），西班牙教士嘉伯尔在将军庙街购置房屋一处，创建起老城内第一座天主堂。清雍正二年（1724），反对洋教的当地百姓将天主堂拆除。1861 年，法国主教江类思来山东向清廷提出在将军庙街重建天主堂，得到批准。从 1864 年始，两年建成，其全名是“圣母无染原罪堂”。圣堂采用中国古建筑中的卷棚式样，只是将入口开在山墙处。入门拱券上有石雕纹样，两侧为石雕楹联。圣堂西侧偏北建有钟楼，四角尖顶，与卷棚一同被黑瓦覆盖。之所以采用中西合璧的建筑风格，就是要与周围的民居和谐一致，以吸取两百多年前教堂被焚毁之教训。圣堂内肃穆庄严，高高的穹顶上为宗教题材的彩绘。原院门是一座典型的巴洛克风格的门楼，通体石筑，最上端为十字架，“文革”时被毁，近年又原样重建。经罗马教廷批准，当年此圣堂即为天主教济南教区总堂。1863 年和 1898 年，天主堂东侧和北侧又分别建起小修道院和主教公署。天主堂西墙外，启明街路西今高都司巷小学，原来叫海星学堂，也是教会所设。这几处建筑组合南临将军庙街，北止双忠祠街，西起启明街，东到西熨斗隅巷，成为老城内颇具规模的洋楼方阵。这院子的东南角上有眼老井，因紧靠教堂，有人称之为神水，周围的百姓都到这里担水。1905 年，也许是这条街上有几处庙堂，庙堂都讲求做善事，喜欢赈济，有人便在这条街上开设了齐正学堂，专教贫家子弟，课程有汉文、修身、历史、算学、体操等，不收学费，凡月考取优者，酌情给予津贴。

原先香火鼎盛时，这条长石条铺就的小街，人来人往，很是热闹。有卖水的，卖煎饼、酱菜的，卖煮地瓜、切糕、油旋、粽子的，或设小摊，或挑着担子。遇逢年过节、良辰吉日，来此进香者多时，卖纸的、卖香的、卖“金元宝”的也多了起来。

如今的将军庙街虽然距拓宽的泉城路很近，闹市背后方显出老街的沉寂。因不属于干道，街上行人稀少。偶尔传来几声叫卖声和自行车的铃声。有时教堂内还会传出悦耳的唱诗班的歌声，使这条老街顿生异样的气息。居民中老年人居多，过着安逸而舒缓的生活。走在街上，透过一座座古雅

闹中取静的将军庙街

的门楼，我们还能感觉到老街特有的文化底蕴。

在街中路南，有座古朴的门楼，门楣上悬“墨云轩”匾额，两侧是直接写到墙上的书法楹联：“云霞出海曙，梅柳渡江春。”笔力遒劲而洒脱，一看便知这院子与书法结缘。推开门来走进过道，在南面西屋我见到了房子的主人盖兆祥。身材魁梧的他 1940 年出生在这条街上，祖父和父亲是从黄河北岸的齐河来济南做货栈生意的。先是住在贡院墙根，后在这条街上买下了现在的这处宅子。盖兆祥 1951 年进育英中学读书，后来成为书画大家的黑伯龙、张茆才当时在“育英”教美术。从那时起，盖兆祥便爱上了书法和中国画。他还常常到黑、张二位先生家里请教。20 世纪 60 年代初，他又拜家住斜街 4 号的书法家金棨为师。

# 小巷飞逝

这条巷子在老城众多的老街陋巷中名气原本不大，故事也不多。但保存完好的一个个老院子，全部被拆除，引来社会关注和争议，但最终还是快速地消失了。

高都司巷与鞭指巷相邻平行，南北走向，南抵泉城路，北连启明街，西通太平寺街，偏北段东行即是将军庙街，长约两百米。与其他相邻的老街陋巷共同构成了老城西侧的民居组合群落。

巷名中的都司是古代的军事机构，明太祖朱元璋以武力得江山，深知军事的重要。他将全国的兵马分为十七卫亲军指挥使司。每一卫统兵五六千人。洪武三年，将山东青州等四卫升为都司。其军事统领机构就是都指挥司署。随着济南战略地位的逐步提升，都指挥司署于明成化二年由青州迁来济南，在这条巷子的东侧今泉城路北原山东省邮电印刷所院内建立了官府。据史考，都司署相当宏伟，门前高悬巨匾上书“宣威”二字，门前左右建有牌坊。明清之时，都司、布政司、按察司并称“三司”，为封疆大吏，并可任命重臣。到了清雍正年间都司便被裁掉，故署府改成了泺源书院，1904 年后这里又先后成为山东师范学堂、山东高等师范学堂、山东省立第一师范学校等。门前这段东西走向的街道也被称为“都司门口”。至于为何叫高都司巷，据传是一位姓高的都司首领曾在此街居住，他的宅第就在路西 9 号院的位置。

因此巷紧靠西门繁华地段，在泉城路改造拓宽前，巷南面口上便挤满了小吃摊、水果饮料摊，什么烧饼、包子、炒菜、酱货、炖品等应有尽有。一到中午饭口，巷口人满为患，水泄不通。可侧身挤过去，顺着巷子向里去，则是一派宁静，一座座青砖黑瓦的老门头彰显着古韵。

巷子里除了商贾官宦人家外，还有些“公项”建筑。巷子北首 1 号院子的门楼北面墙上镶有一块石碑，上刻清顺治十六年（1659）修建关帝庙的记载，文物专家以现存碑座分析，此碑不是移来的，估计此处可能是关帝庙旧址。这条街历史上有许多钱庄，清嘉庆二十二年（1817），由济南钱业领军人物刘丙寅筹款建立的福德会馆及济南钱业公所，就位于路西 19 号院，房子有三十多间，占地两千多平方米。会馆主要负责人称“值年”，负责会馆一切事物，由会员推选。首任值年为章丘人张子衡。当时会馆规定，银号开办不用办理登记注册，须经知情人介绍便可到会馆进行交易。当时有名的三和恒、庆泰昌、协聚泰、大德通、大德恒等银号需每天上午来此通过“钱脚子”（经纪人）介绍后进行兑换、存款、放贷等交易，谓之“上关”。会馆根据交易额收取手续费。这里成为济南最早的金融行业组织和最早的金融交易市场。为规范市场秩序，清道光二十九年（1849），福德会馆还制定了“公立条规”，并刻碑嵌于会馆墙壁上。1903 年，私立公励中学堂也在该巷创立，辛亥革命后改为公立，后来与其他两校合并后迁址组建了省立一中。1906 年，位于青岛的礼和洋行经理德国人韩世礼来济南，在高都司巷北首与华家井交界处设立礼和洋行济南分行，这是外商在济南设立的第一所洋行。1908 年，礼和洋行迁至普利门外，后又在商埠二马路德国驻济南总领馆西租地二十五亩，建起了德式办公大楼（后来成为济南市教育局办公楼，现已拆除），还有十五间仓库及花园等。经营业务相当广泛，经销的进口商品以煤油、电气设备、靛蓝染料为大宗，其他的还有钢铁、机械、日用百货、文具纸张甚至武器等。日伪时期，巷子中还曾经有一处东兴戏院，是几间平房，能容纳五六百名观众，时常有戏班子来此演出，日本投降后歇业。

路西33号院张家公馆是一组带有斜坡式回廊的楼房四合院落，北院、东跨院正房均为两层硬山式楼房。过门楼的门楣上刻有精美的“福寿”如意云纹。正房山墙为精美石刻，腰板上为如意木雕，雀替是整枝牡丹图。再向北走，路东10—20号为江源里，街上人称黄家大院，是一处近代风尚与传统四合院相结合的里弄，济南人称之为里分，在老城内少见。临街处是一座长三十米的两层楼房，一层中央为券顶过门洞，两侧饰有如意砖雕，进门又以里分为主道，两侧各有院落，共六个大院，九个小院，三百间房，可谓街连院，院套院。16号为正院，高阔门楼，檐下有带玻璃窗的门斗，在济南他处罕见。据居住在此的黄禄老人介绍，这组建筑有百年以上的历史。他的祖父黄汇川是位巨商，在估衣市街上开的吉泰号估衣铺在济南赫赫有名，人称“黄八万”。经营范围曾扩展到北京、青岛等城市。巷东26号院里住过裕华文具店的老板，他们的分号不但上海有，还登陆了新加坡，公私合营时裕华文具店的估价按当时市值计算合四亿元。再向北的6号院住着八十岁的姚居洁老人和他八十一岁的太太郭秀芬。他的祖父姚建士从河南来济南购置了这处宅子，在估衣市街（今共青团路）开了间“洪福成”杂货店。他说这院子地气好，种什么花都开得好看。他说天井里那棵石榴树有两百多年的树龄了，每年都结很多的石榴。路西9号院，人称袁家大院，门头上的木雕山水门楣堪与鞭指巷状元府的相媲美。

在高都司巷东侧，紧挨着一条小巷，原叫福德巷，巷名可能与西邻福德会馆有关，后来门牌号与泉城路合并。泉城路343号院为两层的近代楼房。听在这条巷子里住了四十五年的郭先生说，房主李少堂是个买卖人，开了一家工祥杂货铺，经销日用百货，这处洋楼建于20世纪二三十年代，外廊

2002 年 5 月，高都司巷开始大规模拆除。原址上建起沃尔玛超市。

配以石栏和古罗马柱式，显示出近代我国建筑“西风东渐”的设计思潮和新工艺、新材料的建筑手法。339 号门前古老的槐树笼罩着精美的门楼，人称王家大院，是一家开盐号的大商人住所，有四进院。厅堂宽大，石浮雕、山水门楣、雕花雀替等建筑细部处理得精巧雅致。

2002 年 3 月，泉城路拓宽改造的工程尚未完全竣工，高都司巷的住户便收到 4 月底必须迁出的通知书。一些民俗、文物、建筑等方面的专家、学者和普通百姓纷纷站出来强烈要求保护这条古街。4 月底出差回来的我冒着纷飞的细雨迫不及待地来到巷中，幸好除部分房屋拆掉外，上述提到的几处典型的老房子还安然无恙，但许多人家已经搬走了。5 月 21 日，姚居洁和他的 6 号院告别，临行前他和老伴对着那棵花开正旺的老石榴树，点上了三炷高香，叩拜离去。

2002 年 10 月，拆迁后的高都司巷进行了济南市历史上首次大规模街区考古，发掘出了自春秋战国到宋元明清各个时代的路面、水井、灰坑、窑址、窖藏等，并出土了大量陶器、瓷器和古钱币。其中发现了三十多眼古水井，分布密集，有的水井之间相隔仅两三米，由此推断，济南“家家泉水”还是颇有历史的。

◆泉城路

# 散落的珍珠

这条贯穿老城东西的大街，由十一条老街巷整合而成，也是老城内最长最宽的街道，拥有不胜枚举的老字号、老建筑，是济南的商业中心，也是济南地标性特色街道。

说起泉城路，总使我想起家里用了多少年的那只储糖罐。据父亲说，这是20世纪三四十年代姑奶奶买山楂片时商店里用的包装罐，碗口粗细，上下筒形，上有盖，两侧有双耳，系绳可提，象牙黄釉子，蓝色纹样，上写“芸芳斋，城内院东路南。自制喜寿糕点，应时礼品，自定罐头、洋酒、中西食物”。从这个放到现在也毫不落伍的包装推断，芸芳斋这样的老食物店当年是相当考究的，推销意识也极强。院东大街作为当年泉城路前身的一部分，其浓浓的商业氛围由此可见一斑。

一件商品要有好的包装，一家商号要有靓丽的橱窗，一座城市也要有一条街市展示自身的繁华与兴盛。北京的王府井、上海的南京路、青岛的中山路等都是最为典型的“城市橱窗”。而在济南，担当这一角色的，19

笔者家中保存的院东大街“芸芳斋”食品店包装陶罐。

世纪末以前是芙蓉街，20 世纪二三十年代是商埠的经二路，到了六七十年代，则非泉城路莫属。

今天的泉城路是由几条东西走向、首尾相接的老街和几条与之相交的南北走向的小巷组合而成。因这一带位于旧时抚院和济南府署南侧，又直通西门，在明代，这街分段叫作济南府大街和西门内大街。清乾隆年间，叫西门里大街、院西街。到了 1934 年，据《济南市政府市区测量报告书》载，这一带称为西门月城街、院西大街。1955 年，修建百货大楼时，随之拓宽修建了院东大街和院西大街。“文革”前夕的 1965 年 11 月，将西门月城街、西门大街、院西大街、院东大街、府西大街、府东大街以及南北向的七忠祠街、福德巷、金牛丝巷、郑家胡同、北斗巷等共十一条历史街道整合拓宽成长一千五百米，宽二十米，贯穿济南旧城东西的商业街，成为老城内最宽最长的马路，并以最能代表济南特色的街名——泉城路来命名。

第一次世界大战爆发后，趁西方列强无暇东顾的时刻，脆弱的中国现代民族工商业逐步发展。20 世纪二三十年代，北京、上海和天津等地的民族资本家和营造商，以及北洋军阀、官僚买办等纷纷来济投资办厂和建商行。省内桓台以苗杏村、苗海南为首的苗氏家族和张东木领衔的张氏家族，以及“世袭”商人旧军孟家等更不甘人后，其主要力量集中在城西商埠和城北面的北商埠。位置显赫、影响力巨大的抚院、济南府署、历城县衙和布政司等三级衙门口的南邻更是成为商家必争之地，一时间，一批外形中西合璧、带有明显时代特色的商业建筑拔地而起。这条街遂取代北部的芙蓉街并与商埠的经二路一道，成为济南商业中心和整个鲁西地区的商品集散地。老字号有宏济堂、同济堂、济生堂中药店、蕊香村、金兰斋点心铺、上海食物公司、院前驴肉店、心佛斋素菜馆、德兴斋熟肉店、

民国时期的西门里大街（历史照片）

20 世纪 50 年代的院西大街（历史照片）

文升园饭店、雷家粥铺、康皮留炒货店、北极冰棍店、五大牧场西餐部、三合烟店、瑞蚨祥老号与昌记绸缎店、隆祥布店、正泰服装店、天津国货售品所、恒祥溢杂货店、一大南货栈、亨得利钟表店、瑞昌照相馆（即后来的人民摄影部）、明湖照相馆、子琳照相馆、香港理发店、治香楼化妆品店、先施牙膏店、温泉池澡堂、大同鞋店、东方书社、北洋书社、山东商业银行、恒大银号等。正是这些商号，给朴素而沉寂的老城带来了生机与亮色。

泉城路南有两家历经风雨的银行，一家是山东商业银行，另一家是恒大银号。银行总是最讲究店面的，以显示其雄厚的财力。泉城路与卫巷交界口那幢“民国风”建筑就是原山东商业银行的旧址，始建于1919年，三年后落成，曾是城内保存最为完整的早年西式楼房。主体高两层，以花岗岩砌成，顶部为两层宽大的阳台。门前为拱形出厦，下有多级石阶，很是气派。两任行长张子衔、曾善卿都是章丘人。该行原打算发行银圆、钞票，后因时局动荡，金融秩序混乱，仅出一吊、两吊和五吊钱而已。当时该行资金储备雄厚，存款利率高于城内其他银行，吸引民间存款颇多，生意红火。即使在1925年奉军进入山东后，张宗昌滥发军票，金融秩序大乱，该行仍能沉着应战，有条不紊。1929年北伐军收复济南后，军用票作废，政府为减少商民损失，令该行折价兑付，这一下使商业银行跌入深渊，被迫破产，储户损失很大。抗战爆发后，银行十余留守人员全被逐出。抗战胜利后，国民党军接收此楼改为城防司令部。

靠近西门的恒大银号与商业银行有着相似的命运。二层的楼房始建于1927年，全部采用花岗岩砌成，这在旧城建筑中首屈一指。初建时，银行的东家是北洋军阀靳云鹏及“靳系”军人、官僚，是典型的官僚资本，意在垄断山东金融。行厦建成营业不久，奉军入济，直皖各系军阀失势，银行遂周转不灵，颓势顿显。1929年，恒大商号最终破产。韩复榘入主山东后，将银行债权所有人赶出，在这栋楼里开办了“山东平市官钱局”，发行以铜圆为单元的“枚票”，辅助市面金融流通。“七七事变”后，日军据此

这是位于泉城路与卫巷交界口的原山东商业银行旧址。该建筑在修建恒隆广场时被拆除。

楼为宪兵队住所，门外体面地挂着块“泺源公馆”的牌子。据说当时日本的宪兵队和特务机关都称“公馆”，实际为抓捕、审讯、残害中国人的魔窟，对被抓进去的人实施各种刑罚，坐老虎凳，被狼狗咬，强灌凉水和辣椒水，老百姓称这里是“阎罗殿”。抗战胜利后，济南市银行在此成立。中华人民共和国成立后又成为历下工商银行和齐鲁金店。后来的齐鲁金店是在原址上建起的现代建筑，其设计风格似乎还有些老建筑的影子。但“老济南”们依然对那座逝去的建筑念念不忘。当年拆迁时，有人将爱奥尼亚式柱头从施工人员的手中要过来，据说要保存在泉城公园内，等待政府来此收购。但现在很少有人知道这些“遗物”的命运如何了。

过去，院西大街上有不少的书店，东方书社就是其中较大的一家，这座正冲着芙蓉街口的二层建筑建于 1935 年，造型简洁。门上有鞠思敏题写的店名。书社经理叫王畹芗，荣成人，原是芙蓉街教育图书社的职员。1928 年，他与教育界同仁刘震初、曲慕西、刘金城和李文苑等人集资创办了这家书社。原是租到一幢三层旧楼，因发行进步书刊曾多次被国民党当局查禁。后在此地建房，主营上海开明书店、生活书店和儿童书店的图书，其经销的多是进步书籍，像鲁迅、巴金、冰心等许多作家的书最初都是从这里与济南人见面的。老舍和济南的许多知名学者、教育家和青年学生都是这里的老主顾。日伪时期，这里还曾掩护、资助过共产党人和进步爱国人士，店内的两名员工被日本人抓去，差点被折磨致死。抗战胜利后，书社的业务进一步拓展，还先后在上海、重庆、成都等地兼有分支机构，并自行编辑出版《武训传》等进步书籍。中华人民共和国成立后，东方书社并入公私合营的中图发行公司济南分公司，后来分别成为新华书店、少儿书店和音像书店。随着新世纪泉城路的拓宽，这家老字号的书社旧址永远地消失了。

1955 年，百货大楼在泉城路南落成开业，建筑仿照北京王府井百货大楼，方方正正，红砖外墙，虽然高仅四层，却是 20 世纪 70 年代末之前老城里的最高建筑。经营面积一万多平方米，经营商品达一万六千多种，是当时全省最大的百货商店。一楼烟酒糖茶，二楼服装鞋帽，三楼文具用品，四楼五金交电。一楼和三楼是孩子们最爱逛的，因为一楼有好吃的，三楼不但有各色铅笔、橡皮和文具盒，还有口琴、笛子和手风琴等当时流行的乐器。“文革”后期，四楼还辟出不大的地方，开办济南唯一的友谊商店，供外宾华侨及港澳同胞凭外汇券，购买如茅台酒、中华烟、济南的羽毛画、鲁绣等。由于这里的货品全、服务好，很长时间都是济南商业服务业的样板。尤其星期天和节假日，客流量日均达六万人次。“逛大楼”是当时时髦的语汇。如今，恒隆广场踩着百货大楼的原址矗立在那里。

这家济南音像书店是中华人民共和国成立前的东方书社旧址。20 世纪三四十年代，东方书社以经营进步书籍著称，老舍等著名学者都曾来此购书。2001 年泉城路拓宽时被拆除。

泉城路北原 243—259 号，百货大楼的对面原有一座院子，就是前文提到的司马府正门，是清代兵部侍郎孙光祀的府第。孙光祀（1614—1698），字溯玉，号祚庭，平阴人，为官后迁居济南历城。顺治十二年（1655）中进士。六年中上奏二十余疏，指陈时弊，切中要害，深受顺治皇帝赏识。顺治十四年（1657）他主持湖广乡试，考取 106 人，后来有 64 人考中进士，被称之为“盛事”，显示出他在选拔人才方面的见地。康熙十二年（1673），任科举殿试读卷官。后官至兵部左侍郎（正二品）。“三藩之乱”时，他密奏康熙，出谋划策，请求杀死吴三桂留在北京的儿子吴应熊，以肃内患，为最终平定叛乱，发挥了关键作用。康熙二十八年（1689），得皇帝所赐蟒服后，离职回原籍济南。晚年时遇济南饥荒，他捐粮五百石，赈济灾民千余人。他还有《胆余轩集》《胆余杂著》传世。原故居门前两边有上马石和旗杆石座，门楼上题有竖写的“司马府”三个楷书大字。20世纪二三十年代初，这里成了大杂院。司马府东院曾有一家济南最早的照相馆“曾鸿太”，30年代后歇业。司马府的门楼及上边的字保留的时间更长一些。

原泉城路293号，是一家老典当行的旧址。当铺的主人姓高，先在老家章丘开当铺，清末举家迁来此地，于民国初年建起这家当铺。抗战期间，典当业全面衰退，高家当铺从此没落，这里曾作为济南总商会所在地。中华人民共和国成立后，这里一度成为济南供电局的宿舍，后为黄台电厂职工居所，最多时有四十几户人家。这组建筑原为四进四合院，东西各有两进四合跨院。原有高阔的门楼及外墙，1955年西门大街拓宽时被拆除，临街盖起了外贸童装门市部。新世纪泉城路拓宽前，影壁尚存，影壁后第二

2002年5月1日，泉城路改造后举行了盛大的通车典礼。

道高高的围墙下有一局促的券门，酷似城门洞，门洞内两侧是门卫用的门房。这样的设计缘于当铺的性质。在银行出现之前，当铺曾是济南金融行业的重要组成部分，管理着钱庄的放贷业务。加之典当的货物中不乏金银财宝、古玩字画，防范自然是头等大事。除大门、二门外，跨院内也设有门房，可谓层层设防。二进院的二层楼房可能是原来的门市。据这里居住的老人说，前几个院除了换上大瓦外，建筑结构未做改动。最后一进的两层楼在“文革”时的一场大火中被烧塌了一层，改建成了平房。

泉城路拓宽时，高家当铺被列入拆迁范围。据说正在对这组建筑拆除时，有关专家及时赶到，硬是从拆迁工人的手中将这组颇具典型意义的商居一体的老建筑保留下来。建设部门还请来了当年参与孔府、孔庙整修的古建队伍，对这组建筑“整旧如旧”。除拱券门东移重建外，其他房舍按原样大修。

2002 年 5 月 1 日，泉城路举行了改造后的通车典礼暨花车大巡游，声势浩大。当年 10 月 1 日，又举行了规模更大的泉城路开街仪式。今泉城路，长 1570 米，宽 50 米。

◆ 宏济堂

# 南漂创造奇迹

曾经热播的电视连续剧《大宅门》，将百年前国药老字号北京同仁堂和济南宏济堂拉回到人们的视野中。剧中“百草厅”的少东家白景琦的原型乐镜宇，便是宏济堂的创始人。这家老字号所秉持的经营理念至今仍具有借鉴意义。

晚清时，虽然西医西药和很多洋玩意儿快速涌入中国，但国人还是大多信奉中医药。直到民国时期，济南有些名气的街巷，药店中还都是中药的天下。1907 年，离巡抚衙门不远处，宏济堂开门纳客了。

宏济堂与北京知名的国药老字号同仁堂同祖同宗。同仁堂为乐氏家族所创办。乐氏祖籍浙江宁波府慈水镇，据乐氏宗谱记载，乐姓家族第二十六世乐良才是一位行医卖药的“铃医”，也被称为“走方郎中”。乐氏四世祖乐显扬（号尊育）自明崇祯二年至康熙二十八年，在五十八年的时间里任职皇宫太医院吏目（掌管文书）。清康熙年间，乐显扬创立同仁堂药室，后人称之为“乐家老铺”。清雍正元年（1723），同仁堂由皇帝钦定，供奉清宫御药房用药，独办官药，历经八代皇帝，时间长达188年之久，直到辛亥革命之前。

宏济堂创始人乐镜宇（1872—1954）是乐氏第十二代孙，是当时同仁堂帮主乐朴斋的第三房侄子，来济南创业颇有些偶然。从小生活在大宅门里的乐镜宇生性叛逆，不服管教，天马行空，因此在他这辈叔伯兄弟十七人中，最不被长辈们看好。

乐朴斋对侄儿还算够意思，出资给乐镜宇“捐”（也称“招募”）了一个山东候补道的官位。正值而立之年的乐镜宇遂于1902年自京来济南候补。说来也巧，闲了两年后，他与在北京时的拜把兄弟，时任山东巡抚的杨士骧共谋，成立公私合营山东官药局，由这位巡抚大人从府库中拨官银两千两作为开办费，让乐镜宇担任总办，派沈锡五任经理。1907年，杨士骧离开山东任直隶总督，继任者授意属下一位御史以“动用府库银两官办

民国时宏济堂药店的广告（历史照片）

私商”参了杨士骧一本。无奈之下，乐镜宇千方百计筹措资金，将官银缴还，因此获得药局承受权。随即，他将官药局更名为宏济堂，取堂训“宏仁广布，济世养生”之意。店址起初在院前大街，1915年的一次兵变中原店铺被焚毁，宏济堂被迫迁址到院东大街县西巷口。

1912年，乐镜宇在榜棚街建立了宏济堂药栈，主要生产压片、颗粒、蜜丸等。他重金聘请同仁堂药剂师等资深店员来济南工作，并始终坚持“炮制虽繁，必不敢省人工；品味虽贵，必不敢省物力”的家训和店规。在原材料采购中，严格鉴别真伪，不怕价高，但求货好。为了采购到上等地道药材，宏济堂每年都要派专人去全国最大的药材市场，如河北祁州（今安国市）、安徽亳州、辽宁营口等采购黄毛关茸、虎骨、鳖甲、藏红花、岷当归、云茯苓、广木香、西凉大黄等道地名贵药材，甚至不惜工本利用各种渠道引进美国西洋参、高丽野山参和越南高山桂等进口药材。丸散膏丹精选细制，连包装纸与说明书都沿用老号规格刻版印刷，产品直逼同仁堂老号之水准。抓药后分包、分号，由老店员核检，确保药品种类和剂量后才予盖章放行，从不含糊。

当年凡是在宏济堂工作的店员，均要熟记《黄帝内经》《药性赋》《大医精诚》等中医药经典书目，以提高服务技艺。宏济堂对员工有著名的“五不要”：“不孝敬父母者不要，不忠实朋友者不要，对人无礼者不要，不讲信誉者不要，不讲仁义者不要。”后来有了坐堂大夫，但宏济堂制订了“五不登堂”的坐诊训条：“贪财者不登堂，贪名者不登堂，懒学者不登堂，术庸者不登堂，轻穷者不登堂。”在宏济堂总店的堂厅上曾悬挂着“但愿天下人无病，哪怕架上药蒙尘”的匾牌。主柜之上，一年四季悬挂着青、赤、黄、白、黑等五把颜色不同的锡壶，壶中是宏济堂根据一年四季流行病的不同，专为穷苦百姓配制的时令成药，喻义“悬壶济世”。用药者可以根据经济情况随意向无人看管的钱柜中投钱，无钱者也可以免费取药。每到腊八、荒年或逢十赶集之日，宏济堂必在门前支口大锅熬粥施舍贫困百姓。宏济堂还捐资助学，慷慨解囊创办山东国医学堂，培养了一大批的中医药人才。

仅20世纪三四十年代，这里就培养和成就了王澜斋、吴少怀、王易涵、韦继贤等名医。

宏济堂恪守“诚信为本”还体现在其价格上，即所谓“真不二价，价二不真”。据1927年出版的《济南快览》中记述，宏济堂“多贵重药材，虽牛溲马勃亦搜罗靡遗，各种丸散膏丹皆有成品，故价虽贵，而人恒趋之”。宏济堂于1923年正式刊出《宏济堂药目》，乐镜宇和晚清遗老杨士骧、陆润庠等都撰写了序言，赠送给所有批发代理商，以利宣传促销。1932年，印制了《宏济堂乐家老铺丸散膏丹价目》，药品一律明码标价。在宏济堂药品广告上，常有“俱卖大洋言不二价，药料出门概不退货”的字样，显示出宏济堂的自信与霸气。

乐镜宇创办宏济堂之初，不但面临着济南西关药店林立的竞争，还要与家族内部的各堂号较量。因乐氏家族的同仁堂老店与四房各设的宏仁堂、乐仁堂、达仁堂和宏济堂所经营的药品基本相同，市场竞争日趋惨烈。于是他便另辟蹊径，向本土制药传统学习。1909年，乐镜宇看好阿胶的销售行情，决定在胶庄林立的西关东流水街开办宏济阿胶厂。在当地药学家看来，趵突泉及东流水与古阿井水同属济水伏流，水性相同，水清而质重，用此水制胶，品质俱佳。

乐镜宇为熬制上品好胶，遍访名家高人，在继承传统技艺的同时，寻求突破与创新。他重金聘请阳谷制胶名师刘怀安来济南，研制出宏济堂的独门绝技——九昼夜精提精炼法，即“九提九炙”工艺，比以前的熬制方法多了六十六道工序，增加了六个昼夜。用这种工艺熬制出来的阿胶，去除原有阿胶的腥臭味，色如琥珀，清香甜润。驴皮遴选更是宏济堂制胶的第一道关口，他们只选用德州“三粉”（即粉鼻子、粉眼睛、白肚皮）黑驴，且驴皮一定是冬天所采，即毛黑、茸密、光亮、皮厚的所谓“冬板”。当时生产的阿胶为“福、禄、寿、财、喜”五字胶和精研、墨锭、极品等不同型号共十二种，年产阿胶五千公斤。1910年，东流水阿胶进奉皇宫，被隆裕太后誉为“九天贡胶”。1914年，宏济堂福字阿胶荣获山东全省物品展览会最优等褒奖金牌。1915 年，又荣获美国旧金山巴拿马太平洋万国博览会金奖。宏济堂的产品远销南洋和日本。就连日本采取歧视性措施限制中药进口的时期，对宏济堂的产品都是免检放行。所产安宫牛黄丸、局方至宝丹、紫雪丹、万应锭、犀黄丸等尤受好评。到了 1934 年，宏济堂国药销量已是北京的三分之二，成为乐家重要财源。使宏济堂与同宗的同仁堂、天津达仁堂并称“江北国药三巨头”。宏济堂还与北京同仁堂、杭州胡庆余堂并称“中国三大名堂”。也正是乐镜宇在济南创业成功，自 1936 年起，他开始执掌同仁堂的全盘事务，经常去北京，而济南宏济堂则主要由职业经理人打理。

济南解放时，乐镜宇已年逾古稀，常驻北京。20 世纪 50 年代初，乐镜宇的孙子乐芝田成了宏济堂的接班人。1955 年 7 月，宏济堂实行公私合营，1960 年，又与永昌、退一堂合并为宏济堂制药厂。60 年代中期，已有职工四百人，产值达四百多万元，成为当时济南唯一的中药厂。

原在泉城路县西巷口的宏济堂总店，也称东店，三进院落，两座二层楼房，前店后坊，工商一体。店前东西两照壁瓷砖上有金字隶书阿胶广告。门面仿效北京大栅栏同仁堂老店形式，店房五间，门窗宽敞。厅堂高大，上部周边为以各种名贵中药材为题材的镂空木雕。藻井天花下宫灯高悬，高大黑漆实木柜台搬家时四十多人都抬不动，枣红色药斗橱、货架、明式家具排列整齐。厅堂四周边上还挂有梅花鹿、犀牛、羚羊、老虎等兽头。店内还嵌有乐氏家族开设同仁堂衍生字号的三个标志，即清朝克勒郡王爱新觉罗 · 寿岂 1901 年手书的三块石刻匾额：“乐家老铺”“灵兰秘授”和“琼藻新栽”。“乐

位于泉城路上的百年老字号宏济堂。1996 年被拆除。（摄影：袁勇）

家老铺”系指正宗文脉，“灵兰秘授”是形容药理和方书都是从黄帝藏书房灵台和兰室秘密传授而来，而“琼藻新栽”则比喻药品的珍贵和新鲜。

如今的宏济堂仍然保留着传统的抓药方式。

20 世纪 20 年代时，宏济堂在商埠经二路开了两个支店，一个在纬一路东，也称中号，一个在纬五路东，也称西号，最终形成其“三店两厂”的生产经营格局。三店采取“六统一”的经营模式，即“统一进货、统一质量、统一价格、统一核算、统一管理、统一标准”，而且秉承“四相同”的原则，即“建筑风格相同，店内设施相同，调剂规范相同，对外标识相同”，初显现代商业经营理念。宏济堂还在北京建参茸阿胶庄，让京城人领略到济南国药的风采。

1996 年，宏济堂总店被拆除。2008 年，宏济堂西号经过整体平移后修旧如旧，更名为宏济堂中医药博物馆，成为山东首家中医药专题博物馆。2009 年，宏济堂中号在魏家庄改造时被拆除，2012 年重建的“新中号”，与原先建筑相比照，相去甚远。

第二编　关厢探幽

◆山水沟

# 赶大集

北京有条龙须沟，济南有条山水沟。相同的是早先都经常闹水患，中华人民共和国成立后都得到了治理，又都被老舍描述过。不同的是前者根据老舍同名话剧改编成了电影，而后者却留在老济南人的记忆中。

山水沟在老城的西南。城南是连绵的群山，而市区地势相对低洼。过去每逢下暴雨，山水顺势由此而下，流入西护城河，山水沟由此而得名。一闹水患，沟沿儿两侧的居民叫苦不迭。人们在山水沟南口外建了一座龙王庙，祈求风调雨顺。在庙西还筑了一道坝，因距老城二里，故名二里坝。高高的坝体上开了三孔石拱券水门，每门高 6 米，宽 4.5 米，中间安装一排直径 10 厘米粗的铁棍做栅栏，以抵挡山洪冲下来的木桩、石块等杂物，人们俗称这里是“南关铁箅子”。1952 年此处改建，铁箅子被拆除，改称离明坝，今称黎明坝。

1962 年 7 月 13 日，济南历史上出现了罕见的大暴雨，六小时降雨量达 288.4 毫米，洪水量在每秒 300 立方米以上。汹涌的山水在这里还冲翻了两辆公交大客篷，并将趵突泉的锦鲤鱼都冲到了马路上。1965 年，历经修治的山水沟加宽了过水路面，石砌护岸，既可行洪，又方便交通，周围的居民也得以安居乐业。只是这条顺势而建的“S”形的马路，成为这座古城众多横平竖直、中规中矩道路中的“另类”。

原先这里“风水”不佳，进不了城内的穷苦人只好在沟沿两侧安顿下来，房屋破旧，布局杂乱。居民中穆斯林居多，沟东侧杉篙园街建有南关清真寺。这里的百姓多靠小买卖和小手工作坊为生，其中有不少风味饮食。直到“文革”前后，这里的炸鸡蛋荷包、油炸糕、扒鸡和炒货都很有卖点，油烟蒸腾，满街飘香。数量最多的摊点和店铺是家具、木器、杉篙、毛竹、风箱、笼屉、陶瓷、五金和竹帘加工等。有名的刘家大兴灯轿幡杠铺是 20 世纪二三十年代济南最大的幡杠行。曾任山东巡抚的袁世凯为其母送葬，以及国民党山东省政府主席韩复榘娶儿媳，都由这里具体操办。

久而久之，这里自发地形成了南关大集。农历每月的二、七为集日。

民国时山水沟畔的旧货市场（历史照片，出自日本于 20 世纪 30 年代的明信片）

20 世纪 60 年代的山水沟（历史照片）

最初交易多为农牧产品，后来则成为废旧物资交易市场，当地人俗称“破烂儿市”。但见一个挨一个的地摊儿上摆着旧衣服、旧针线活、旧家具，锅碗瓢勺，旧书陈报、旧收音机和矿石耳机等，偶尔也有东洋旧货。当然也少不了文房四宝、古玩字画、古旧书籍等。一些识货的人碰巧了，还真能淘些稀罕玩意儿。王献唐曾托敬古斋的古董商人在此买过一本元初刻本《穆天子传》。

山水沟的东侧是正觉寺街，西侧则连接着趵突泉前街，过去这里有座药王庙。一般的药王指的是扁鹊，而这座庙内亲自尝百草的神农氏成了主位。扁鹊、华佗、张仲景、孙思邈、李时珍等历代名医塑像则分列两旁。每年农历三月，庙前都将举行长达半月的药王庙会。民国初年，因赶会的人太多，便将庙会迁到山水沟及附近的三合街、南券门巷等处。每至庙会，山水沟人山人海，各色中药材、旧货、绸布、杂货、广货等商贩云集，叫卖声不断，说书的、变戏法儿的，拉洋片的也来凑热闹。20 世纪 30 年代初，在济南齐鲁大学执教国文的老舍经常来山水沟转转。这位博学多识的京城学者竟然对药市兴趣十足，这在他写的散文《药集》中体现得淋漓尽致。

因在济南住得时间较长，老舍的文学作品中很多都有济南的影子，不知《龙须沟》是否有山水沟的影子。1965 年，刚刚整治好的山水沟还举行过一次药会，赶会的有几万人，成为华北地区规模最大的药材大会。

后来山水沟的商业功能逐渐丧失，沟两侧低矮简陋的平房也被一幢幢楼房所替代，街的名称也不知从什么时候起改为趵突泉南路了。但“山水沟”的名字依然在当地百姓中使用，因为它生动、形象、上口、好记。

2007 年 7 月 18 日，济南一场大雨，这条路又一次给济南人带来抹不去的伤痛。2010 年，此路进行了为期半年多的又一次大的改造，路面整体抬升，最高处抬升了 1.5 米，使得路面与道路两边地面基本持平，路面以下形成巨大暗渠，以抵御“百年一遇”的洪涝灾害。如今，这条街的走向还保留了旧有的“S”形，“沟”的痕迹却几乎看不出来了。

◆广智院

# 西洋景

这是座洋人开办的中国最早的博物馆之一，建筑中西合璧，展览包罗万象，引来胡适、老舍、陈嘉庚等文化名人驻足观看。中华人民共和国成立后作为山东省博物馆自然陈列室，成为历史文化和科普教育的基地。

位于山水沟中段西侧的广智院如今静悄悄的，可谁会想到，20 世纪早中期，这座中国早期博物馆却门庭若市。

1887 年，英国基督教浸礼会传教士怀恩光、库寿龄和詹姆士在青州创办了具有科普性质的郭罗培志书院博古堂。有着中国人名字的怀恩光来自英国爱丁堡，英文名字直译为惠特莱特 · 约翰 · 萨瑟兰。他通晓汉学，著有《汉语入门》等书。1904 年，他调来济南山东基督教共合大学（后来的齐鲁大学）神学院任教。他看准了胶济铁路全线贯通、济南战略地位日益显赫的有利时机，决定将博古堂迁至济南。因此，他拜见了周馥，以寻求在购地等方面的支持。显然，这位牧师的目的达到了，他们用 6500 英镑，

民国初年的广智院。最上方还有凉亭似的采光井，后不存。（历史照片）

在南关山水沟以西、东新街（后改称广智院街）以南、南圩子墙（今文化西路）以北的江苏同乡会义地购得6.4万平方米土地，建立院舍，将博古堂的藏品、设备及人员迁至济南，并扩充其内容，更名为广智院，取“广智者，言见之而广其智识也”之义。怀恩光任首任院长，其子任设计师。第一部分于1905年12月落成，山东巡抚杨士骧率部出席落成典礼。1910年全部建成。怀恩光还于1912年在十二马路大槐树庄建立分院，名军界广智院，接待对象多为军人。

广智院集展览、宗教礼义和文化教育于一体。其正中为陈列大厅，内有历史博物展览，左为阅览室，右为研究所。1927年还开办了民众学校，兴办儿童主日学、识字班和成人协修会等。1917年齐鲁大学创立后至1946年，广智院还一度作为其社会教育科，与文、理、神、医科并列，纳入大学机构。1942年8月，伪济南公署一度从英美人手中接管广智院，改为市立科学馆。1946年，英国浸礼会将其收回并与齐鲁大学脱离。

广智院陈列内容有天文、地理、动物、植物、矿物、机工、农产、历史、艺术、文教、文物、卫生和人口比较等十三个门类，两千余组，万余件展品。展览手段采用图表、实物、标本、泥塑和模型等，雅俗共赏，老少咸宜。在此既可欣赏到巨头鲸鱼、大熊猫、扬子鳄、鸭嘴兽、金丝猴、长尾鸡、褐马鸡、凤鸟等标本，又可以看到各国的议院大厦及各国大教堂、希腊圣殿、罗马古战场等西方建筑景观模型，还有泰山地形剖面、淄博煤矿、纺

1947 年的广智院（历史照片）

织工厂等国内景观、厂矿模型，其中济南泺口黄河铁路大桥及河床剖面模型长达六米，设在陈列室中央。此外还有飞机、汽车、火车、轮船、人力车、轿子等上百种交通工具的模型和生活中各色人物的泥塑。在展示各国人口比较时，除悬挂世界各民族人民的图像照片，还陈列着数百尊各国的人形泥塑，每个 16 至 20 厘米，形象传神。在讲卫生常识时，一组泥塑表现了人吃了趴着苍蝇的西瓜后手捧肚子的痛苦神情，使许多目不识丁的百姓看得津津有味。其中也不乏小脚女人、长辫子男人、老牛破车、茅草房舍等雕塑，旨在渲染中国的愚昧与落后。而那些演讲堂里讲经、布道用的各种语言、各种版本的《圣经》也成为日后山东省博物馆的藏品，成为研究西方宗教史的珍贵文献。早在 1913 年 5 月，上海商务印书馆的编辑庄俞看完广智院后评价道，像广智院这样比较完备的陈列室，当时在我国很少，远胜于上海圆明园路的博物馆。他还说，可惜这是外国人在中国国土上创办的，这不能不使人感到遗憾。

广智院的内容丰富，其建筑在当时也颇为时尚，有创新意识。房舍采

20 世纪 20 年代的广智院展厅内景，与胡适来此参观时内容大致相仿。（历史照片）

用中国传统庭院式对称布局，坐南朝北，依势而建。其中陈列大厅形制高大，屋顶部设有大面积的采光井和玻璃天窗，采光充足，易于通风，有利陈列与观赏。南侧那座精巧别致的两层小礼堂，可同时容纳六百人，与老新华电影院规模相同，中华人民共和国成立前夕仍放映电影。所有建筑均青砖黑瓦，翘檐花脊，山墙上的花卉图案砖雕细腻精美。单体建筑之间采用室内引廊、室外连廊、月亮门及鹅卵石花径等进行空间串联。院东西两侧各有一排长长的透花砖墙，与院外隔而不堵，透而不露。院北正门两侧各有一排平房，为早年民众学校的教室，临街墙上一扇扇六角窗成为广智院街的奇特景观。与之相邻的同为怀恩光 1905 年主持兴建的英国浸礼会礼拜堂，与广智院有分有合，相互映衬，加之晚些时候建起的济南共和医院养病所和医道学堂门诊部、大讲堂（后都并入齐鲁大学医学院）等教会慈善机构，共同构筑成广智院街特有的中西合璧的建筑景观走廊。这些建筑的大轮廓与中国传统建筑和谐统一，但建筑局部多采用西洋建造术，如拱券门窗、八棱石门柱、砖雕、石雕、油彩壁画、铁艺院门等。房前屋后及道路两旁芳草如茵，还栽种有丁香、石榴、银杏、君迁子、月季等，并在枝干上挂有写着花木名称、科目及原产地的说明牌，既美化了环境，又使其成为植物陈列的有机部分。西方园林中的绿篱、“爬墙虎”等在此也被大量栽植。

广智院建成后，很快在济南、省内和华北地区出了名，参观者蜂拥而至。因免费入院，不售门票，不仅是城里人，就连十里八村的乡亲们也常常赶着毛驴来这里观赏。每逢山水沟集日，一天内观众多达八九千人。据那架安装在大门口的铁铸计数器统计，1912 年参观人数达二十三万，1914 年达二十八万，至 1930 年多达四十万，超过了当时济南城市人口的总和。

百姓们大多来看看稀奇古怪的“西洋景”，看看热闹。一些声名显赫的学界泰斗慕名前来则看的是门道。1922 年 7 月 2 日，北大著名教授胡适来济南出席学术年会后参观了广智院，他对这里的观众之多颇感惊讶。20 世纪 30 年代初，在齐鲁大学文学院任教的老舍因其办公及寓所均距广智院很近，便来此参观。他还写下了散文《广智院》发表在 1932 年 12 月 3 日的《华年》周刊上，详尽而生动地向读者介绍了广智院的陈列内容，慨叹其启迪民智的显著作用。1949 年 10 月，陈嘉庚在赴京出席开国大典后顺访济南，当他浏览了广智院后深受启发，不仅将其写入归国纪游，而且在其家乡福建厦门斥资兴建了一座广智院式的规模更大的科普园地——集美鳌园。中国科学院学部委员、著名激光学家王大珩 1970 年重游广智院时曾说，他在少年时代就受到了广智院的启蒙教育。历史学家翦伯赞 1961 年主编的《中外历史年表》也将广智院的建立收入其中。据说在解放战争打响前，我华东野战军根据周恩来的指示，将广智院与曲阜“三孔”、聊城光岳楼一同

1986 年的广智院拱券门楼

笔者幼时与父母及亲友在月亮门前留影。此门于 20 世纪 60 年代末期被拆除。（冀刚摄于 1962 年）

列入重点保护目标，使广智院得以完好地保存下来。

解放初期，广智院改换了门庭，先是由山东省自然科学教育研究所接管，后又成为省自然博物院筹备处及省博物馆自然陈列室。陈列内容除保留部分动植物化石及标本外，删改调整了绝大部分内容。以常设的巨型恐龙化石为代表的“古生物化石展览”，20 世纪 60 年代初的“山东省阶级教育展览会”，20 世纪 80 年代由法国自然历史博物院主办的“性的自然史展览”等成为这座博物馆不同时段的不同亮点。而广智院最后一任院长、中国人袁叶如牧师和广智院泥塑艺人刘天恩、牛仲山、时清溥等则留了下来，为中华人民共和国文博事业继续发挥着光和热。

由于家父一直工作和生活在省博物馆，我家便与广智院旧址结下不解之缘。20 世纪五六十年代，我家就住在展室东侧的配房里，这里原是间会客厅，二十多平方米，因墙体较厚，下又有暗室，冬暖夏凉。每至清晨，阳光从东面的花格门窗斜射过来，被外面树梢筛成一缕缕光束，打在屋内再简单不过的陈设上——几件姑奶奶留下的老桌椅和几只木箱，一张大棕床。因屋子里的家具少，显得宽敞。倒是那个取暖用的铁铸煤炉给我留下

“文革”初期博物馆部分工作人员为欢送“军代表”在广智院旧址合影。人群后面的那栋两层老楼房 20 世纪 90 年代初被拆除。（历史照片）

的印象很深。可能为取暖效果好一些，炉子放在屋子中央，为防止烤坏木地板，炉子下面垫了一张很大的铁皮，拐了几道弯的马口铁烟囱从东窗伸出去。我家与陈列着二十多米长的巨大鲸鱼标本的棚子仅一墙之隔。每次从幼儿园、小学回家，我总是先隔着木栅栏门看看这条大大的怪物，闻闻那里散发出的奇特的味道，长大后才知道那是防腐用的福尔马林药水味儿。那时觉得广智院挺大，很幽静。大人们上下班时还保留着敲钟的传统。敲钟的任务由传达室有着光亮脑门儿的张大爷来完成。每当他用长长的绳索拉响那口高高挂在老槐树上的铁钟时，惊起一只只燕子和带着哨子的白鸽。

伴随着“轰轰烈烈”和“如火如荼”，省博物馆首任馆长，后来曾任山东省九三学社主委的徐眉生在那座两层楼的办公室内挨了批斗，“坐喷气式”，被踩脚后跟。院子里到处贴满了大字报、小字报。那火碱和着淀粉搅成的糨糊味和大字报上未干的臭墨水味混合成了奇特的味道。馆里成立的“毛泽东思想宣传队”在那座玲珑精巧的小礼堂里上演了活报剧《一块银圆》和幻灯片《沈秀芹先进事迹》。

从那时起，这座相当完整的建筑群开始支离破碎起来。20 世纪 60 年代末，省博物馆拥有了大卡车，为方便卡车通行，将那座精美的月亮门和室外连廊拆掉了。透孔花砖墙以安全为由被堵得严严实实。1971 年，那座小礼堂被夷为平地，取而代之的是方头方脑的存放着“孙子兵法竹简”的库房楼，广智院从此被拦腰斩断。20 世纪 90 年代初，省博物馆迁新址，库房楼以南划归原山东医科大学附院后，那座墙上布满绿油油的“爬墙虎”的砖木结构的院长别墅和两层长楼，倒在推土机的轰鸣声中……

万幸的是，广智院的主要建筑陈列大厅最终被保护下来，还进行过大规模的修缮，曾经挂上民俗博物馆筹备处的牌子。在维修时，正门券门楼的门楣上被沙灰封盖几十年的“广智院”三字重新显露出来，粉饰一新，金灿灿的。

2013 年，广智院与原齐鲁大学的近代建筑群一同被定为第七批全国重点文物保护单位。

◆齐鲁大学 ◆老舍故居

# 十字架下的雕甍

老舍曾先后两次客居济南，都是在齐鲁大学教书，时间长达四年多。他喜欢这座校园，甚至认为“比公园强得多”，应该称之为“非正式的公园”。他的故居至今仍在小巷深处。

清同治三年（1864），美国长老会传教士狄考文（Calvin Wilson Mateer）在登州（今蓬莱）观音堂办起免费义塾，起名蒙养学堂。1872年取“以文会友”之意，将学堂定名文会馆，也称登州书院。以洋教堂为主要攻击对象的义和团运动失败后，文会馆学生由最初的二十多人，陡增至百余人，课程也有所增加。光绪二十八年（1902），英国浸礼会与美国长老会决定合办大学，将文会馆与青州广德书院合并，1904年迁至潍县（今潍坊市寒亭区），取名广德学堂，与青州的神道学堂、济南的共和医道学堂并列，统称为山东基督教共合大学。

1908年，英国传教士卜道成在济南南圩子城外以永租为名获得土地545亩，开始筹建大学。1911年校舍基本落成，开始招收新学生，并为日

民国时期齐鲁大学康穆堂（历史照片）

后结束山东基督教共合大学四科三地的局面打下了基础。为方便在学校和已建好的附属医院之间出入，在南圩子墙上新辟一门叫“新建门”。校园主体建筑由美国工程师佩利姆（G. H. Perriam）设计，其平面布局为西方近代建筑形式，并采用了大量中国传统民居建筑手法、建筑符号。校园坐南朝北，采取对称布局，办公楼位北，康穆堂在南，东西两侧由北向南对称布置考文楼、图书馆和柏根楼、齐鲁神学院，色彩协调，疏密有致。六座楼间形成一个三千平方米的中心花园，为西方园林布局，八条鹅卵石铺成的道路呈放射状。教学办公楼多为二三层，高石基，清水灰砖墙，花脊小瓦，歇山式屋顶。每座楼的入口处为中国古典式垂花门罩，山墙及山花砖石雕刻精细。教学楼正南为教工宿舍，多为二层欧陆别墅式住宅，住宅南侧有瓜地和果园。男女学生公寓分列东西两侧，人称东村和西村。校园还附设有麻风病院、游泳池、运动场及崇德小学和西人小学。

1917年广德学堂、神道学堂和共和医道学堂集结济南，汉口大同医院和南京金陵大学医科并入共合大学医科，加之早一年并入的北京协和医校合办成立私立齐鲁大学，但英文名称仍沿袭旧称，设文、理、医三个学院。

原齐鲁大学的建筑细部颇具中国民族风格。

后来增加神科、社会教育科、天文科、农科和国学研究所。创办之后的十几年间，学校异常复古与守旧，宗教气氛十分浓郁，校政大权一直掌握在神职洋人手里，学生几乎也是清一色的基督徒，入学不入教要受到歧视。

20世纪20年代末，当时的国民政府要求一切私立大学的校长必须由中国人担任，外国人在学校董事会的人数不得超过三分之一。1929年10月底，齐鲁大学的学生们也掀起反对教会奴化教育、争回教育权的学潮。1930年，孔祥熙任齐鲁大学董事长兼名誉校长，首任华人校长由当时的国民政府教育部常务次长朱经农担任，宗教色彩日渐淡化，不入教的师生数量也大幅度增加，礼拜堂康穆堂也改为大礼堂。国内许多知名学者如文学家老舍，历史学家顾颉刚、钱穆，墨学大师栾调甫，戏剧学家马彦祥、报界名人孙伏园等纷纷到此执教，给校园吹来了阵阵清风，也使齐鲁大学在山东乃至全国的影响力不断提高。齐鲁大学由此声名鹊起，学界遂有“南齐鲁，北燕京”之说。

抗战爆发后，齐鲁大学一部分留守，像神学院、附属医院等，而一部分迁往四川，顾颉刚正是此时到齐鲁大学任教，成了国学所的教授。抗战胜利后的第二年返回济南。1947 年，美国驻华大使司徒雷登、加拿大驻华大使戴维斯以及印度驻华大使梅农等曾参观齐鲁大学并演讲。这一年的 11 月 16 日，济南市临时参议会和市政府还将济南历史上第一个“荣誉市民”称号，授予前齐鲁大学校务长，时年八十三岁、来中国五十三年的德位思，并授予与有“济南之钥”英文字义的金钥匙。

进得齐大校园，满眼的绿色，厚厚的草皮铺成一张张绿色的毯，林荫夹道，一路的柏，一路的松，一路的枫树，一路的银杏……绿色的走廊引导着通向一座座绿色枝蔓爬满四壁的绿色的楼宇。正像老舍所描绘的：“一切颜色消沉在绿的中间，由地上一直绿到树上浮着的绿山峰，成为以绿为主色的一景……校园的全景，就妙在只有花木，没有多少人工作的点缀，砖砌的花池咧，绿竹篱咧，全没有；这样，没有人的时候，才真像没有人。”（《非正式的公园》）

老舍（1899—1966），原名舒庆春，字舍予。这位杰出作家、语言大师，曾先后两次客居济南，时间长达四年零三个月，他在济南度过了与夫人的大半个蜜月，有了第一个孩子，创作了百余篇（部）作品，遍游了济南的山水名胜、大街小巷，他还用平实而精彩的笔墨来描绘济南的风土人情。

1929 年夏季，老舍结束了英国伦敦大学东方学院华语讲师的教职后离开英国，途经新加坡并滞留半年，在一家当地的华侨中学任教。1930 年 7 月，返回北京只住了三四个月，他就应齐鲁大学文理学院的聘请，出任国学研究所文学主任兼文学院文学教授，讲授《文学概论》和《小说作法》等课程，并编辑校刊《齐大月刊》。他在济南有三处居所。开始只身一人住在校内办公楼二楼西南角上的一个房间。1931 年暑假前就是在这间屋子里，他创作了那部在上海被不幸烧毁的长篇小说《大明湖》。再次让人感到痛心的是，老舍住过的这座被洋人们称作“马喀考米卡”的办公楼在 1997 年的一场大火中化为灰烬。如今原址上按原样复建了的新楼，体量较老楼高阔不少。

原齐鲁大学培根楼

1931年暑期，老舍回京与胡絜青完婚，后偕夫人回到济南，在正冲校门的南新街58号（原54号）的一个院子里租了三间北屋，一住三年。长女舒济便是在这座小院里出生的，取名济，不难看出老舍对济南所寄予的一片深情。1934年夏，老舍夫妇与未满周岁的长女在这座小院里合影。他在这张“全家福”上幽默地题写打油诗一首：“爸笑妈随女扯书，一家三口乐安居。济南山水充名士，篮里猫球盆里鱼。”从中可以看出他们在这里度过的快乐时光。在这段日子里，老舍的创作进入了爆发期。他的长篇小说《猫城记》《离婚》《牛天赐传》以及短篇小说集《赶集》中的绝大部分短篇小说及四十余篇幽默诗文、十三篇译作都是在这座小屋里完成的。

老舍第二次来齐鲁大学是1937年8月13日至11月15日，仅三个多月的光景。住在校园南侧那片供外籍教授和专家居住的小洋楼里。这样的洋楼有二十多座，他住在长柏路2号的东半楼，楼下两开间是客厅和书房，楼上三间是卧室。在日军长驱南下逼近济南，韩复榘率部弃城而逃的严峻形势下，师生纷纷撤离，老舍也随之南撤，再也没能重回济南。他临走时，将全部书籍、讲义、日记和书稿，装入一个大木箱内，留在这座小楼上。不久日军占领了齐鲁大学，木箱散佚，至今下落不明。

原齐鲁大学 400 号院即男生宿舍。21 世纪初被拆除重建。

在刘鹗之后的近百年的山东文坛上，包括山东籍、济南籍的作家中还没有谁能像老舍那样饱蘸笔墨描绘济南、赞美济南，同时也用另一种冷峻的笔锋来揭露和鞭挞济南当时社会的黑暗与落后。在他的小说中不仅《大明湖》及《月牙儿》是以济南为背景的，短篇小说《爱的小鬼》《歪毛儿》和《上任》的故事发生地也都是济南。他的散文作品中，以济南为描述对象的更是不少。像《济南的冬天》《济南的秋天》《到了济南》《趵突泉的欣赏》《大明湖之春》《非正式的公园》《吊济南》等，将大明湖、趵突泉、千佛山、山水沟药集、万紫巷、广智院以及济南的大葱、蒲菜、茭白、白莲藕等都作为其描述的对象。老舍还在工作创作之余广泛结交各方人士，收集和丰富自己的创作素材，与当地人结下了深厚的友谊。他在济南的朋友中既有大学教授、国画家，也有鼓书艺人、说相声的、武术教师等，难怪老舍曾说："济南是我的第二故乡。"

老舍在济南的四处居所中除了焚毁的一处外，长柏路 2 号的外观与内里早已改变了模样。南新街上的那处院子与我看到的老舍留影中的景象倒十分相似。只是过去的两道门楼拆掉了，北屋也于 20 世纪 50 年代翻盖，但规模与当年一样。那口老舍在此生活时常用的水井还在。房子后来的主人徐文升，我造访时他已近八十岁，年轻时当过乡村教师，后进城卖杂货，退休前在二轻系统的制帽厂工作。他于 1950 年从别人手中买下此房，当时

徐文升一直住在南新街 58 号的老舍故居内。他介绍说，老舍当年住过的三间北屋都被翻新过，可院子里当年老舍用过的这口井一直流淌着。

他还不知道这是老舍住过的地方。1981 年，老舍夫人胡絜青携长女舒济来济南，根据回忆寻找到了当年他们所居住的这个院子，并结识了徐文升。倍感荣幸的徐文升对这里的一砖一瓦，一草一木都倍加爱护，也与胡絜青及其子女舒济、舒乙成了好友。原先他家正房北墙上挂着一幅《虾蟹图》，正是出自胡絜青之手。靠门的南墙上挂着 1981 年 3 月 15 日胡絜青重访故居时与徐文升的合影，以及日本“老舍爱好者访中团”前来参观故居的合影。为保护好这座院子，济南市人民政府在西屋的山墙上挂上了“老舍故居”的铜牌。2013 年春，济南市有关部门从徐文升后代那里将这处院子收购，进行保护性修缮，以长久地纪念这位平民化的伟大作家。

与老舍有缘的还有齐鲁大学国学教授栾调甫（1889—1972）。他祖籍蓬莱，出生在上海，因家里贫困，他回蓬莱老家在一家郭氏英文义学馆学习英文和“四书五经”，因此有了较好的英文基础，并潜心研究先秦诸子。1920 年，因为他在上海翻译英文图书已经小有名气，遂应齐鲁大学博医会之邀到济南翻译医书。开始他蜗居在离齐鲁大学很近的山水沟东沿毛家坟的一间十分狭小的陋室里。1922 年，梁启超耗费二十年精力写成的《墨经校释》一书问世，立即引来学界一片喝彩。但对墨子有独特见解的栾调甫却认为是“任意删改荡弃旧法，借其盛名，唱和成风”，势必贻误后人，便奋笔写下了《读梁任公墨经校释》的文章予以商榷。这篇文章是托《哲学》杂志社转寄的，没有留下栾调甫的通讯地址。有着大家风范的梁启超花了两年多时间才找到这位不可多得的怪杰，称他的造诣“即使不是绝后，也是空前”。梁启超与他还保持了一段时间的书信往来，至今栾调甫的后人还保留着梁启超寄来的亲笔信。

栾调甫因墨学之辩而声名鹊起，经齐鲁大学中文系主任周干庭推荐，没有正规学历的他与曾任一中校长的张默生一同被聘为中文系助教。他主讲墨学、文字学和《论语》。1929 年，齐鲁大学改制成立文学院，将原中文系改为国文系，他被学生所公推，担任国文系教授。他在齐鲁大学主持国学研究所多年，刚直不阿，不信教，也从不参加外籍神职人员组织的宗教活动。中华人民共和国成立后，他曾任山东文史馆馆员。去世前他将自己珍藏几十年的七千多册古文献捐献给了山东省图书馆。

我曾拜访过栾调甫的女儿栾汝珠，她是栾先生八个子女中最小的一个，谈起父亲与老舍来，她感慨很深。原来，老舍夫妇从长柏路 2 号搬走后，1939 年，栾调甫一家便搬进了这幢小楼。栾先生去世后，栾汝珠还在那里住过一段时间，直到后来才调房搬到了新楼。她还清楚地记得老舍到栾调甫原来在齐鲁大学老东村住所彻夜长谈的情景。她还给我找出早年她及同学在早已拆除的康穆堂前的合影，以及当年老舍住过的那幢办公楼失火时她所拍摄的照片。

◆济南道院 ◆上新街 ◆饮虎池 ◆国货商场

# 绿色屋檐下

圩子墙内南关与西关交界的区域多为20世纪初以来开发的，因而有了与老城不同的街区风貌，无论是济南七大商场之一的劝业场，还是济南道院，抑或景园、徐家花园、嘤园等，展示出来的是较为典型的“民国范儿”。

从广智院西行经营盘街穿南新街口就是上新街了。营盘街很短，有百十米，从名称上看，是过去兵营驻地。路南的营盘街小学是我的母校，前身是第三回民小学，师生中不乏穆斯林，我的第一任班主任雷老师就是其中一位。她长得一头自然卷曲的黑发，深陷的眼窝，平时一脸的严肃，笑起来和蔼可亲。后来学校的牌子是老舍夫人胡絜青九十岁高龄时写的。老舍夫妇20世纪30年代在南新街的居所离我的母校就隔几个院子。

南新街口向北是过去十分有名的劝业场。它与天津卫同名的商场不同，不是高大的楼宇，而是四周房舍围成的天井。商场中央还有花坛、池榭，周围有溪水。1902年，山东新任巡抚周馥提携农工，责成山东农工商务局在此地创建工艺局，后改为工艺传习所，设铜铁、毛毯、花边、织布、木器、洋车等六个工厂，并监制嵌银丝、玻璃丝屏、蜡烛、肥皂、毛巾等，以提倡实业、传习工艺为宗旨。1927年，山东督办张宗昌在传习所南侧兴建一座楼房，始称劝业场。30年代初韩复榘主鲁时，规定此处商人不得贩卖洋货，并附设国货陈列馆，每年还举行一次长达一个月的国货展览及国货竞卖会，故后改称国货商场。国货商场规模不大，却包罗万象，集“吃喝玩乐购”于一体，设有百货店、食品店、布店、鞋帽店、理发店、照相馆、电影院、书店、旅舍以及骨科、牙科、皮肤科诊所等。1938年，人称“瘊子阎王”的东北人叶古红在这里租了三间门头，挂出“瘊子阎王”的铜牌开始行医。在此后的三十多年间，治愈了许多人的顽症，名声远扬，社会上一些江湖医生便冒充他的旗号诈骗行医。“文革”时，叶家凡带“阎王”字样的银盾、铜牌统统被作为“四旧”扫除，医疗器械也被烧毁。商场西南隅早先还有一座名叫“金城”的电影院，放《火烧红莲寺》《关东大侠》等无声武侠片。天井里，书词、二黄、梆子、相声、洋片、气功、魔术、马戏等应有尽有，外地的戏班也常到此搭席棚、扎台子演出。30年代老舍客居济南时因距此地极近，常到这里听吴景春、吴景松两人说的相声。这里遂成为南关与西关交界处最繁华的地方。韩复榘“焦土抗战”时，这里的楼房化为灰烬，直到1948年各类商店才得以恢复。20世纪80年代初，这里还保留着“小而全”的卖场，蔬菜副食品店、粮店、文具店、书店、土产店、照相馆、理发店、旅社和小饭店，人气还挺足。尤其是北侧临西青龙街的那排两层的红砖垒砌的商业楼，与万竹园相对，一层多是南北都有门的穿堂屋，顾客购物闲逛很方便。1993年，修建泺源大街，国货商场拆除了绝大部分，现在只能看到些蛛丝马迹。

国货商场的西临是上新街。这街呈“十”字形，南首抵南圩墙；北与饮虎池前街合并，再与饮虎池后街、西青龙街、旧新街、土街、斜街相接；东与南新街、营盘街等为邻；西与徐家花园搭界。此街历史不长，却显出老济南的底蕴。街北首原有一方形石砌泉池，这便是饮虎池，属趵突泉泉群，

20 世纪 50 年代的西青龙街。图右为国贸商场。（历史照片）

传说南山的老虎下山到此痛饮。泉池不大，水也仅有一尺多深，老人孩子们都到这里打水。泉池北面还有条通往护城河西门桥处的东北走向的小河，当地人称陈家大河，饮虎池及附近几处泉水都流到这里。由于这一带地下水位高，20 世纪六七十年代，各家院子里还有大小二十多眼井。听街上的左大妈说，西青龙街上靠近饮虎池东五六米的清真女寺中有眼金铃井，每天早上天不亮做礼拜时常会听到井里发出悦耳的铃声。更为奇怪的是街东的井水苦涩，沏出茶来不好喝，街西的井水发甜。当然最好喝的还是饮虎池的水。后来有了自来水，街坊四邻仍习惯到饮虎池打水，烧水沏茶，味道就是独特。

1993 年修泺源大街时，饮虎池及附近的泉子被彻底填埋。祖籍就在饮虎池畔后去了宁夏的回族作家张承志，听到池子被覆埋的消息后感到非常惋惜，他赋五言诗一首送给老街坊，以表达他对饮虎池，对家乡济南的思念之情："饮虎池无水，旧新皆非故。几度望山东，千里隔家路。梦想大明湖，心沉西海固。三代话张门，泪在笑颜处。"后来有人在泺源大街北侧距原饮虎池不远处新造了个小水池，旁边还摆放石雕老虎，看起来有些异样。

上新街当年开街时，这里尚属城郊，多是草房、荒地、乱葬岗子，地价十分便宜，建房也较少受限，从而吸引了一些官吏和商人到此建房，院落也较为宽敞。再说街上没有什么商号，环境格外清幽。由于受近代外来文化的影响，这一带的建筑风格多样。西式的楼房、洋门楼子、上海式的里弄、仿古式的楼宇和传统的四合院应有尽有。

以今上新街44号院为界，早年有一道木栅栏，南面还是未开发前的毛地，北面即原饮虎池前街，老人们俗称半边店。街上的居民大都是回民，其中人数最多的是马家。当年老舍因患腰腿疼病，便经人介绍认识了上新街上的回族武术教师马永奎，并与其结下了深厚友谊。42号院里的马老太太曾是街上最年长的寿星，因她的丈夫排行老六，辈分小的人都喊她六奶奶。她叫周文英，2002年我采访她时，她已九十八岁了，除了耳背，身体没别的毛病，待人十分热情。她的丈夫马子华幼年时读过私塾，年轻时挑着担子为街南首兴建卍字会运送建筑材料。后来做起买卖。哥几个在这条街上买了地盖了房。他有一绝招，一群羊收过来，打眼一看就能够估算出能出多少毛、多少肉、多少骨头、多少下货，保证八九不离十。中华人民共和国成立前，他靠自己的经营业绩和影响担任了济南市羊肉协会会长。"济南自古是跤城"，摔跤在济南有广泛的群众基础，是回族群众所喜爱的传统强项。这条人口不多的街上也不乏体育拔尖人才，最有名的还是"马家军"。马子华的大儿子马清涛是20世纪50年代次轻重量级高手。出生于44号院的马子华的侄子马清宗在50年代被喻为"济南跤王"，后成为全国冠军。马清宗的三个侄子，马连民、马连宝是70年代我国国家男篮的绝对主力，马连众也在北京从事篮球教练工作。

20世纪30年代时，关友声（1906—1970）居所在原饮虎池前街路西，取名“嘤园”，取《诗经》“嘤其鸣矣，求其友声”之义。他生于泺口，父辈以盐业起家，置地产多处，颇为殷实。只是其父早逝，家境渐衰。幼时入家塾跟从街坊塾师、晚清举人杨谦斋。杨谦斋曾任广东省番禺县知县，在济南创办“鼎裕”盐业公司。而杨谦斋的长女杨似芳便是当今活跃在台湾文坛的作家张大春的祖母。关友声从小读经史子集，过目不忘。十四岁时师从长兄松坪学画。1922年，塾师杨谦斋去世后，十六岁的他开始崇尚新学，遂移居城内鞭指巷，师从王吉甫学英语，跟王香苏学文史。这两人均为北大毕业，前者后任“民国第一外交家”顾维钧的私人秘书，后者被时任山东省教育厅厅长何思源聘为办公室秘书。主课之余，他的书画也有长足进步。他初习黄公望、倪瓒、吴镇、王蒙“元四家”笔法，后结识黄宾虹、齐白石和张大千。他受张大千绘画影响最大，因此也改学石涛技艺。1935年冬，张大千率弟子何海霞来济南时就住嘤园，关友声将家藏历代书画珍品供张大千欣赏临摹。后来张大千还将其所藏清代山东画家高凤翰画赠郑板桥之花卉卷赠予关友声。

老舍在齐鲁大学执教时，关友声正在齐鲁大学国学研究所整理古籍资料，二人一见如故。老舍住在南新街，距嘤园百步之遥。每有闲暇，两人便在一起下棋、谈天。1934年《关友声画集》问世，老舍为画册写的序言中对关友声高度评价道：“他极厚道，可是有艺术的天才。这是人格的美与艺术的美之调和，也就是艺术的陶冶与人格的修养之所以相成；所以我说他可爱。”1959年国庆十周年大典时，关友声向人民大会堂赠送了两幅巨幅山水画作，受到党和国家领导人的高度评价。

关友声自幼爱好广泛，不独绘画，书法也自成一派，尤以章草著名。他还极爱弈棋，更是著名的京剧票友，长于须生、武生，亦善铜锤花脸，因此与京剧名家裘盛戎过从密切。裘盛戎四十九岁生日时，关友声特地撰写了一副寿联，托裘盛戎的弟子方荣翔带到北京以示祝贺。他曾与画家李苦禅在天津中国大戏院一起登台，客串一出《清风寨》，被公认为“唱、念、做、打，臻于纯青”。后来方荣翔还成了关友声的书画弟子。说来也巧，关友声族侄关天相与我父亲同在山东省博物馆工作，后来又同住上新街49号的同一单元。关天相深得父辈家传，广识博学，尤擅书法，金文最佳。晚年银髯飘拂，深居简出。

街南段的宅院历史晚了些，多是晚清和北洋政府的官人府第。今上新街35号的景园是清廷两淮节度使王占元的故宅，园内原有多进院落，后有花园，假山流水，小桥亭榭，尽头还有个玻璃大厅。1934年9月，韩复榘在这个园子里设立了山东全省联庄会员训练处。联庄会是韩复榘的“新政”之一。20世纪30年代初，山东省内群众武装大多是为看家护院、“防匪缉盗”所设。韩复榘下令全省举办联庄会，规定凡二十岁以上四十岁以下男子（残疾除外），均有充当会员的义务。联庄会机构从省一直贯穿到县、区、乡镇。如今景园与西邻北洋政府官吏徐洪斌的徐家花园一样早已变了样，只有中西结合的门楼成为美术专业师生们临摹的对象。沙家公馆和田家大院都是上海里弄式的建筑，当地人称为里分，只是在抗战后期改变了原貌。

上新街80号（原甲3号）院的颐园较为完整地保留了昔日风貌。西式门楼内有四进院落，前三进是传统的四合院，最后一进是花园。院主是北洋政府掌管山东事务第五镇的官员，其嫡孙刘崑一直居住在三进院子的上房。刘崑身体清瘦，但精神矍铄，十分健谈。这位被街上人称为刘四爷的老人介绍说，这处院子有着光荣的历史，20世纪30年代中期曾是山东地下党组织的秘密联络点。因当时这条街僻静，住的多为大户，不易引起国民党特工人员的注

景园的门楼

图右这座西洋式的门楼是上新街 80 号。20 世纪 30 年代时中共山东省地下党组织领导人黎玉便住在这座门楼里的头一进院子里。

意。进步民主人士张金铎（张若谷）和母亲便租赁了赵祝三名下的头一进院子，当时张金铎在上海救国会工作，只有其母亲一人在家里居住，以此掩护地下党组织活动。1936 年 5 月，刚刚担任重建的中共山东省委书记、北方局代表的黎玉通过地下党员董麟仪的介绍，在这里住了几个月。他以教员的身份做掩护，化名冯寄雨。时任中共山东省委组织部部长兼济南市委书记的赵健民等共产党人常出入于此。每次在此碰头时，大人们就让幼小的刘崑到大门口放哨，一遇生人就拍拍巴掌作为暗号。黎玉在这里还结识了张金铎的好友武迹沧、武中奇、武思平三兄弟，并于 1936 年下半年转移至曹家巷 11 号武氏兄弟住处。黎玉还发展武思平入了党。

就在黎玉去世前一年的 1985 年，他还专程来上新街看看住过的老房子，寻找那棵已经枯死的木芙蓉。1948 年济南刚解放时，关友声从街西今 47 号院搬到黎玉住过的一进院，一住就是五年。“文革”时，“红卫兵”

将刘崑作为封建军阀的孝子贤孙“揪”了出来，他的家被掀了个底朝天，翻出的字画、老家具自然是“封、资、修”的“黑货”，堆在大门外烧了大半天。刘崑也被“红卫兵”在西郊关了整整六年。

街南半段路东，有座宁静的带有八字墙的小院，里面一栋精巧的三层红砖小楼，这便是济南沦陷时期伪济南市市长朱桂山的府邸。朱桂山早年毕业于日本早稻田大学，参加过孙中山领导的中国同盟会。1931 年，韩复榘利用梁漱溟在山东推行“乡村建设运动”，将邹平作为实验县，而朱桂山就曾任实验县县长。1938 年 3 月到 1942 年 12 月任伪济南市市长，曾参与推行反共的“治安强化”运动，沦为汉奸，1946 年病死于北京。其子朱经古曾给韩复榘做过日语翻译，在济南沦陷后任伪山东省教育厅厅长。抗战后被关押。如今的院子住了几户普通人家，小楼也破败了许多，几棵当年的老槐树仍枝繁叶茂。

街南半段路西便是占了大半条街的仿古建筑群，因曾是省博物馆的历史陈列室，我小时候是经常去的。那时听父亲说这里曾是卍字会，也不知这么大的院子究竟作何用场，只觉得像座大庙，但又比一般的庙宇气派。白天到此让我很是惬意，一层层的院子，一道道的长廊，楼阁更是高耸，孩子们自然跑得开，玩得爽。院子里姹紫嫣红，凌霄探出墙头，文光阁前的海棠花开时，如霞似火，引来野蜂飞舞。大殿前的四棵大大的白皮松，结下的一串串松子像一个个小宝塔。可一到月黑风高

济南道院的高墙

济南道院的最高建筑文光阁

之时，这深宅大院一片漆黑，大殿四角檐下的风铃不时叮当作响。透过玻璃窗，作为展室的黑漆漆的殿堂和厢房里，挂着的那些造型奇特的古代服饰，更使我浮想联翩，欲看不能，欲罢不忍，汗毛也顿时竖了起来。

这里被称为“世界红卍字会济南道院”。“卍”系佛教标志，象征吉祥福瑞，据传武则天钦定读作“万”。这个说起来有些复杂的机构其创始人之一为杜秉寅，他在清光绪年间曾任邹县、高唐州、临清直隶州等知县或知州。1917年被刘绍基拉入会道门“济坛”，并成为其最年长的道首。1921年3月，杜秉寅、刘绍基等人在上新街创办济南道院，崇奉“至圣先天老祖”（太乙真人），以及儒、释、道、基督和伊斯兰五大教主，提出“五教合一”“万教归一”或“万教同源”，主张“天地同根，万物一体”。道院编印的《太乙北极真经》，并获北洋政府内务部批准出版。道院最高组织是“统院”，最高职务为统院掌方（简称统掌），下设坐院、坛院、经院、慈院和宣院等五院。杜秉寅为首任统掌。1922年10月，道院在济南成立“世界红卍字会”，作为道院的“善行”的对外机构。这一组织创立十年间，便发展至包括台湾在内的我国二十个省市及日本、新加坡等国。济南被尊为母院，也称本院。后来的一位统掌何澍，道号素璞，曾是北洋政府的官吏。他借住的五间房子就在前面提到的颐园对面。每当他乘自己的绿色小汽车进出时，常常引得街上的孩子们围观。40年代他去世后，郑婴芝、辛铸九分别担任正、副统掌。这一组织，提倡以“道经为体，慈善为用”，做些“收养孤残，施医放粮”的慈善活动。1928年，在魏家庄民康里4号设山东省红卍字会施诊所，1942年改为红卍字会附设医院，分中、西医两部。“五三惨案”及济南战役时，这个组织曾组织过战地救护和掩埋处理尸体等事宜。1940年还在道院西北角开办了化育小学，在千佛山下开办了残废院。我家于20世纪70年代末迁入上新街49号居住的这所院子，便是化育小学旧址，至今还保留着当年的高台大门。

1934至1942年的八年间，道院利用各地信徒的捐款建造了这组占地1.4万平方米的仿北京王府的宫殿式建筑群。这组建筑由著名建筑学家梁思成

济南道院的建筑颇有昔日王府的气派。

的得意门生萧怡九及朱兆雪、于皋民等人设计，北京古建商号恒茂兴、广和兴营造厂承建。院落四进，坐北朝南，均衡对称，由低到高，层层推进，气势恢宏，构成富有节奏及韵律的组群序列。进得门来，南为影壁，上有高浮雕琉璃花卉盆景，盆体刻有篆书“大吉祥”字样，顶为绿琉璃瓦挑檐，饰以吻兽，影壁长36米，通高10米，基座厚达2米，体量堪称济南之最。向北跨过三间山门，二进院子上房是卷棚式前厅，与东西两厢回廊相连，颇有王府之气。三进院子的正殿单檐庑殿顶，因在此供奉五教之主及作法事，故殿前有巨型月台，其上由卷棚抱厦笼罩。最后一进院的主要建筑文光阁（原名晨光阁），系全院制高点，三檐三层，也是当时城关以内的最高建筑。登阁凭栏，可南眺千佛山秀色，北览趵突泉、万竹园胜景。

道院堪称民族建筑风格与近现代工艺高度结合的典范。伴随19世纪后期钢铁、混凝土、玻璃以及各种新型材料的运用，道院也突破了传统建筑依赖的砖木石结构模式。表面看去，屋顶构架、柱式、斗拱、歇山、卷棚等均为清式大木作法，但实为钢筋混凝土支撑。墙体仍采用水磨青砖对缝，嵌缝工整。檐下彩绘采用沥粉大点金，绘画题材及格调颇有苏州园林之风。厅堂内的木雕隔扇、灯具、门窗及配饰则采用欧美现代式样和工艺。建筑之间，太湖石点缀，奇花异木，庄严典雅之余，增添了些许鲜活感。其中三进院子中的四棵白皮松枝干挺拔，皮色乳白，树冠硕大，为市内他处罕见。据说这是当年实业家苗海南从青岛移来的幼苗。

道院始建时南受圩子墙的限制，北有徐家花园、景园等大户人家的阻挡，最后一进院即文光阁前略显局促。总体而论，它那特有的绿色大屋顶在城关一派灰暗的基调中很是抢眼，也与东邻的广智院，南邻的齐鲁大学形成鼎足之势的建筑群落。

中华人民共和国成立后，济南道院先是由济南市民政局接管，后成为省博物馆的历史文物陈列室。因在广智院以西，馆内人士称其为西院，而广智院自然就成了东院。听父亲说，在当时全国各地文博事业“一穷二白”的情况下，山东省博物馆竟拥有两处现成的颇具规模和档次的馆舍，令其他省市的同行们羡慕不已。2006 年，世界红卍字会济南道院旧址被列为第六批全国重点文物保护单位。

# 市井之泉

昔日的人们，在趵突泉畔赏景、敬香、拜神、品茶、听书、赶集。趵突泉与古庙相伴，与街市相随，与百姓相处，成为济南城关最热闹的地方。

早先，除躲在巡抚衙门内的珍珠泉外，无论大明湖、千佛山，还是趵突泉都散落在老城内外，与寻常百姓朝夕相处。若说北京、承德的园林属于皇家，苏州、无锡、扬州的园林归私家所有，那么济南绝大部分的园林胜景则属于民间，属于市井。

趵突泉旧时位于老城的西南角的老街陋巷中，东面是后营坊街和山水沟，西侧是剪子巷和花墙子街，南边是围屏街、趵突泉前街，北面则是大板桥街和五三街。这里地处西关与南关的交界处，人口稠密，车马便捷。

中国自古风景绝佳处大多有寺庙宫观，非佛即道。这就是老舍曾说的那种“中国人的征服自然的办法”。有了庙，便有了香客，有了游人，也就有了集市，即所谓“庙市合一”“前市后庙”。上海城隍庙、南京夫子庙、

1930 年趵突泉畔的热闹集市（历史照片）

苏州观前街无不市肆繁盛，人头攒动。趵突泉畔的建筑原先是南北纵向排列的，有十二个院落，主入口在趵突泉前街，门前有河，小桥飞架，有大门、二门、牌坊，再往里有四面厅，趵突泉池之后当属这里最早的建筑娥英祠，祀舜之二妃娥皇、女英，因舜曾耕于历山，尊崇舜帝的人自然也对与舜产生过许多浪漫故事的娥英二人爱屋及乌了。到了北宋，文学家曾巩担任齐州知州时在已倾废的娥英祠旧址上建了泺源堂和历山堂，供官吏来济时居住，他还写下了《齐州二堂记》。到了元代，这二堂改奉吕洞宾，称吕仙祠。相传金代诗人元好问游览趵突泉时，卧在吕仙祠堂前，伴着泉水喷涌之声入梦了。梦到了他曾在太原见到一位道士。梦醒时分，自然不见道士踪影。当他进了吕仙祠，一进门便看见迎门而坐的吕祖像十分面熟，与太原见到的那位道士是一个人。他这才明白，刚才他看到了仙人吕洞宾，于是便在吕仙祠外（今泺源堂西侧）又建了座吕祖祠，一直保留到民国之后，张宗昌整治趵突泉市场时给拆掉了。清顺治年间后堂历山堂改为两层楼阁，上祀文昌，下祀钟离，称正阳殿。同时将阁后建筑改为斗母宫，后来三大殿统称吕祖庙。

趵突泉南侧围屏街北还建有药王庙，祀药王、药神神农氏及历代名医。趵突泉南侧则形成了名声很大的趵突泉集市。农历每月二、七为集日，每年农历正月初一，药业同仁来此焚香敬神。每年农历四月二十八日药王诞辰日为大集。即使在平日，这里也成了有名的杂货市场，针头线脑、五金颜料、文房四宝等目不暇接。张宗昌督鲁时，趵突泉南岸一带改建成东西南三面的群楼，租赁店铺经营的业户达一二百家，一些小生意则进了与趵突泉隔路相望的劝业场。每至集日和庙会，说书唱戏的，打把式卖艺的，算卦占卜的，以及各色小商贩云集，香客纷至，游人络绎不绝，很是热闹。

1931年春，趵突泉整治工程开工，深挖泉池，砌石护栏，还新凿了六个泉眼，分列来鹤桥东西。所以桥西的泉池古已有之的“三股水”变成“六股水”了。因人工所为，这六个泉子都比原来的三股水喷得高，未免有些喧宾夺主，画蛇添足。1934年，在趵突泉池南岸拉起了一道东西向的砖墙，墙南建起自来水厂，从趵突泉池下铺设铁管，抽泉水供老城内饮用。我小时候，这个水厂还使用着，桥西面又恢复为“三股水”，只是桥东还留有“一股水”，喷得老高，不知何时也被封死了。趵突泉南门的那条河很深，水流湍急，涛声震天，路过小桥时感觉眼晕。

20世纪30年代趵突泉一度为“六股水”。（历史照片）

济南的泉水是地下上升泉，涌姿十分独特。历代文人描述趵突泉的诗文很多，诸如“泉源上奋，水涌若轮”（郦道元《水经注》），“且向波前看玉塔”（元好问），

“万斛珠玑尽倒飞”（何绍基），还有那副挂在泺源堂抱柱上的金棻所书的楹联“云雾润蒸华不注，波涛声震大明湖”，出自赵孟頫诗《趵突泉》。而据台北故宫博物院所藏赵孟頫行书《趵突泉》来看，诗句中的“涛”字应为“澜”字。但更换为“涛”字绝非始于金棻。元明清及民国时期的历代赵氏作品刻本中，“涛”字流传甚广。乾隆年间刊印的任弘远编纂的《趵突泉志》和《历城县志》中引用此诗，也是用的“涛”字。

20世纪50年代的趵突泉。在来鹤桥东的泉池里还有一股泉水。（历史照片）

老舍描述趵突泉很细致：“泉太好了。泉池差不多见方，三个泉口偏西，北边便是条小溪流向西门去。看那三个大泉，一年四季，昼夜不停，老那么翻滚。你立定呆呆的看三分钟，你便觉出自然的伟大，使你不敢再正眼去看。永远那么纯洁，永远那么活泼，永远那么鲜明，冒，冒，冒，永不疲乏，永不退缩，只是自然有这样的力量！冬天更好，泉上起了一片热气，白而轻软，在深绿的长的水藻上飘荡着，使你不由的想起一种似乎神秘的境界。”（《趵突泉的欣赏》）

康熙来济南时三次到趵突泉，他极爱泉水，并“以银碗汲泉水饮之”，还题写了“激湍”两个端庄的楷书字。乾隆更是有趣，他恋趵突泉水好，将本已授予北京玉泉“第一泉”的桂冠又戴在了趵突泉的头上。相传他南巡路经济南时，“曾携玉泉山水而来，换载趵突泉水南去”。曾巩曾以趵突泉水煮茶，品后盛赞其味，写下了“滋荣冬茹温常早，润泽春茶味更真”的诗句。早年的吕祖庙周围尽是茶棚。民国初年，原观澜亭还是一个木棂门窗封闭的亭子，为高档的坤书茶馆，山东梨花大鼓艺人“白菜心”，谢、李、赵、孙“四大玉”，以及杜大桂、白大玉、鹿巧玲等，均在观澜亭和桥对面的望鹤亭内演出。著名河南坠子演员乔清秀、乔利元首次来济，亦曾在此撂地。其中李大玉是历城王舍人庄人，七岁师从鼓书艺人李泰祥。1912年，刚满十岁的她便在趵突泉登台演出。她曾在上海百代公司灌制《王二姐摔镜架》等唱片，被誉为“书史”和“鼓界大王”。她与李泰祥结婚，女儿李艳秋也是著名的大鼓艺人。在当时，文人雅士临泉品茗听书，很是时尚。正如《济南快览》中所说：“一班老游客携茶叶、抱烟袋，据案以坐，侧耳细听。”

那时的趵突泉范围极小，尚志书院和金线泉已在趵突泉的门外了。刘鹗是极爱金线泉的，写趵突泉时三言两语，到了描绘金线泉时，他却打开了话匣：“老残吃完茶，出了趵突泉后门，向东转了几个弯，寻着了金泉书院……西北角上，芭蕉丛里，有个方池，不过二丈见方，就是金线泉了……

20世纪50年代初期的趵突泉前街，仍是很热闹。（历史照片）

老残左右看了半天，不要说金线，连铁线也没有。后来幸而走过一个士子来，老残便作揖请教这‘金线’二字有无着落。那士子便拉起老残踅到池子西面，弯了身体，侧着头，向水面上看，说道：‘你看，那水面上有一条线，仿佛游丝一样，在水面上摇动，看见了没有？’老残也侧了头照样看去。看了些时，说道：‘看见了，看见了！这是什么缘故呢？’想了一想，道：‘莫非底下是两股泉水，力量相敌，所以中间挤出这一线来？’那士子道：‘这泉见于著录好几百年。难道这两股泉的力量，经历这么久就没有个强弱吗？’老残道：‘你看这线，常常左右摆动，这就是两边泉力不匀的道理了。’那士子到也点头会意。说完，彼此各散。”这里所说的金泉书院，实为尚志书院，为清同治九年（1870）山东巡抚丁宝桢创办，设儒学、天文、地舆、算数。该堂刊刻《十三经注疏》、王渔洋诗文著作等书在国内书界享有盛誉，称尚志堂版。

昔日的马跑泉，原在一处观音堂的墙外，墙外这条小街也以此泉命名。相传八百多年以前，梁山好汉“大刀”关胜作为济南守将屡创金兵，后被金兵杀死。其战马悲愤嘶鸣，用蹄子刨地，居然刨出一股清泉。后在观音堂西门里面有关王庙、关公祠。马跑泉过去的水量很大，附近市民都可以取水。还有一些以卖水为生的百姓用桶或木桶水车到此取水，用人力车或毛驴送到饭店和有钱人家。

1956年，将金线、皇华、柳絮、漱玉、马跑等二十余处名泉及众多名胜筑墙圈围，辟为趵突泉公园。近年又将万竹园、花墙子街、大板桥街等“吃”进园内，亭台楼阁，曲径通幽，原先那种热闹繁杂的市井风情荡然无存。

# 张家花园

旧时济南有很多的私家园林，分布在西关、东流水及泺口等处。但较为完整保留到今天的，只有万竹园，它成为济南私家园林的“孤品”。

在山东，为历任巡抚建纪念祠堂是有传统的。大明湖东北岸有张曜的祠堂，南岸有阎敬铭的，趵突泉东、漱玉泉北有丁宝桢的。1903 年，袁世凯派刚刚从天津武备学堂毕业的张怀芝到济南管理新军，并任陆军第五镇统制。趁此机会，袁便授意张为其修建生祠。张怀芝在城内城关转了一圈，最终看中了位于西关的万竹园旧址。

这处位于原花墙子街以西，原西青龙街北侧的地方，几度成为私家的园子，又几度荒废成菜地。园名最早见于元代，因此处遍植修竹得名。明隆庆五年（1571），当朝宰相、历城人殷士儋因体察民情改进国政被免后返回故里，隐居于此，不久在此建筑了蒙斋亭，并改园名为通乐园。曾客居济南的蒲松龄在《聊斋志异 · 狐嫁女》中描写过通乐园，而小说中的人

万竹园亭台楼阁、曲桥回廊样样齐全。这是一座别致的桥亭。

物殷天官，原型就是殷士儋。他离世一百多年后，通乐园废圮，成为菜园。

清康熙四十七年（1708），诗人王苹（1661—1720）辞官回济南，并在园中济南第二十四泉望水泉畔建书屋，取名二十四泉草堂，自称“二十四泉居士”。他的上千首诗也被结集为《二十四泉草堂集》。王苹，字秋史，号蓼谷山人，祖籍浙江仁和，生于南京。其父王钺原任守备，后因涉讼罢官，当时只有十三岁的王苹来到济南，依靠外祖家生活，后因家事纠纷被迫在城外望水泉畔典茅屋十二间安家。王苹很爱这处泉子及周围的一切。他在诗中说：“吾家望水泉边宅，旧时平泉竹万丛。几缺土垣乔木下，半间茅屋菜花中。”

张怀芝来此选址时这里仍是一派荒芜。还没等着手建祠，他便被袁世凯调离山东任天津、保定镇守使和察哈尔都统等职。1915 年督理山东军务的泰武将军靳云鹏因参与“倒袁”被袁世凯革职，遂封张怀芝为济武将军，督理山东军务。这时袁世凯忙着恢复帝制，便将建生祠的事丢到脑后去了。1916 年 5 月，张怀芝出任山东督军兼省长，6 月 6 日袁世凯一命归西。此后，

泉水、翠竹与园林建筑在这里和谐统一。

园内别致的“迷你版”天桥。

大权在握、无所顾忌的张怀芝便近水楼台，将这块地据为己有。

1917年，北洋政府总理段祺瑞废止约法，解散国会，并任命曹锟、张怀芝分任第一、第二路总司令，分别率军“南征”，与已南下的孙中山为大元帅的“非常国会”所属的“护国军”激战，结果北洋军在湖南一败涂地，他只身逃回北京，后被委任了闲职，养了起来，再也没能复出。此后张怀芝辞职回到济南，用那些年建新市场等聚敛的钱财，广招南北工匠，在已购买的万竹园旧址上营造私宅，前后用了五年多的时间，终于建成了这座占地十八亩，共十三个院落，一百八十六间房舍及花园的私人府邸，人称“张公馆”，也有人叫它“张家花园”。其实，张怀芝在天津也有房产，他带着一部分眷属去天津定居，这公馆里只有部分小妾和儿女居住。

张家花园同济南其他园林一样，与泉水结下了不解之缘。园内拥有望水泉、东高泉、白云泉等名泉，均属趵突泉泉群。造园者充分利用这些泉池、溪流等自然条件，因势布置楼台亭阁，假山叠石，小桥曲水，茂林修竹，将江南园林的灵秀意境与北方四合院的规整格局融为一体。桥亭上那副对联写得好：“竹影拂阶尘不起，月光穿池水无声。”

此园建筑细部装饰中的石雕、木雕、砖雕，雕工细腻，出神入化，谓之“园中三绝”。园内最高建筑是两座二层的楼阁，前为张怀芝的正房，今挂“恒明阁”匾额。后为张氏之女的绣楼。有趣的是绣楼底层有窗无门，出入必须经与前楼二层相连的“天桥”，从父母的卧室才能通过。在那大谈“礼教”的年代里，这样的设计便不足为奇了。今天看来，这小小的“天桥”不仅成为此园特有的景观，也成为那个时代的烙印。

园子建起来，历经风雨。1929 年，国民党济南市党部设在此。济南沦陷时这里又成了华北棉产改进会济南分会办公地。1951 年张氏后人将房产卖给了国家。后分别成为山东省卫生厅、省检察院的办公地。1980 年交济南市园林部门管理。1985 年又恢复改建了西花园，并正式启用最早的园名“万竹园”，园内还有画家李苦禅纪念馆，共分十八个展室，展出书画珍品四百幅，小幅不盈尺，大幅却占据整整一个展室，为这座古朴的园林增添了异彩。拓宽泺源大街时被保留全貌的万竹园，1992 年，其正门及假山以南的两进院子被拆除，引发了一场保护与拆除的争论。后来趵突泉公园扩建，将万竹园划入趵突泉公园，成了“园中园”，那种老街、深宅、大院的味道从此全无。

◆剪子巷
◆花墙子街
◆大小板桥

# 清泉石上流

趵突泉和万竹园之间的狭长街巷，无疑得益于泉水的滋润，街面的青石板总是湿漉漉的，在这里，“清泉石上流”不是诗意，而曾是活生生的现实。

万竹园东墙外，即趵突泉西邻，是南北走向的花墙子街、剪子巷，中北段分别与篦子巷、盛唐巷、五路狮子口、曹家巷以及大、小板桥街相连。花墙子街早先以手炉、香炉、蜡扦等铜锡业著称，篦子巷则以竹木制梳篦和顶针为特色，大、小板桥街则是做纸盒子和白铜首饰的业户聚集地。给人印象最深的是花岗岩石板铺成的剪子巷。

19世纪末，山西交河和北京东郊以及本地章丘的铁匠纷纷来到济南，多集中在剪子巷内，多时近二十家，主要制作剪子、菜刀、锅、铲、勺、铁柜、水车及锄、镰、锨、镢等小农具。我小时候，铁匠坊的生意虽已败落，但街两旁的青砖黑瓦的两层房舍中，除了住家就是一个挨一个的铁匠铺，或前店后坊，或下店上宅，老式的店门白天四敞大开着，店有多宽，门有多阔。

铺面前各种五金工具码放在货架或案板之上。晚上打烊后用落地门板封闭。打铁时，铁匠炉子在手拉风箱吹动下炉火通红，青烟缭绕，一件件被烧得通红的铁毛坯放在铁砧子上，由一人用大铁钳夹着铁块，另一人或抡大锤，或举小锤，敲敲打打，叮叮当当，火星四溅。

旧时剪子巷的民居（油画，郭健绘）

花墙子街路西原有家义兴园酱菜铺，店名由金棻所题。记得酱园院子里有许多的大酱缸，上面盖着尖尖的大斗笠，如同大草帽，每到下大雨时，缸里的酱汁便被冲了出来，伴着雨水流淌到石板路上，满街酱香。酱园北邻的北煮糠泉（今杜康泉），水势十分旺盛，街上的居民来这里挑水，一些商家也来此用驴拉水车运水。原花墙子街 57 号院内的登州泉、87 号院内的花墙子泉与街西万竹园内的东高泉、望水泉和白云泉一道，形成暗渠，一路北流至西护城河。因这一带地下水位高，泉水丰沛时暗流涌动，走在街上便会听到地下哗哗的流水声。即使不下雨，一块块石板的缝隙中也常常是溢流的清泉水，打湿行人的脚面。一些孩子在巷子里踢球，球总是湿乎乎的。

台湾作家、美食家唐鲁孙在其《济南的泉水和鱼》一文中写道："城南有条叫'剪子胡同'的路，不论天旱天雨，这条街总是积水盈寸，路人都得自两旁骑楼下绕道而行。当年张宗昌为山东督办时，曾命人在剪子胡同加铺一层三寸厚的石板，怪的是三寸的石板铺上了，水却依然漫出一寸多。这石板下的泉水，夏季凉透心扉，可冰水果；冬季蒸汽迷蒙，有如温泉。掀开石板，水中密密长满绿如青苔的长水草，成群的青草鱼悠游其间，其肉既鲜且嫩，毫无腥气，其外观与台湾的草鱼类似。我的朋友王筮谦曾任山东电报局长，他家就住在剪子胡同。有一回我在他家做客，他带我到后花园，吩咐佣人把花圃中的石板撬开一块，只见其中泉水淙淙，垂手一捞便是两条生蹦活跳的青草鱼，那情景真是又有趣又神奇呢！”

与剪子巷相连的大板桥街和小板桥街各有一座石桥，两座桥的体量不同。大板桥又称广会桥，是单孔拱桥，半人高的桥栏杆的抱鼓石上有精细的雕刻。为了便于附近居民下河洗衣、洗菜，昔时在桥边还铺有通往水面的台阶。在清末府城墙还未辟坤顺门之前，城里人到趵突泉，必须出西门，途经广会桥才能抵达。而西南关的人进城，这桥也是必经之地。大板桥百

昔日的小板桥风姿（油画，郭健绘）

米之外，是小板桥，原名众会桥，“众会”和“广会”的含义相似，也一同将这里的水巷、小桥、流水和人家联系在一起，会聚成老济南特有的市井风俗画卷。当走到这里时，小河的流水声，水边女人的捣衣声，孩子们水中嬉戏声和走街串巷锔盆锔碗的小铜锣声，挑担子卖豆腐的梆子声，以及铿锵的打铁声混响在一起。明代济南诗人王象春描绘道：“一曲溪流一板桥，浣衣石面汲泉瓢。家家屋后停织女，树底横舟手自摇。”（《济南百咏·北溪》）

因旧时趵突泉周围是商贩云集的街市，南面又通国货商场，剪子巷曾经人气很旺，巷子里还有一些规模不大的旅店和餐馆。中华人民共和国成立后，街北首与共青团路交界口处还设立了济南火车站售票处，预售两天以内的火车票，很多济南人都有到剪子巷排长队买预售票的经历。

如今这一带的传统街巷格局早已不在。剪子巷、篦子巷、曹家巷拆迁后建成了居民小区，花墙子街、大小板桥街、花墙子泉、杜康泉连同大小板桥一起划入趵突泉公园，剪子巷的街牌还挂着，可这条市井味十足的特色老街消失了。

遗憾的是，我没有拍摄过剪子巷的旧有风貌。好在，我的同龄好友，又同样对“老济南”充满深情的油画家郭健，用他的妙手和油彩，画出了剪子巷、小板桥的曼妙风情，让我流连。

弭家场 朝阳街 五龙潭 江家池 估衣市 东流水

# 桥畔风景

趵突泉作为泺水之源，给历史上的西关地区带来商业繁荣，形成了中药材、杂货、绸布、手工艺和小五金等为主的所谓“西关五大行”。这里不仅有传说中的秦琼府，各色的老字号也扎堆在此。

泺水由趵突泉发源，北流经西护城河流入小清河。清乾隆年间，经过疏浚的小清河，河阔水深，商船可从泺源门（西门）直抵河海交界处的寿光羊角沟。20 世纪 30 年代韩复榘还在北郊重修了调节水位的五柳闸，以方便行船和泄洪。西门桥北的铜元局街和大明湖西南岸边均设有装卸码头。济南的商业热点由最初的南关转至西关。西护城河附近的小街小巷里无不店铺林立，商贾云集，一条街一个特色，形成了中药材、杂货、绸布、手工艺和小五金等所谓“西关五大行”。

西门桥外，护城河边，原有一条枕河而建的街市，名东流水。街西有五龙潭、江家池、醴泉、月牙泉、古温泉及东流泉，泉水向东流入护城河，

西门箭楼及西护城河（历史照片）

便有了诗一样的街名。古时东流水街又称“船巷”。此街南起大板桥街，北至铜元局街，临街建筑的样式与剪子巷的无异，或民居，或店铺，旧时多是阿胶作坊，前店后坊，青砖小瓦，偶见小洋楼。1963 年，街东侧靠近河沿的建筑大部拆除，成了河西绿带，栽上了一溜的杨柳，此街也成了“半边街”。记得我小时候这条路是通公交车的，因路面狭窄，“大鼻子”的 6 路公交车在此由北向南单行，而由南向北则要走河对岸的趵突泉北路。

靠近西门桥头的月牙泉原先裸露在街头。太湖石砌成的池岸，将月牙泉围成了一个不规则的圆，中央有一小小的假山，小山顶上还有个喷泉。这里原先可是游泳爱好者的天堂。每至盛夏，争强好胜的小伙子们都会爬到这小假山上向泉池中“扎猛子”（跳水），成为当时街头一景。随着月牙泉和东流水划归五龙潭，即使泉水丰沛，也没人“跳水”了。

月牙泉畔原东流水街 111 号（后为 105 号），临街为一幢青砖灰瓦的两层小楼，一层为两间铺面，玻璃门窗。1924 年 11 月至 1927 年初，中共山东省委机关秘书处便选择了这处闹中取静，周围尽是小巷，出入、转移

月牙泉及东流水街 111 号旧址

都十分方便的地方秘密办公，始终未被敌人发现。当年中共济南地方执行委员会委员长王尽美，中共山东地方执行委员会书记尹宽、邓恩铭、张昆弟，中共山东区执行委员会书记吴芳等先后来此从事革命活动。鲁伯峻等人由马克思主义研究会成员转为中共党员，也是在这里举行了入党宣誓。1925 年前后，任弼时、邓中夏、关向英等党中央领导人来济南时曾在此居住。1932 年 12 月由赵应昌购买，在此开办天一堂阿胶厂。如今室内按照当时的情景，摆放着桌椅、板凳等生活用品。1985 年建五龙潭公园时，这座房子和东流水街被一同圈进了园子里。

东流水街上除月牙泉外，还散布着古温泉、濂泉池、显明池、李家大院池等许多泉池。据当地的老人们说，20 世纪五六十年代，街上人家很多成了豆芽坊。由于泉系活水，清澈甘洌，水温又常年保持在十七八摄氏度，所发豆芽鲜美脆嫩，爽口宜人。几口水缸、几个竹筐、几把笊篱就是一户豆芽坊的全部家当。泉池里浸泡着密密麻麻盛满豆芽的大竹筐。附近人家更有口福，不管啥时候去买，都是现从泉池里捞出来的鲜嫩豆芽。有趣的是，月牙泉西北处不远有户人家，房子正中间大方桌底下就是一方泉池，池内是发着豆芽的竹筐，一家人用水、泡豆芽、卖豆芽足不出户，真是“近水楼台”。

中医中药界认为，济南泉水与东阿井之水一脉相承，同属古济水“伏流”，清洌甘美，同样适合制作阿胶。19 世纪 40 年代，以制作阿胶出名的东阿药人悄然来到东流水街，先是利用农闲时来此熬胶制药，不设字号和固定的店铺，后来才稳定下来。东流水街西有一中医世家赵树堂在此行医卖药，深知阿胶是药之上品，便向多家制胶作坊订制阿胶。光绪初年（1875），他们专门聘请东阿制胶艺人，在自己店铺后面建起了市内第一家制胶作坊——赵树堂阿胶庄。此后，魁兴堂，延寿堂、同兴堂、广诚堂、德成堂和九鹤堂等诸多阿胶商号群雄并起，这一代遂成为阿胶集中产地。1909 年，大名鼎鼎的宏济堂掌门人乐镜宇也在东流水抢占山头，办起宏济阿胶厂。直到 1952 年“对资改造”前，这里一直取代了东阿县和平阴东阿镇，成为山东的阿胶产销中心。

1902 年，刚到济南任山东巡抚的周馥便成立了山东铜元局并开始造币，但不到一年铜元局就被迫关闭了。1903 年，周馥再次奏请铸币获准，年底遂在东流水街重新修建造币厂房，次年竣工投产。因此东流水街北面便有了铜元局前街和后街。

护城河上有码头可以运煤，这里离北关车站货场又相对较近，1912 年，刘恩驻将电灯房从院后迁至西门北面，护城河东岸建发电厂，使老城及西关一部分居民用上了电灯。1919 年，电灯房增资扩股后更名为济南电气公司。刘恩驻还在东流水北面的铜元局后街购置有七进院子带前后两个大花园的豪宅。全国有名的戏班子来济南演出，都会被请到刘家大院做客。30 年代“四大坤伶”之冠的雪艳琴还曾在刘家大院前花园留影。后来由于护城河的航运能力衰退，沿铁路的“轱辘马”运力不济，电厂运煤全靠一辆辆排子车。给排子车帮忙拉襻的孩子们、挣车夫水钱的茶水摊，以及扫煤灰回家和煤饼烧火做饭的妇女们构成了这里的另一种景致。在带给人们光明的同时，发电厂高高的烟囱冒出的浓浓黑烟和随风落下的厚厚烟灰，却让西门里、东流水、铜元局乃至制锦市一带的居民吃尽了苦头。20 世纪 60

年代初，黄台电厂建成启用，老电灯公司才完成了它的历史使命，原址上建起了山东省工业展览馆。

有了水，后来又有了电，加之水陆交通便利，这条水街便繁荣起来。丰年面粉厂、绍兴南酒厂、东元盛印染厂、瑞蚨祥鸿记染坊、成记面粉厂、泺源造纸厂、泰祥顺染织厂、复豫花边厂、科学制革厂、道义硫化钠厂等一批工厂落户于此，与电灯公司和诸多阿胶作坊一道成为济南近现代民族工业的发祥地。

开埠以前，济南的经济重心在老城里。开埠后，富商巨贾一半居城中，另一半则迁居商埠了。作为连接老城与商埠的交通要道，西门外的估衣市街（今共青团路）则更为繁盛。这条老街作为济南最早的柏油路，其宽阔平坦给 20 世纪 30 年代来济南教书的老舍留下深刻印象。旧时中国很多城市都有估衣市，而天津的最为著名。估衣是指买卖当铺中形成死当的旧衣服或加工粗糙的衣物，贱卖给平民百姓。但济南的估衣市街估衣买卖并不多，而是各色名店云集较劲的地方。如盛锡福帽店、永盛东帽店、广顺和百货店、仲三元杂货铺、经文布店、植灵茶庄、玉美斋点心铺、老茂生糖果店、泺源包子铺、王家粥铺、城顶水产店、清真恩发长酱牛肉店、北厚记酱园、醴泉居酱园、仙宫理发店、万和堂药店等。

20 世纪 50 年代初，为方便交通，估衣市街西首至麟祥桥开辟了共青团路，估衣市街也做了相应拓宽，将路南的老建筑全部拆除，而路北的房子保留到了 2000 年。

估衣市街路北的二层楼房万和堂中药店是西式建筑风格。这座 20 世纪 30 年代由天津商人开设的中药店，与马路对面早几年开业的天德生药店唱起了对台戏。天德生是家老字号，早在清嘉庆年间就属“五大药栈”之一，所以万和堂要想在西关立住脚，必须在营销手段上出奇制胜。万和堂营业时在店门口张灯结彩，用大喇叭留声机播放戏曲音乐唱片，以招徕顾客。他们还把每服药都印上药品名称、性状和药效作用的文字和图片，并奉送过滤汤剂用的漏子。他们在书刊报纸上做广告也很花心思，刊登些《先生

20 世纪初的估衣市街（历史照片）

2000 年拓宽前的共青团路（原估衣市街）东段

本是好先生》等所谓“卫生小说”之类的“软文”，让读者不经意间加深了对药店的印象。因此门庭若市，生意火爆。抗战前夕，天德生终于给挤垮了，而万和堂却始终伴随着这条老街。

街西首的经文布店在济南的名气仅次于瑞蚨祥和隆祥布店。店主就是前面提到过的辛铸九。虽然与“祥”字号的掌门人同是章丘人，但他在这里却杀出“祥”字号的重围，成为颇有影响的布店。辛铸九还于30年代担任济南绸布业公会会长，足见其在绸布业界的影响力。“经文”的门面也是中西合璧。二层楼上有两个铁艺栏杆围绕的阳台，大门上方匾额上有“经文”两个笔力苍劲的大字，系当时天津著名书法家冯恕的手迹。

满城酱菜飘香的济南，在这样一条重要的街市上是少不了酱园的。街中路北有条老石板铺成的小巷，人人皆知其为江家池子，巷口东侧是北厚记，巷子尽头路西则是名气更大的字号醴泉居。北厚记也是章丘人的杰作，始创于19世纪80年代，其第三代店主石绍先曾在20世纪20年代担任过济南商会会长。北厚记门面之排场在市内酱园中首屈一指。铺面两层三开间，底层为门市，二层为账房，上面还有高大的女儿墙。正门额石上刻“本店精制黄米清酒伏晒酱油”，西山墙因朝着江家池，上面刻石写道：“家园食品，一应俱全发行不误。”以表明该店产品丰富，服务周全，并显示出强烈的宣传促销意识。这里也是前店后坊，后院大得足以占据巷子的一半。

昔日的北厚记酱园。2000年8月共青团路拓宽时被拆除。

20 世纪 50 年代公私合营后，北厚记将北头的醴泉居“吞并”，北厚记成了前店，醴泉居成了后厂。其实醴泉居才是济南酱菜行业的“老前辈”，它始建于清顺治十七年（1660）。过去的醴泉居的门市是临街的几间平房，是个穿堂屋，过道在中间，两边是柜台。穿过后门，有一个院子，院子东边墙角上，有处石砌泉池，上有“醴泉”两字，绝好的书法作品。水深静谧，仅有两米见方的池子里很早以前养着条近一米的特大鲤鱼，据说寿命很长，鱼鳃上有副耳环，是当年韩复榘夫人为其定做的，显然把这一怪物当成了神灵。很多人到醴泉来，不一定是为了买酱菜，而是为看看这条神鱼。济南战役时，这条大鱼被炮声给震死了，被人埋在院内的老石榴树下。醴泉居的酱菜一直以鲤鱼作为商标。

在两家酱园的传统名品中，甜面酱、原汁黄豆酱油、虾油咸菜、黄米清酒、二锅头、五香豆豉、五香豆腐干、豆腐丝等，颇受百姓欢迎。这里用江家池水制作的原汁黄豆酱油也不错。而磨茄、包瓜和水晶甘芦（当地人也称地环）被称为“三绝”。磨茄是济南人的发明，为防止铁器去皮时茄子氧化变黑，人们用新砖磨去茄子皮，于是便有了磨茄之名。我曾有幸结识北京人艺蓝天野先生，20 世纪 50 年代初他就常常来济南演出，对济南印象最深的就是大明湖的残荷和北厚记的磨茄，残荷好看，磨茄好吃，这就是他心目中的济南。包瓜也是济南酱菜的一大特色。甜瓜去瓤，用瓜皮装入花生米、核桃仁、杏仁、姜丝、葱丝和水晶咸菜丁等馅料酱渍，口感爽脆，咸甜适宜。

那时买酱菜，量少者用大明湖产的干荷叶包裹，酱菜伴着荷香。量大时则用柳条篓子装好，贴上大红纸签儿，用纸绳打个双环莲花扣，提着它走在街上，也挺招眼的。那时市民们买酱菜都认济南的老牌子，外地酱菜很难打入济南市场。记得那时去青岛姥姥家探亲，要买礼品就买姥姥最喜欢的济南的三样东西：大明湖白莲藕、北厚记酱菜和华光牌肥皂。

醴泉对面巷子东侧是江家池，系七十二泉之一，属五龙潭泉群中第二大泉。因明代官至陕西按察副使的历城人江浚祖居在此而得名。到了明万

1973 年的江家池及汇泉饭店旧址（摄影：荆强）

历年间，曾任历城知县的张鹤鸣以其水面如镜给取了个雅名“天镜泉”，但百姓们弃雅还俗，仍觉得江家池叫得顺口。石砌泉池中原先放养着很多鲤鱼，其中有少量红鲤鱼，人称锦鲤。这些鱼是那些吃斋念佛的人送此放养的，这里又称“放生池”。到江家池和醴泉看鱼是老济南一大乐事。清道光年间，池北建饭店，名“锦盛楼”。光绪年间有人在此旁又建起一座饭庄，称“德盛楼”。后两家饭店合二为一，统称“德盛楼”。1941 年，店员刘兴纲、张友笙、陈汉卿、于萌庭四人出价八千元买下德盛楼，并扩建改名汇泉楼饭庄。他们聘泺口名厨彭柯掌勺，糖醋鲤鱼遂成为汇泉楼的招牌菜。不过，那鱼不是江泉池的，而是楼东侧的小水池中自养的，客人可临池指鱼点选，厨工当场将鱼捞起摔死。先刮鳞开膛去脏，划百叶花刀，挂淀粉鸡蛋糊，提尾下油锅炸熟后，首尾翘起入盘，趁热浇上事先用泺口醋加工好的糖醋汁，带着“嗞嗞”的响声上桌，外酥里嫩，酸甜可口，堪称济南一绝。

江家池街的尽头就是原来五龙潭的入口。我最早去时是夏季的一个雨天，这是我最爱独自游逛的天气。江家池街的青石板路被雨水洗涤得干净，映着天光。江家池子也大大方方地暴露在巷子里，池水被大雨敲打着泛起水泡。红色的、黑色的鲤鱼和大鲫鱼都沉到水底。五龙潭的大门是传统的小瓦青砖、转角嵌石的门楼，较一般的门楼高大，两扇大木门下边还有高高的门挡板。拌着“吱扭”的声响，半掩的大门被我推开。当时这里还不是公园，范围比今天小了许多，颇似一个大户人家的宅院。雨下得大，又没有风，院子里一棵又一棵的柳树，柳枝下垂得笔直。因没有多少建筑，进门东行感觉几步就到了潭边，深暗的潭水被雨水打击形成的薄雾浮在水面上。

古人很会起名。济南别的泉都以泉或池命名，唯独五龙有“潭”。这自然缘于这深不可测的潭水。听老人说，五龙潭俗名老牛湾，相传潭底有个“海眼”，能直通大海，因此这湾久旱不枯，久雨不涝。海眼里有个宝坛子不知盛着什么宝物，但坛外有五条龙守护着，人们自然称之为五龙坛了。后经文人加工，将“坛”字改为“潭”字。元代潭西建有龙神庙，祀东西南北中五方龙神，不知与前面那个传说有无因果。后来这龙神庙改为龙祥观，先由道士后由和尚轮番主持。过去，每到大旱之年，人们往往到此用长木棍搅潭，向水下的蛟龙求雨，其实也仅是传说罢了。但有一条已被今人证实，五龙潭的地势在众泉中最低，其他泉水都干枯了，五龙潭依然有水。所有泉水都枯了，最先复涌的还是五龙潭。

五龙潭存有一块石碑，上刻“唐左武卫大将军胡国公秦叔宝故宅”字样，有人据此说这里是秦琼故居旧址。秦琼（？—638），字叔宝，齐州历城人。年轻时曾在隋将来护儿军中任职，深得其赏识。隋末天下大乱，他曾追随李密领导的瓦岗军，后与程咬金一同降唐。随秦王李世民南征北战，以骁勇闻名，多立战功，并参与“玄武门之变”，协助李世民诛太子李建成、齐王李元吉。李世民即位后，秦琼官至左武卫大将军。他去世后被封为胡国公，陪葬昭陵。因《隋唐演义》《说唐》《响马传》等小说、传统戏曲及民间传说流传甚广，有关秦琼的故事家喻户晓。相传他同尉迟敬德为李世民夜间戎装立门外站岗以驱鬼邪，很是见效。但李世民不忍二将辛苦，遂命宫廷画师将手持双锏的秦琼和手擎单鞭的尉迟敬德的形象画在纸上，并张贴于宫廷正门。后来，民间将这两员大将奉为门神。说起秦琼故居，过去济南梨花大鼓书中有这样的唱词：“说秦琼来道秦琼，秦琼家住在山东。若问秦琼家何在？五龙潭里水晶宫。”还有传说秦琼去世后，其后人将他

2000年8月，共青团路拓宽时将原先藏在深巷中的集云会馆及蜜脂殿、蜜脂泉暴露出来，据说这里是当年丁宝桢秘密接旨下令杀死“小安子”的地方。

生前使用的所谓“上打昏君，下打奸臣”的传奇兵器双锏藏到五龙潭水下。

据秦氏后裔秦在简、秦若轼研究，秦琼故里在济南城西太平庄，秦府门前有几棵大槐树，相传秦琼回乡省亲葬父时曾在大槐树上拴过马。后御赐宅第扩建了带有大花园的秦府，这里遂以此为荣改名大槐树庄。直到1931年，槐树庄还尚存一棵唐槐，当地人称之“神槐”，对其顶礼膜拜。后扩建道路时唐槐被清除。后来，今纬十二路以西、经二路以北，扩展为八条以大槐树命名的街道。1995年，秦琼之父秦爱（字季养）的墓志铭在经七小纬六路的一座石室墓葬中出土。上面记载，秦爱于大业十年（590）终于齐州历城县怀智里宅，后于贞观二年改葬于齐州历城县怀智里。而大槐树与墓志铭的发现地不足两公里，当同属怀智里。从墓志铭上还看到，秦琼的曾祖父秦孝达、祖父秦方太、父亲秦爱三代均系魏、齐两朝文职官吏，而《旧唐书》《新唐书》均漏载，《隋唐演义》等小说中所讲的更属演绎。《历城县志》《续修历城县志》等志书中所谓“秦叔宝宅在西关沙苑”，在城顶花店街；秦琼是“历城南山仲宫人”；秦琼出身寒微，所谓“冶铁秦家”，还有秦琼“墓在城东北乡济水之阴秦家道口”等都属误传。而五龙潭只是地方贤达修建秦琼公祠的地方，那块石碑也是从他处移此所立，花店街原先有秦氏家祠。至于仲宫、泺口、西关沙苑（原花店街、制锦市一带）、秦家道口（今属遥墙镇）等处则是秦氏后裔的聚居地，而实际在唐王镇的所谓秦琼墓，其实为元代东平防御使秦津之墓。但秦琼本人在济南是否另有故居，尚无确凿史实。近年五龙潭畔重建秦琼祠，每至春节，这里还举行“门神秦琼送门神”活动，答对相关问题的游人可得到身着戏装的“秦琼”赠送的印有秦琼像的门神画。秦琼在济南的遗迹还有千佛山腰登山盘道上的秦琼拴马槐，千佛山过去还有座秦琼庙。

因爱恋这里的风水，潭四周历朝历代修亭建阁，直到近代，改变了用途。1900年，这里建立起中西医院，由山东巡抚院聘请德国医生在此行医，设内科、外科及中医科。虽然规模很小，病床仅二十张，医护人员仅有二十名，日门诊量也仅百余人，但这却是省内最早的官办医院和最早的中西医结合的综合医院。后来曾改为陆军后方第一医院和山东慈善医院。

1985年，五龙潭建成了公园，新建了南、东两处大门，将江家池也划进了园子。已于1965年迁至西门桥东的汇泉楼，支撑到1998年被拆除，建成三联商厦前的停车场。2000年盛夏，历经沧桑的半边老街估衣市街也被拆除拓宽。江家池街的石板路和那个养过神鱼的醴泉也被填埋。旧时西门桥外的风景全没了。只是拆迁时将原来围在居民杂院中的集云会馆突出出来。该会馆由估衣行同业人始建于清嘉庆初年。20世纪30年代，以杜德斋为会长的估衣业公会也设在这里。因会馆前殿临西蜜脂泉而建，也有蜜脂殿会馆的称谓。会馆内祀武圣关公，故正殿称关帝庙，庙内有历代重修关帝庙的碑刻和清代所绘关公生平故事壁画。据说这是当年丁宝桢秘密接旨下令杀死“小安子”的地方。有人因此将蜜脂殿和蜜脂泉改称密旨殿和密旨泉。因靠近拓宽后的共青团路，这组建筑原打算拆除，在市民和有关专家的再三要求下，有关部门及企业对这座建筑进行了保护性修缮，算是这一历史街区的“唯一”的古物了。

自估衣市街西口北行，穿过筐市街和铁塔街交界口便是朝阳街了。此街古时是驴市，“下驴市”的街名流传了很久。街南头有座关帝庙，庙内有座铁塔，铁塔街名由此而来。而铁塔北面路西第一个大门就是前面提到的台湾作家张大春的祖宅。张家世代济南人，其高祖张冠英是清朝举人，是这条街上的大户，其旧居“懋德堂”为三进四合院，大门洞里曾经悬挂刻有“文魁”二字的匾额。大门和二门还分别挂过张冠英书写的两副楹联：“诗书继世，忠厚传家”，以及“绵世泽莫如为善，振家声还是读书”。其曾祖父张润泉是谦裕当铺的掌柜，后来又在估衣市街开百顺估衣店，因此当地人称他们是“百顺”张家。中华人民共和国成立前夕，张大春的父亲张启京与其妻——来自中大槐树街的刘兰英去了台湾，张大春便成为出生在台湾的济南人。张大春以自己的家族历史为主线，创作了纪实小说《聆听父亲》，其中记述了西关、朝阳街、剪子巷、麻面胡同、鞭指巷、中大槐树、堤口庄、泺口和南大湾等济南老地名，还有晚清衰败、民国建立、“五三惨案”、抗日战争等大背景下发生在济南的故事。书中不时冒出些老济南的方言俚语，表露出作者浓浓的乡愁。1988 年 4 月，张大春曾来朝阳街祖居省亲，当时张家老屋还在。临走时，他朝自家的老屋磕了四个响头。

从张家西行穿过铁塔街、花店街和英贤街，在英贤桥东有个叫弭家场的地方，便是国画大家弭菊田的老宅旧居。弭家世代中医，家境殷实，他却改行学起了美术，早年受教于李苦禅、颜伯龙等大家。他长于国画山水，善竹刻，爱抚古琴，人们将其与关友声、黑伯龙、岳祥书并称“关黑弭岳”，为济南画坛四大家。他的女儿弭金冬子承父业，也是济南当代画家，尤擅山水，有人将其父女画艺称之为“弭家山水”。著名学者季羡林则是弭菊田的妻兄，弭金冬的舅舅。

朝阳街北连着制锦（原名棘榛）市街，再北便是镇武庙街，因街上立有镇武庙而得名。1905 年，此庙辟为学堂，1916 年改为制锦市街小学。弭菊田、欧阳中石及夫人张茝京、中央电视台（初称北京电视台）第一位播音员沈力，都是该校的学生。张茝京的大哥张汉京是济南知名票友，拉得一手好胡琴，进过孟雒川家开的戏园子和戏班子“筱云班”表演。欧阳中石中学时代也迷上了京戏，经常和张汉京一同切磋戏文和唱功。后来欧阳中石被“四大须生”之一的奚啸伯收为弟子。张茝京在济南女子师范学校毕业后到位于永长街的穆光小学任教，欧阳中石自济南中学（原齐鲁中学）毕业后也来此执教，校友加同事，此后又情定终身。有趣的是，张茝京是“百顺”张家的小姐，是张大春的二姑，出生在1928年“五三惨案”发生时的隆隆枪炮声中，因此她有了“大响”的绰号。欧阳中石自然成了张大春的二姑父。

1933年出生于济南的沈力，原名沈立环，曾祖父是清末军机大臣沈桂芳。母亲何云瑛是何宗莲的二女儿。何宗莲是平阴人，1885年入李鸿章办的天津武备学堂学习。1895年，袁世凯在天津“小站练兵”时，何宗莲曾任营管带。辛亥革命后，任中央陆军第一师师长兼察哈尔副都统。1912年10月，以副都统代理都统职。1914年，察哈尔新军发生兵变，何宗莲因镇压兵变不力，被免去师长职，调回北京。1918年，何宗莲退出政坛，定居济南。他在大明湖西建造了颐园，段祺瑞题写了园名，当地人称何家花园。整个园子占地七十六亩，建筑不多，近一半的面积为湿地池塘。何宗莲喜爱莲花，便在此按北斗七星布局建造了七大莲花池。他在园中植树养花，还常邀三五旧友煮酒品茗，过着隐居生活。同时他投资实业，与人合伙经营华兴造纸厂和丰年面粉厂等。后来他热心慈善事业，协同济南红十字会出资办理施赈、兴学等。1925年张宗昌督鲁时，曾被聘为灾民救济会会长。1928年“五三惨案”后，出面组织“维持会”，并任第一任会长，后改任善后救济总会会长。1931年病逝于济南。1934年8月1日，南京国民政府明令褒奖其赈灾有功，并批准在济南中山公园建立何宗莲纪念碑。韩复榘亲自撰写了碑文《何公传略》。

沈力的儿童时代是在何家花园度过的。1946年，她随何家后人迁居北平。解放初，何家花园的一部分成了一家衡器工厂，另一部分则变为机关用地。1965年，何家花园原址上建起济南市少年宫，原有的假山、六面厅和方厅得以保存。

永长街 麟趾巷 城顶 礼拜寺

# 新月星空

济南多回民，约十万之众。可以说，回民在济南的繁衍生息，对这座城市，特别是工商业的发展产生了深远的影响。今天的回民小区的前身便是回民百姓世代聚居的街坊，旧时也是长街连短巷。

早在元代，回族就沿黄河和京杭大运河从南、西、北三面迁入济南。1295 年在城关西南建立了清真寺（今南大寺），明代又进行了重新扩建。寺门前及北侧的街巷便称之回巷，后改称礼拜寺巷。寺内著名的弘历碑上刻“来复铭”，由世袭掌教陈思撰写于 1528 年，全文九行一百五十五字，以宋明理学简明阐述伊斯兰教义，是最早的汉文教义作品，是伊斯兰教与中国传统哲学思想相融汇的结晶，在中国伊斯兰教发展史上占有重要地位。经历代修缮，南大寺保存良好，后来曾在此兴办过回民中小学。

距南大寺不远，1765 年建有北寺，形制较南寺小了许多。寺内有李鸿章手书的“清真古教”的匾额。

建设回民小区之前的礼拜寺巷

南大寺望月楼

自明代开始，回族民众便逐渐在清真寺周边安营扎寨。到清代，老城西关形成了东至五路狮子口、剪子巷，南至上新街、南新街，西至顺河街，北至城顶，即今天回民小区一带的回族主要集居地。其中以永长街和西青龙街为主要干道，与礼拜寺巷、饮虎池街、旧新街、土街、斜街、仓巷、长春观街、麟趾巷等街巷相连，构成了西关特有的民族聚落。随着回民小区的开发建设，如今很多街巷的名字被整合掉了，保留下来的街名、街道已不是当初的样子。

历史上回族百姓就以经营牛羊肉、风味小吃、干鲜果品为主要生计来源，如酱牛肉、羊杂、吊炉火烧、瓢子火烧、炸鱼、炸虾、炸绿豆丸子、炸萝卜丸子、糖炒栗子、鸡汤瓜子、花生米、萨其马和百子糕等，或店铺，或常摊，或手推，或肩挑。过去最为热闹、交易火爆的地方是趵突泉前街东首山水沟口、杆石桥头和城顶街一带。

说起城顶，据说这里的地势与旧城西门（泺源门）城楼的水平线等平，故名。1980 年前，此街北段还有条很短的丁字街，后一并统称城顶街了。乾隆年间《历城县志》记载：“‘丁字街’，旧志有粮市，辐辆云集，贸易无虚日，南东门外皆逊西市。”到了清末，山西人在此开“文和铁店”，因经营钉子闻名，也称“钉子街”。后来这里逐步发展成为市内唯一的干鲜果品批发市场。在清代，为遵古“刑人于市”之规，这里地处集市，又离巡抚衙门不远，便成了行刑杀人的地方。当年丁宝桢杀“小安子”就在此地。如今丁字街、城顶原先的风貌大多消失了，只有共青团路派出所使用的二层四合院楼还是老字号聚盛茶庄的老房。

此地的老街巷中至今保持原貌的唯有与城顶街相连的麟趾巷了。这条古街明代已有人居住，清时因街上建有养济院，收养孤残，故名孤贫街。后改称文雅了许多的麟趾巷了。在巷子的南侧，有一大片老房，旧时都归金家所有。济南回族中早有“七金八马一锅粥（周）”之说，形容这三个姓氏的民众之多。清道光年间，这户金家“志”字辈传人中有一人中举，宅门楼上悬“文元”的金字牌匾，官至知府。他为官时所得家产传于“衍”

字辈，其传人便将家财投放到商业上，在西关一带，金家就拥有百余处门头房，像估衣市街上的万和堂、天德堂、经文布店、北厚记酱园，院西大街一大货栈以及普利街上的部分商业用房都是金家的房产。在市郊，金家还拥有阎千户庄的大片土地。金家大院的大门开在永长街，后花园直通麟趾巷。

清末民初，金家财产传到金树鑫的手上。1933年，他动用家产在后花园内建起一座假山，上有六角凉亭，假山南侧，以前还有一个庭园，里面建有玻璃花房，养着各种名贵花卉。假山东北侧建一座两层别墅式洋楼，红瓦覆顶，红色墙体。白色窗套，白色廊柱，色彩夺目。他住一楼，妻儿住楼上。他还购置了一辆小轿车。北伐战争后，他在徐家花园创立了私立金氏小学，招收回族子弟免费入学。抗战爆发后，韩复榘弃城南逃时，以“借用”的名义，掠走了金府的小汽车和大批钱财。日军侵占济南的八年间，金家饱受敲诈勒索之苦，但没有一人为日本人做事。日本投降后不久，

如今的麟趾巷还保留着些许旧貌。

金树鑫病逝，其次子金小青揽理财政大权，在普利街后来的 18 号创立了“永世扬”钱庄。中华人民共和国成立后，金氏后人将那座小洋楼和假山，捐给了市伊斯兰教协会。抗美援朝时，金府倾其所有，捐献黄金一百两。1958 年，金氏后人又将祖上埋入地下的一百个银元宝挖出捐给了国家。这些义举都得到了政府和人民的赞誉。

麟趾巷东首路北，至今留存一处两座相连的二层青砖坡顶楼房，西有侧院，外设回廊。这便是张家创立的“庆记”老字号旧址。张家不是穆斯林，但长期与回族民众和睦相处。商号代理“美孚”石油系列产品，以煤油起家，后与金家一样经营房地产。至张学仁这辈，已拥有院西大街的齐鲁金店、经二纬四路的第一百货商店等房产。其财产总量在这一带仅次于金家。

麟趾巷 11 号院住着马復元老人。他祖辈来此有几百年的历史。其祖上在城顶街开设“马兴盛山果老行”，当地人简称“马家老行”，经营土产、鲜干货、牛皮和药材生意，在城顶街拥有房屋五百余间，在南郊置地百亩。

◆普利街 ◆郝家巷 ◆西券门巷

# 黄金走廊

作为往来旧城、西关与商埠的必经之地，百十年前，一些有眼光的工商业户纷纷到这里建商号、作坊和宅院，最终使泉城路、共青团路与经二路之间实现了“无缝对接”。

在我的印象中，济南老城内的街巷总那样中规中矩，东西南北，顺顺溜溜。可一出老城，那街便不那么“顺从”了。南关的山水沟弯弯曲曲，西关的普利街则从估衣市街西口的城顶斜插至普利门。这条街20世纪前叫柴家巷，为西关“八大巷”之一，十分僻静。商埠开通后，为方便与老城的交通，1908年，在西圩子墙英贤（原叫迎仙）门与麟祥门之间又开了一道被人们称之为“西墙小门”的普利门，柴家巷随即拓宽后更名，与商埠区最主要的东西干道经二路接上头，成为人们来往于旧城与商埠间的必经之地。一些有眼光的工商业户也看准了这块旺地，纷纷来此建商号、作坊和宅院。不久，这条街便形成了以化工、土产、鞋帽、绸布为主的商品集散地，而且多是便民小店的杂货商品，什么套马车用的绳索，粉饰家具用

民国初年的“西墙小门”普利门( 历史照片 )

的土漆（大漆），照明用的煤油灯、瓦斯灯等生活日用必需品，你不用费劲，在这里可以轻易找到。

有名的商号中除了油漆化工店外还有泰康食物公司、朝天锅饭店、草包包子铺、谦祥益绸缎店、谦恒吉鞋店、普华鞋店、厚德堂中药店、赞玉堂中药店和廖隆昌瓷器店等。随着解放初期对工商业的改造，大多改变了经营方式。尤其是泉城路不断拓宽，纬四路、大观园和人民商场的综合型商场的改扩建，这条街的商号有的迁址，有的歇业改行，街道也渐渐冷落。但直到 20 世纪七八十年代，这条街上的化工店里油漆门类最全，满足了那个时期家家户户“打家具”的基本需求。当时刚刚在济南崭露头角的小鸭牌洗衣机的维修部设在路南，全市的人维修洗衣机都要来这里。在普利街动迁前，流传至今的老字号只有草包包子铺和普华鞋店了。

赞玉堂中药店旧址。2010 年被拆除。

济南人爱吃面食，但

以面食为主的大店不多，位于此街 15 号的草包包子铺算是其中的老大。在方言土语中，“草包”是骂人的词儿，很不中听，但它却成了这家包子铺的创始人张文汉的外号。他是济南泺口人，曾在纪镇园饭庄当伙计。因其生性憨厚、沉默寡言，掌柜的和瞧不起他的师兄弟们只让他包包子，不许干别的。从此便没人喊他的大号。抗战爆发后，“草包”家人逃到城里，在友人的帮助下在西门里太平寺街租了两间房，开起包子铺，店名干脆就叫“草包”。后来迁至大观园，20 世纪 40 年代初又迁至此街与三元街交界口，即今天的位置。由于他家做的包子皮薄、馅多、味美、灌汤，名声很快便传遍全城。

济南战役时，国民党的飞机对城里狂轰滥炸，包子铺西邻泰康食物店的山墙被炸塌，将张文汉压在了瓦砾中。中华人民共和国成立后，“草包”几易其主，直至 1956 年公私合营，划归市饮食服务公司。改革开放前，逢年过节亲朋好友团聚，谁能吃上“草包”便够档次。如今，门脸早已不是过去的样子，经营方式上也有了许多改变。除包子外，干炸里脊、爆炒腰花等鲁菜家常菜也成了店里的拿手好菜。但最令“老济南”激动的还是那“草包”，还有那包着包子的荷叶的清香。

位于街偏西路南的普华鞋店，在济南老年人心目中很有地位。始建于一百八十年前的这家老字号，创始人是邵焕祥。这家鞋店最令人叫绝的就是千层底布鞋和用礼服呢做的皮底布鞋，以及“老头乐”毡鞋。他们从办店之初一直坚持对畸形、异形脚的顾客开展定做业务，深得人心。由于“普华”是名牌商品，生活困难的时候，人们买了新鞋平时舍不得穿，只有逢年过节、探亲访友时才穿。如今各色的皮鞋、旅游鞋、运动鞋、休闲鞋令人目不暇接，“普华”这老字号、老品牌便衰落下去，已经没有自己的产品了，但老人们还总是念叨它。

在西式店铺林立的普利街，有两幢中国古典式建筑，一是花脊翘檐、黑瓦覆顶的廖隆昌瓷器店，另一座则是二层的砖木小楼赞玉堂中药店。楼下为门市，楼上为主人寓所。精美的木隔扇、木窗棂、木构栏杆，结构严谨，

民国年间的普利街很是热闹。（历史照片）

制作精良。这店铺虽小，但过去名气挺大。路对面是座在济南数得着的规模很大的西药房大同药房，但周围的百姓们还是崇尚中医药，信任“赞玉堂”自制的“丸散膏丹”。

普利街还有几条与之相交叉的南北走向的老巷子，如西券门巷、郝家巷和冉家巷，都在“八大巷”之列。幽静的西券门巷与南关南券门巷一样都以房舍中的拱券门窗得名。巷子南首路东有两座紧紧相连的规模宏大的红砖楼，鹤立于青砖黑瓦之上。南楼院旧时为“义兴公”布庄，大门上方嵌有刻着“义兴公”三字的石匾额。可能是在“破四旧”的那些岁月里将字用水泥覆盖，仅仅露出了“义”字来。郝家巷中段路东也有座体量较大的二层楼，临街底层为店铺，门市八间，北侧有门通向院井，这便是1934年创办的“福”字连号“福盛永”杂货庄。店主孙福堂，章丘龙山人。章丘人天生就是经商的主儿，孙掌柜的商号便从麟趾巷一直做到了十二马路和青岛港，创办了“福庆德”“福合成”等“福”字分号。中华人民共和国成立后这里成了居民大杂院，孙氏的后人也与其他的住户一样，不分彼此了。

在“福盛永”旧址的对面有个历史不长、规模很小的饭店，生意却一直不错。这家名叫春江小馆的饭店与临街共青团路南侧的同名饭店属同一家，后者店大，包办酒席，而前者专营济南锅贴，有肉馅和素馅两种，现包，现煎，现卖。因口味好，火候佳，很快出了名，后来还登上了济南名吃榜，被授予了铜牌，也给寂静的郝家巷带来很多人气。

普利街 90 号的老字号“鸿祥永”后来成为居民大杂院，但这块老匾额在 2010 年此街被拆除前一直镶嵌在原址的砖墙上。

2002 年 7 月，共青团路以北，普利街以南的这片三角地带传来了动迁修建广场的消息。有关部门开展了广场设计公开招标，还通过报纸向市民征集广场名称。在“大舜”“普利”和“普利门”三个候选名称中，市民们纷纷将手中的票投向了第三者，因为只有“普利门”才能传承这一带的历史。2010 年，共青团路以北，普利街以南动迁，地上建筑全部拆除。地产商在这片三角地带启动了“济南第一高楼”工程。

与普利街相接的西券门巷也于 2010 年被拆除。

21 世纪初的普利街

# 第三编 商埠钩沉

◆老商埠

# 百年前的“特区”

辞书上说，“商埠”是指旧时与外国通商的城镇。商埠在中国大量出现，是鸦片战争之后西方列强“炮舰政策”的副产品，东南沿海诸多通商口岸都是被迫“约开”，而济南开埠则由中国人自主决定。

1863至1898年，山东的烟台、青岛两地相继开埠，使这两座原以渔业为主的村镇迅速崛起，发展成为通商口岸城市。这也深深地影响着相距不过几百公里的省城济南。1875年，山东巡抚丁宝桢在城北泺口以东的新城创建了山东机器局，购买外国机器造起了洋枪洋炮。1898年，济南设立了洋务局，专办教案和洋务事宜。1901年，袁世凯在城内创办山东大学堂，1904年又在西关圩子城外新建校舍。早已觊觎山东腹地的洋人也打起了自己的算盘。1901年，强占胶州湾并取得胶济铁路修筑权的德国，在济南圩子城西擅自修建了商务代表处（后来为领事馆）和德华银行。1904年，胶济铁路修至济南，全线通车，德国人在这一年还开办了邮局。这些都打破

胶济铁路建设是济南自开商埠的重要外因之一。图为 1904 年 2 月 25 日，为第一列施工列车抵达济南府东站（今黄台站）而举行的欢迎仪式。前排中间站在高处的是时任山东巡抚周馥。（历史照片）

了济南素以老城为中心，在内城和圩子墙里打转转儿的传统。一位在济南任职仅二十七个月的山东巡抚，却对这座古老城市的变迁与发展产生了深远影响，他就是周馥。

周馥（1837—1921），字玉山，号兰溪，安徽建德（今东至县）人。年少时聪颖过人，家里省吃俭用供他读书。十七岁时，他离开家乡到安庆谋生，为人代写书信、测八字算卦为业。同治元年（1862）春，经人介绍，周馥凭借一手好字和一笔好文，赢得了李鸿章赏识，应募在其手下担任文书。他跟随李鸿章近四十年，历任道员、盐运使、按察使、布政使、巡抚和总督等职，是清末政坛上一位重要的地方大员。1895 年 5 月，他请辞回了老家，赋闲在家三年半。李鸿章请其出山，协助治理黄河水患。

1901 年 11 月，李鸿章离世后，袁世凯从山东巡抚升迁至直隶总督兼北洋大臣。周馥与袁世凯同为李鸿章幕僚，二人素来交往甚密，意气相投。

袁小周二十二岁，周是袁的叔叔袁保庆的至交，算是长辈，后来两人便好上加亲，成了儿女亲家。周馥最小的女儿瑞珠，幼年时就与袁世凯的第八个儿子克轸订了婚，袁世凯去世后两人正式成亲。周馥的第四个儿子周学熙曾任袁世凯创办的山东大学堂的总办，相当于校长。周学熙主持订立的《山东大学堂章程》，成为那个时代全国大学堂管理制度的范本。此后经袁世凯相邀，周学熙还曾两任民国财政总长。

周馥坐像（历史照片）

1902年5月28日，周馥任山东巡抚，并加兵部尚书衔。8月初他刚抵济南，就遇上黄河利津等多处河堤决口之危情，他一面组织官民修筑堤防，一面备有大量堵漏用的石块以防不测，同时沿黄河大堤架设电报通信线路，以及时掌握汛情。他还定期雇用沿河住户居民巡查保护堤坝，以防破坏。这些措施使黄河山东段在此后的十余年间，再没有发生决口的情况。

他入主山东后发现，济南过往的施政作为多用在兴学、修庙、治河等方面，世间弥漫着浓厚的"重儒轻商"之民风，每年的贸易额仅有数百万两，其经济地位在省内非但比不上烟台、青岛等"约开商埠"城市，甚至也不及周村、潍县、济宁等地。因此他极力赞成袁世凯提出的"新政"，力主除旧布新，扶持农桑和手工业。他在济南设立了工艺局、树艺公司、桑蚕总局、缫丝厂、染织厂、志诚砖瓦厂、金启泰铁工厂、济和机器公司以及一家银行。1903年，他以官商合办名义，在府城东郊七里堡以北购地十二公顷，创办山东农事试验场，聘日本人谷井恭吉教习农桑，试种日本谷类蔬菜瓜果、美国豆类棉花及本地谷物和蔬菜等，并在南郊燕子山、马鞍山、千佛山南麓辟林场三处，栽植树木。

尽管周馥一生没有取得科举功名，但他勤奋好学，笔耕不辍，留下大量诗文专著，并十分重视新式教育。1902 年 10 月，为选送京师、直隶保定及留学日本的师范生，在他的提议下，山东大学堂附设师范馆，首批招生一百〇四名，成为全国地方官办师范教育之滥觞。翌年秋，选派五十人赴日本宏文书院留学。1903 年 10 月，师范馆与山东大学堂分设，改称山东师范学堂。周馥将全省七十一个县的旧式书院，改为新式学堂，以借鉴日本和西方的办学理念。1903 年 6 月 25 日，他创办了济南乃至山东第一家报纸《济南汇报》，作为地方政府官报，每五天刊出一次，“分政、事、文、学四纲”，页数不定，没有广告。

在对待洋人的态度上，周馥也和袁世凯惊人地相似。他俩主张一方面抵制外国对山东的影响和经济侵略，一方面又为寻求解决山东存在的各种问题与洋人接触和沟通。周馥来济南之前便与英国传教士李提摩太结下了友谊，并表示出对基督教义的浓厚兴趣。他来济南后，向来访的李提摩太及其四个女儿提供了轿子、游船和茶点，供他们畅游大明湖，并举行了丰盛的晚宴。李提摩太在其《亲历晚清四十五年》的书中高兴地写道，周馥“在所有的中国政府官员中，是最令人感到亲切的一个”。1902 年 12 月，周馥提出访问胶澳（即青岛）的要求，令胶澳总督德国人特鲁泊深感意外。在此之前，山东和胶澳的联系，都是在非正常状态下进行的。按照当时在青岛的德国传教士、汉学家卫礼贤所著《中国心灵》的说法，特鲁泊在“采取了一些秘密的防备措施”后，接受了周馥的访问请求。周馥在青岛访问期间，目睹了这块被洋人强行租借之地的迅猛发展，也看到了中国人在租界内所受到的不公正待遇。他在与特鲁泊的几次会晤中，不仅表达了中国想要收回丧失的权利，结束殖民统治的基本意图，而且也表现了他对时局的关心。周曾对特鲁泊说：“即使青岛已租借给德国，它仍属于山东地盘。”如卫礼贤所说：“他那率真坦诚和健康的幽默感立刻扫去了人们心中的疑云。”这无疑显示了周馥在外交上的才华。

周馥成为第一位到青岛德国租界访问的清廷高官。他的这次访问在当时朝野上下饱受诟病，甚至被晚清李宝嘉所著的“谴责小说”《官场现形记》讽刺得不轻。虽然没有详细证据表明他的青岛之行与济南开埠有直接关系，但他这次“破冰之旅”，从一定意义上增强了他对山东寻求变革的决心。

在济南开埠动议上，袁世凯与周馥更是一拍即合。1904 年 4 月 4 日，离胶济铁路通车不足两个月，袁世凯和周馥联名上奏，请求济南、周村、潍县三地自开辟为“华洋公共通商之埠”，“借堵洋人寻衅滋事之口”，“以期中外咸受利益”。不日即获清廷外务部照准，当年即勘定界址。

为将新开之埠建成精心规划、文明有序的新城区，袁世凯和周馥等人进行了周密安排。先是成立商埠总局统一协调管理商埠事务，下设工程局，掌管界址内工程建筑、房地产、工商行政、税务、治安管理，并制定相关的规划与规章。袁世凯还邀请其亲信、原任上海道台的袁树勋参与济南商埠开办筹备工作，主要是打造规划管理体系。袁树勋带来了上海相关的法律规章，作为济南新建商埠的样板。同时还参照岳州、秦皇岛等地开埠章

民国时期的商埠呈现出与老城迥然不同的街区风貌。（历史照片）

程，对济南商埠开发建设与管理做好制度安排。袁树勋因此与济南结缘，于1907年再次来济南，做了二十二个月的山东巡抚，为商埠建设继续发力。

1904年11月，周馥被调任两江总督兼南洋大臣。1906年1月10日，济南举行了隆重的开埠典礼，周馥的继任杨士骧出尽了风头，而人们没有在此见到周馥的身影。

辛亥革命后，一大批前清遗老遗少移居青岛德国租界寻求庇护，周馥更是熟门熟路，近水楼台，在青岛购建了前清官吏中最大的宅第，并在那里生活了一段时间。周馥还被推举为由苏、皖、赣、浙四省籍人士在青岛成立的三江同乡会会长。后来他去了天津。1921年8月21日，做了许多年寓公的周馥病逝在天津寓所，终年八十四岁。尽管周馥生前很少提及自己在济南开埠时所做的一切，甚至他从济南卸任后很少再回济南，但今天的济南人应该记住他。

济南商埠的范围在今天看来也是颇具规模的，其设定也富有远见，在西关外东起馆驿街西首的十王殿（今纬一路），西至大槐树村，南沿长清大街（今经七路），北以胶济铁路为限，东西长约5里，南北约2里，共4000亩土地，约2.5平方公里，同老城面积大致相当。商埠内规划有洋行贸易处、华商贸易处、堆货处、西人住家处、领事驻地以及公园、花园、菜市、营房等，城市功能较为齐全，很受投资者的欢迎。1905年10月23日《东方杂志》载："济南开办商埠，设局勘界，均将就绪，近闻商贾铺户陆续注册者已多至千余家。"同时还保留了北岗子、五里沟、魏家庄、大槐树庄、官扎营等原有村庄的"原生态"，保护了原住户的生存空间。在街区划分上也是因地制宜，布局严谨，主次分明，开发有序。确定主要道路东西为经，南北为纬，路面宽度七米至十七米不等。棋盘式纵横的道路布局，将土地划分成若干小方块，路网间距在两百米左右，既遵循了周代《考工记》中所谓"九经九纬"的道路布局，又展示了近代流行的小网格城市的别样风采。街区深处则是里弄（济南称里分）、别墅或宅院。这种便于功能分区的布局，无疑借鉴了西方近代城市建设中的惯用手法。

清廷在开埠事宜上“吃一堑，长一智”。虽然受当时历史条件局限，商埠规划仅是划地租赁和扩建的方案，尚缺乏近代城建规划的理论指导。但他们无疑借鉴了其他“约开口岸”及国外城市的建设经验，突显主权意识和公平公正之精神。如《济南商埠租建章程》第一节规定，“埠与条约所载各处约开口岸不同，准各国洋商并华商于规定界内租地杂居”。要求中国人与洋商共同遵守。第十节规定，“济南城外既开商埠，所有洋商在此规定界内可任意往来，携眷居住、贸易。但在济南城关内外，以及附近各处，仍按中国内地章程办理”。这一章程还进一步强调，商埠中不准划分租界。这就保证了国家对土地的所有权。土地租价则是按照中国传统的福、禄、寿、喜的称谓确定了四个阶梯租价，以火车站附近最贵，由东至西逐次递减。租建章程中对工程建造也有着详细的规定。如在商埠内严禁搭盖草屋。建造计划须事先报工程处和警察局审查批复。所有建筑物必须安装污水管道，引入建设局统一建设的水道排出，等等。而且邮政、电话、电报等经营权和司法权由中国人自理，“外人不得干预”。

德国洋行是最早进入济南商埠的外国商号。图为位于经五纬三路的德浮商行旧址。

当时，商埠已具有今天“特区”的某些特点，洋商在埠内有了“市场准人”和“国民待遇”，外国资本纷纷从东部沿海涌入这里，仅1905年以后的三四年的时间里，洋行就达二十多个，其中以德、日、美、英居多。德国一战战败后，日本趁机掠夺胶济铁路经营权，在经济上控制山东。在“五三惨案”发生之前，日本在济南的侨民达两千余人，日资商号达一百七十家，都集中在商埠。济南也成为东三省之外，日本洋行最多的城市。德国、美国、日本、英国和瑞士的领事机构也在商埠设立。同时，采取了免除土货出口税、裁减厘金、投入官款扶持实业开发等通商惠工政策，以扶持本国贸易，并鼓励国人投资工商业与外商竞争，极大地刺激了国内工商业者的资本注入。人们在此开办商号、银行和工厂，从此掀开了济南历史上规模空前的“成建制”地开发建设的序幕。

在短短的十几年间，商埠区逐步形成了以老火车站为半径轴心，以此向东南西三面辐射，以经二路为东西主线，以纬二路和纬四路为南北支架的新城区格局，使济南这座典型的单一的封闭型内陆城市，逐步发展成老城与商埠并重，政治、文化和交通、商贸并举的现代“双核”城市。辛亥革命后，济南的城市人口由开埠前的12万增加到25万。尤其是1912年津浦铁路修至济南与胶济铁路交汇后，济南遂成为华北地区仅次于京、津的商业集散地和交通枢纽，成为“各州商贾辐辏之处”。据《山东各地乡土调查》记载，当时济南已有杂货铺、绸缎庄、钱庄、银行、药铺、铁器铺、钟表行、漆行、洋货铺等商行32种，达1995家之多。

1918年和1925年，伴随着商埠区内商业的繁荣和人口的增加，商埠又先后两次拓界。泺口以南，津浦铁路以西，官扎营以北辟为“北商埠”，从而形成了济南城北面积广袤的大型轻工、化工、造纸、纺织为主的工业区，工商业门类更加齐全。济南沦陷后，日伪政权在老城和商埠内加紧推行殖民化统治，不但从商埠内德、美、英等国的洋商中抢夺利益，而且还将大部分银行、商场和工矿企业“接管”。1939年日伪政权划齐鲁大学以西，四里山以北，岔路街以东，经七路以南约1500亩土地为南郊新市区，与北

如今的老商埠还较多地保留着当年的风韵。

商埠遥相对应。1942年，日伪济南市公署又将北商埠南端开辟东、西部工业区，还陆续将原来保留的魏家庄以及官扎营、北坛、南大槐树、营市街等处划归商埠，使商埠总面积总计12943.344亩。

商埠的建立，对济南百姓的日常生活也产生了深刻的影响。济南的商业中心也从城里的芙蓉街、院西大街和西关、普利门一带逐步西移到了商埠一带。在很长一段时间里，商埠引领济南时尚潮流。那时，城里人买东西要到商埠，因为这里商店多，商品种类齐全，质量也好。外地人来济南，商埠成为他们看街景、购商品的必到之地。

从占地面积、目标设计和财政支出等方面来看，济南商埠及其潍县、周村两附属地属于清王朝最后几年向世界开放的最大商业区。清廷显然想把这种“自开商埠”的中国模式与外国人控制的“约开口岸”分庭抗礼。因此，济南商埠也成为近代史上山东乃至黄河流域，最早按照精心规划建立发展起来的商业化区域，为其他内陆城市提供了范例。

商埠的设计者不再沉醉于老城内“荷香柳影”“山色湖光”的浪漫诗意中，也不再拘泥于拥挤的老城的圈子里，而是另起炉灶，打造一番新的天地，向城西大片的荒地、坟茔和少量的农田寻求发展空间，从而也减轻了老城因发展而带来的各种压力。商埠的建立，对于济南这座古城无疑具有划时代作用，可以说没有商埠的济南是难以想象的。由于商埠和老城分置，虽然济南近现代工商业不断繁荣，但老城却依然保留着完整的格局，直到改革开放初期。这种“双核”或者说是“二元合一”的城市格局，在我国近代城市中虽不能算是孤例，却也是今天很多城市旧城改造时应该学习借鉴的样板。

◆馆驿街 ◆丁家崖 ◆魏家庄 ◆新市场

# 驿站风雨

这一区域东临老城西关，划入商埠较晚，在较长时间内呈现着“亦城亦乡”的街区风貌。商业形态多是土产杂货、五金农具、黑白铁加工以及中低端的旅店和客栈。新市场曾是这一带最热闹的地方。

开商埠以前，西圩城墙没有普利门和麟祥门。从旧城西门走估衣市街，经花店街到此，出入西圩城都要走永镇门，过迎仙（后称英贤）桥，穿行馆驿街。人们西赴中原，北过黄河进京赶考，迎送高官，等等，都要途经此地，当地称之为“西门道”。明代王象春《咏西门道诗》描绘道：“古道朝京踏作河，寒泉无奈热肠何。东门一样垂宫柳，只是西门送客多。”

那时西关外是一片片荒地和坟茔，只有馆驿街及南临的丁家崖和魏家庄还有些人烟，有几条小路。此路因与丁家崖、魏家庄一样较晚划归商埠，故无多少洋行、洋楼，也没有大的店铺，可以说在很长一段时间里依然保持着“亦城亦乡”的景象。

馆驿街，原名官驿街，因明洪武九年（1376）此地设官驿总站而得名。驿，就是驿站的简称，是古代传递公文或接送往来官员小居、换马的地方，类似现在的邮局和接待站，也称接官亭。历朝历代官府对驿站极为重视，因为公文传递关乎国家的“神经”，而高官往来更不能小视。在明代，不仅将驿站大道进行修治，还将驿站按交通工具分为水驿（用船）、马驿和递运所（徒步传递）。据嘉靖年间《山东通志》载，当时济南府设马驿十二个，水驿三个，递运所两个。驿站既得养人，还得喂牲畜，开支自然不小。所以驿站马牛吃的草料有个专用词叫号草。在清康熙以前，号草都由本地百姓分摊，按期交纳。明末农民起义领袖李自成便是一名驿卒，因驿站减员，失了业，便造了反。后来康熙皇帝将夫役制度修改，将驿站费用改由官方出钱，驿站便由过去的民养官用，改为官养官用了。因此，驿站在有些地方就改称官驿了。而这条街正是最初济南较大的驿站所在地。有了驿站，便有了马车店，有了客栈和旅馆，这街名改称馆驿街，自然在情理之中。

后来，随着交通条件的改善和邮递方式的改变，此街的驿站功能逐渐消失，而商业作用却日益突显。尤其是商埠开埠后，这里南通经二路、新市场、魏家庄，西抵纬一路、经一路和火车站，车水马龙，市跟人走，店铺开始增多。有些店铺经营马车套具、油灯马灯、麻袋绳索等，还多少带有些驿道的影子。其他商品还有五金、农具、篓筐、苇席、黑白铁器、竹帘编织、玻璃琉璃，以及日用百货烟酒糖茶、绸布文具和饮食摊点等。

馆驿街上的老铁匠铺

当然特色最为鲜明的还是满街的黑白铁生意。这里虽没

1933 年馆驿街整修路面。（历史照片）

馆驿街上的老修车行。

有太知名的字号，铺子也比不上院西大街、剪子巷和普利门的铁庄那样招眼，但铺面相对集中，加工好的各色黑白铁家什，从屋内摆到路旁。解放初期，尚有传统的铁匠铺七八家，有名的有张善岭、刘建业等四家。20世纪60年代，他们还成立了集体合作社——济南市黑白铁加工组。后来一些外地的黑白铁加工散户也看准了这条街的商业特点，纷纷来此扎堆，铁铺多达五十余家。但大多数产品属机械制造，冲压而成，与传统的手工产品不能同日而语。街中段路北的尚庆立家一直坚守着手工制作黑白铁的传统。他是老铁匠张善岭的女婿，由于得到了老人的真传，他成为这条街上，这个行当里手艺最精的一位。家里到处摆满了铁器，货物甚至堆上了房顶。

馆驿街向南，经凤翔街、对关街等几条小巷便可至一条“斜”街丁家崖。这条街虽没有多少商店，但受馆驿街的影响有七八家客栈。早年这里还有李家人力车行和茶庄。日伪时期，这里还有大烟馆和当铺。一些进商埠较晚的买卖人，也在此建了独门独院的宅子。2001 年，丁家崖无声无息地被整体拆迁，连片开发。而南口紧靠经二路的基督教青年会那座红砖楼房则显得更加突出。

基督教青年会是英国人创立，在美国得到发展的面向青年人的宗教组织。20 世纪初，在我国上海、天津和北京等地均设有分支机构。济南的基督教青年会由万国青年会总干事穆德创办于 1913 年春，筹备处始设于东流水街，1925 年在这里建起了大楼。建筑外观虽朴实无华，毫不起眼，其内部设施则相当考究，有客房、西餐厅、浴室、台球厅、舞厅和室内灯光篮球场，系济南最早的室内灯光球场。凡普通会员每年缴纳会费四元者，入内洗浴免费。早先这里是有钱的青年人跳舞、交际的场所。每周六邀请名人到此开演讲会，或放电影“以资娱乐”。后来楼上成为大华电影院。这里还开办有英文学校和新学制小学。1926 年，青年会曾组织会员旅行日本，还曾在徐家花园设立女子青年会。

自青年会横穿经二路，便到了魏家庄。这个划入商埠最晚的城市里的村庄便沿着周边新开的经纬路扩展开来。主街两侧有美丰香料商行、丰永酱菜铺、半积堂中药店、鸿兴源杂货铺、张家鞋铺、赵家床蓖铺、杜家熏鱼铺、玉记扒鸡店、广茂祥点心铺、李家理发店、王家扎彩匠铺、徐家自行车行、宝光墨汁社、桃园土膏（大烟）馆等。周围街巷布局参照早期上海里弄，与北方传统四合院巧妙结合，街名中便有民康里、安康里、宝善里、德安里、同生里、普安里、树德里、长春里等里弄式的名称。建筑中有多处私宅、花园，像同生里原属张怀芝的松菊花园，树德里的山东督军张树元公馆，安康里的桃园，还有魏家庄街东头北首的张培荣公馆，后成为菩提寺，坊间俗称“姑子庵”。除了官员的府宅，也不乏铁厂、面粉厂和炭行老板住宅。民康里 4–6 号是世界红卍字会施诊所，是个三进两层的四合院楼，建筑精美。这个施诊所建于 1928 年，比上新街的卍字会济南道院历史还早。1942 年济南道院建成后，这里成为红卍字会附属医院，1953 年停办。

1905 年，时任北洋政府陆军第五镇统制，后任山东督军兼省长的张怀芝，看准了旧城与商埠接合部的魏家庄北侧一带的有利地理位置，以开辟义地为由将此地据为已有。他还强拉民工来此填平沟壑，将穆家林子（青年会旧址）和北岗子（小纬北路附近）两处摊贩迁到这里，搭棚营业，取名“新市场”。

随着商埠的发展，周围居民增多，新市场便修建成砖瓦房。后来韩复榘将趵突泉南侧的市场、商店、娱乐场都迁到此地。至 20 世纪 30 年代初，统共二十五亩地、两条半胡同的新市场，已拥有百货文具、服装鞋帽、绸缎估衣、旧货委托和餐馆、酒店等各类商号两百余家。

魏家庄是划入商埠较晚的“都市村庄”，2008 年被拆除。

说句实话，新市场的商业远不及娱乐行业名声大。这巴掌大的地方竟有二十多个说书场和剧院。最早建于 1918 年的民乐戏园和风裕茶园，晚一年建起的风顺茶园虽都是平房，但每处都能容纳三百余人。分别建于 1920 年和 1930 年的商乐舞台和天庆大戏园（后来称天庆剧场）则都是楼房，可分别容纳八百人。市场西街还有一溜十几个开间不大的书棚。除了受剧场设施限制上演不了大戏外，几乎所有北方的曲艺形式和山东民间小戏都可以在这里找到场子，如山东琴书、西河大鼓、梨花大鼓、河南坠子、评书、山东快书、相声等。像说梨花大鼓书的谢大玉，唱五音戏的邓洪山（“鲜樱桃”），说相声的黄景利、马金良、吴苹（“小苹果”）和秦宝琦父女，变戏法的李福祥，说评书的傅泰臣，北路琴书创始人邓九如和说“武老二”（当时没有山东快书之名）的杨凤山、高元钧等都曾在此撂地多年，后来也都成了名家。

杨凤山是杨派山东快书创始人，山东快书表演艺术家杨立德之父。他说“武老二”时，斜披大皮袄，大辫子往脖子上一盘，人送外号“杨大辫子”。说起书来，口齿纯正，动作洒利，一个飞脚能踢到鼻子尖。杨立德回忆起父亲时曾说，新市场刚建成时，南门外还有处刑场，而押解犯人都要从市场穿过。一天，杨凤山正在说书，法警押解着犯人路过，听众随即转身去看热闹，书场自然被搅了。无奈杨凤山也挤到路边想看个究竟，没承想，这个将要被斩的犯人看过杨凤山说书，自然一眼认出了他，随即大声喊道：“杨大辫子，下辈子再听你的‘武老二’！”这一句喊声却使杨凤山大祸临头，法警误以为杨凤山是死囚的同伙，便立即将其绑了带走。当时说书界的民间组织书词公会赶紧出面去保，但杨凤山还是被押解陪决后才释放。杨凤山回到家里大病一场，半个月后不幸去世。

听老人们说，高元钧当时说的《武松打虎》《鲁达除霸》《拳打镇关西》《孙二娘卖包子》等水浒故事，语速很快，很生动，也很幽默。

傅泰臣在新市场有三间屋的书场，以说评书《七侠五义》《隋唐演义》《响马传》远近闻名。他说书时特别注重细节的表现，刀光剑影、一招一式都刻画得细致入微。在市场南段，当时还有个专门表演滦州（今属河北唐山）布影（皮影）的小棚子，上演唐僧师徒四人西天取经的故事。这些各种各样的场子天天爆满，每天接待两千多人。有些人听得上了瘾，还要带着干粮，一听就是大半天。有的孩子放了学，不回家，直接钻进书棚里。新市场北门西侧原来有家老电影院，其前身是民乐剧院，后改成的影院很小，也很简陋，但影院名字却频繁更换。济南沦陷时叫“明星”，抗战胜利后改为“明光”，解放初期叫“青年”，20世纪50年代后期改为“中苏友好”，后来中苏关系恶化后改叫“反修”，再后来又称“胜利”了。

新市场有些名吃，像赵家干饭铺老号的大米干饭把子肉、长清大素包、赵家楼的扁食、祥眼居的焖饼、天津的熬鱼和烧卖、刘家的炸糕等。济南人爱吃大米干饭把子肉，是有些传统的。清朝光绪末年，有位叫赵殿龙的年轻人在济南北岗子、万字巷一带挑担子摆摊儿，专卖大米干饭、把子肉和大丸子。新市场建成后，赵殿龙便在市场里搭建两间板房，正式取名赵家干饭铺。设施虽然简陋，但其以“三大”出名，即干饭碗大、把子肉块大、丸子个儿大，食客很多。有舞文弄墨者还送来一块牌匾，上书“名驰历下”四个大字，算是对这家小店的最高褒奖。当时在济南销量很大的报纸《华北新闻》也报道过这家小店。1932年赵殿龙病故，其子赵忠祥继承父业，于1934年在大观园又开设了一家赵家干饭铺。正因新市场的餐馆多，价格低廉，当时有“南岗子吃饭，北岗子下店”的口头禅。

1956年，济南的工商业开始“公私合营”，长清大素包子铺等几家小馆合并成立了新梅村饭店，但其影响比起大观园的小吃来，稍逊一筹。可近在咫尺的魏家庄西口路南的老玉记扒鸡，在济南却是无人不知无人不晓。

“老玉记”是张家三代人共同打造的品牌。清同治初年，山东巡抚丁宝桢手下有个贴身随从叫张诚，经常随丁大人晋京办事，于是有机会结识了宫廷御膳房的一位同是泰安三十六郎庄的厨子，便乘机向他讨教烹饪技术，以为将来改行后的生计打算。

20世纪初，弃衙门而出的张诚便在县东巷开了家餐馆，专做口蘑脱骨扒鸡。不想，没过多久就因其香酥软、熟烂脱骨而声名远扬。20年代，张

“老玉记”扒鸡是济南名吃，曾倍受市民欢迎。2008年，这家老店与魏家庄一同被拆除。

诚去世后，张玉孝子承父业，将店迁到魏家庄与纬一路交界口，取自己名字中的“玉”字，创“玉记”扒鸡店字号，并不断将扒鸡制作方法加以改进。那时因受生产规模限制，每天仅售八九十只。张玉孝的儿子张润生自幼跟父亲学习厨艺，也勤于经营。50年代，他进京参加了全国食品展览会，他制作的扒鸡被评为山东风味名吃，并与北京烤鸭、南京板鸭、道口烧鸡、金华火腿等同时获奖。当地人传说，老玉记的扒鸡之所以好吃，除了有二十多味中药做作料外，还有一个秘方，就是那锅炖鸡用的老汤。据说张家的老汤天天小火慢炖着，就连济南战役时，那锅老汤还仍然在那里炖着。“文革”前夕，“玉记”停了业，直到1980年才重打锣鼓另开张。这一下可使沉寂多年的魏家庄又重新热闹起来，天天有买鸡的在那里排长队。魏家庄出现了好几家都称之为“老玉记”的扒鸡店，据说都是张家后人所开。一般的顾客也不太计较谁家正宗，也不管“老玉记”停业近二十年中那锅老汤还在不在，只要是魏家庄的“玉记”扒鸡，不管自己吃，还是请客送礼，都不掉价。

新市场西北角原有栋两层的红瓦大坡顶的德式建筑，这便是德国著名商号义利洋行旧址，系1911年德国人德伯雅所创建，主营德国制造的日用杂货和五金工具。德国商号进济南较早，据不完全统计，自1904至1945年，德国人在济南的洋行近三十家，大多在商埠。由于义利洋行紧靠新市场，北面不远就是火车站，生意红火。据家住北邻馆驿街的潘老汉说，他清楚地记得小时候这家洋行当年从二楼的窗户里向楼下扔“飞鹰”牌自行车，下面有人扶起来照样骑着走，以此炫耀其产品的坚固耐用。中华人民共和国成立后，这里先后是邮局的杂志经营门市部和集邮公司门市部，全市的杂志数这里最全，并长期保留着原先的木地板及内部陈设。20 世纪 90 年代，这里曾发生过一次火灾，将漂亮的大红屋顶给烧塌了，取而代之的是矮了许多的铁皮屋顶。

2008 年，为建设万达广场，林祥街、魏家庄及新市场连片拆迁，在有关部门的呼吁下，义利洋行旧址及其东邻不远处的宏济堂中号旧址两座建筑保留了一段时间，但最终还是被拆除了。

◆经一路
◆胶济铁路商埠站

# 车水马龙

经一路是商埠修建的第一条大马路，因紧靠火车站，道路两旁布满了货栈、粮栈、炭行、客栈和宾馆，人流密集，车水马龙。

济南商埠是颇有些个性的，既然不归外国人管，街道布局也不像沿海城市那样欧化。商埠地势平坦，街道纵横交织，排列有序，依然保持着府城特有的风范。比起老城来，街道更加笔直而宽阔。

主要干道的名字也有意思，都是数字前加经、纬打头。东西走向的路长且宽，称为经路，南北向的相对窄短，称为纬路，方向与地球的经纬线相左。据说名字来源于织布，长的线叫经，而短的横线叫纬。人们描述或打听某个地方时，常说“经几纬几路”，坐标一样的准确。因经路较纬路长且宽，所以市民们叫起“经”路来，常常直呼为某大马路。而经一路是商埠修建的第一条马路，开始时人们就叫它大马路。大马路最早尚不是柏油路，而是碎石路面，但路两侧则设有近似于柏林标准的雨水排泄装置，路中有砖砌拱形暗排水沟，排水口设备齐全。

民国初年的一大马路，热闹非凡。（历史照片）

位于经一纬一路的原津浦铁路宾馆旧址，是当年商埠东首起点。孙中山、胡适等都曾在此下榻。

大马路东段的起点纬一路也是商埠早期的东首界址。馆驿街的西口正冲的是津浦铁路管理局旧址，原来是座十王殿。早在唐朝，中国佛教就有“十王”的说法，即包括阎罗王在内的十位“地狱之王”。今天当地的百姓没多少人能说得清当年十王殿是个啥样子，殿里到底塑了哪些“王”，但“十王殿”的名字在这一带的老人中叫得非常响亮，以致这座洋楼盖起来很长时间，人们仍称呼其为“十王殿”大厦。

这座由德国人设计的西洋建筑，建于1908至1912年。坐西朝东，像一只怪兽虎视眈眈，面对着狭长的馆驿街。中间高三层，两侧二层，均带阁楼。阁楼下的顶层窗楣上饰有被德国人称之为“圣树之叶”的橡树叶图案。

1912年9月，辞掉中华民国临时大总统的孙中山，以全国铁路督办的身份来济南视察，这座刚刚建成的津浦铁路管理局办公楼便成为他的行辕。1922年，津浦铁路局驻济南机构撤销，这座办公楼改为宾馆。当年10月，来济南参加第八届全国教育联合会的胡适和黄炎培便在此居住。胡适在日记中写道：“这家宾馆，是津浦铁路局设的，开张不久，建筑还好，陈设设备很好；在北京只有少数可比得上他。上海的大东、东亚太闹，不如此地静而宽广。”当时，北洋政府教育部特派员陈容、胡家凤、徐皋浦、李立民、经子渊、许德一，以及济南当地的教育家王祝晨、鞠思敏和省立一中校长完颜祥卿等人都曾到这里拜访胡适。胡适在客房内起草了本次会议上提报的《学制修正案》以及《除非》一文。1924年4月，印度著名诗人、刚刚获得诺贝尔文学奖的泰戈尔在去往北平途中顺访济南，也住到这家宾馆，徐志摩担任随行翻译和接待，林徽因也一同前来。4月22日下午，泰戈尔一行到城内山东省议会举行完演讲，又回到宾馆出席济南各校校长的宴请。抗战时期，这里一度成为日军驻济南司令部参谋部特务机关铃木工作班驻地，日本人称之为“樱花公馆”，也称“铃木公馆”。抗战胜利后，这里成为国民党警备司令部所在地。中华人民共和国成立后曾作为山东宾馆，原济南军区第五、第四招待所，是济南现存为数不多的德式建筑之一。

1904年胶济铁路全线通车后，位于经一路的终点站史称济南西站，也叫商埠站。该站建设初期，德国人尚无法预料商埠的迅速发展，尤其是晚于胶济铁路八年后由德英合作建造，由中国人经营的津浦铁路纵穿济南，其高耸壮观的津浦铁路济南站，使原先那座小而简陋的胶济铁路商埠站相形见绌。所以德国人从1914年开始，利用一年的时间，建起这座虽不高耸，却也雄伟的新站房。

胶济站坐北朝南，南广场紧靠经一路，正对纬三路，北面与津浦站垂直，地理位置似乎比津浦站更加优越。建筑体现了德国古典复兴晚期建筑艺术和结构形式相结合的风格。比例欠佳的大门彰显出这座建筑的霸气。大门二层为高大的柱廊，八根粗壮的爱奥尼亚石柱顶天立地，很是壮观。东西两翼硕大的坡屋顶上的老虎窗，为这座看上去有些威严的建筑平添了些许活泼之气。

这座新站建起来之后，使济南有了两座相距仅数百米，均为德式建筑的车站，在我国其他城市中实属罕见。1938年占领济南的日本人将胶济站并入津浦站，成为两大铁路干线统一使用的大型车站。而胶济站老站房后来成为济南铁路局机关，现在为胶济铁路博物馆。

位于原胶济车站东南隅的胶济饭店东号曾隶属于胶济铁路公司，由东西并列的两栋带有红瓦大屋顶的德式建筑构成。1931年1月28日，胡适从青岛回北平，曾又一次顺访济南。他在胶济铁路宾馆小憩几个小时，并在此会见了常驻济南的蒋介石的代表、军事联络员蒋伯诚。倪锡英撰写的《济南》对济南旅馆业评价较高："当一个外乡的旅客，到济南去住几天，在生活上一定也是很舒服的，济南的旅馆也很发达，全城的旅馆不下一百多家，其中以胶济饭店的设备最精美，可与上海的高等旅馆相比。"而且，房价"和上海、南京比起来，的确是价廉物美"。他对这家饭店附设的西餐部也赞美有加。1934年8月12日，作家郁达夫携妻子王映霞及儿子郁飞，从青岛坐火车到北平时路过济南在此小住。可能是大雨过后的缘故，他说这里的"臭虫蚊子极多"。从1940年6月开始，胶济饭店东号一度成为日本济南宪兵分队（也称车站宪兵队）驻地，今属山东中铁文化传媒公司办

从这张日本人 1928 年航拍的照片可清楚地看到，位于经一路的胶济铁路商埠站拥有宽阔的站前广场，与津浦铁路济南府站南北分列，蔚为壮观。（历史照片，出自《老照片》第七十五辑）

公地。

当时济南旅馆业档次最高的外资业户应属德国人和日本人直营的饭店。经一纬二路路口的石泰岩饭店，老板为德国人 Schidain，店号便以其音译命名，在胶济铁路修建过程中即已开业。经营方式为满足德国等欧美侨民的需求，完全西洋化，提供煎牛排、咖喱牛肉、生牛肉末、牛尾汤、铁扒鸡、鸡蓉鲍鱼汤，以及色拉和冰激凌等。还拥有四五十个干净整洁的床位，另外设有洗澡间。当时一般旅馆每天每间租价为 8 角到 1 元，而这里单人房每天 2.5 元，双人房每天高达 4 元。店内规定，这里不准叫妓女陪酒、弹唱，不准猜拳行令，也不许当地军警查夜，因此不仅是外国人的聚会场所和社交中心，也是官府高规格接待的首选，更是有钱人的消费场所。有些贩卖烟土的不法商人也因这里安全而在此居住，丝毫不嫌房价昂贵。1922 年 7 月 3 日至 9 日，北京大学校长蔡元培及教授胡适等人来济南参加中华教育改进社第一次会议时便住在这里。胡适在此撰写了《再论中国国文的教授》的演讲稿和两篇时评。1934 年春，柳亚子夫妇陪老母亲来到济南，游览了趵突泉、大明湖和龙洞等名胜，住在石泰岩，对这里的服务很是满意，还赋诗一首：“一树棠梨红正酣，紫丁香发趁春暄。明窗几净堪容我，暂解行縢石泰岩。”1949 年初春，柳亚子应毛泽东之邀，从香港启程进入解放区，共商建国大业。3 月 14 日，他们一行抵达济南参观，受到济南党政军各界的隆重欢迎。说来也巧，他这次还是住在已改为市委招待所的石泰岩，柳亚子对十五年后旧地重游颇为感慨。

经一路有多家日本人开的洋行、客栈及旅馆，多为两层的临街楼房，外置楼梯和室外连廊，风格简约。经一纬二路路口的金水旅馆和经三纬八路的鹤家，以及经二纬三路的常盘旅馆则是高级的日资旅馆。内设汽（马）车部，备有汽车，提供日本料理和西餐，只是房间相对狭小，房价也较为昂贵，中国人很少入住，却是来济南的日本人的必选之地。

那时商埠内其余称之为旅馆的，也都有了较为现代的经营意识，如每天派人到火车站接送，房价稍高者饭食在内，一日两餐，面食与米饭任选，

位于经一纬三路的济南府电报收发局，始建于1904年。2004年经一路拓宽时，此建筑“瘦身”后得以保留。

合座则两荤四蔬一汤，单开则一荤一素一汤。若顾客不需餐饮，价格可以优惠，甚至减半。至于名叫客栈的，都是满足木材、煤炭、粮棉油和牛马羊的采购商，多有房无餐，大车栈则只能自带铺盖。

与经一路原胶济火车站一路之隔的原济南府电报收发局，是济南电信业“老资格”，建于1904年，与商埠同龄，系济南现存最早的电信机构旧址。这座呈“L”形布局的建筑，临十字路口的东南转角处为圆形角楼，主入口在角楼中央，最上方原有半球式圆顶，后或因火灾，圆顶及两侧的坡顶不存。2004年5月，经一路拓宽改造，对此建筑采用“瘦身”、平移法加以保留，南北跨度缩短十三米，成为济南百年电信业的历史见证。

经一纬七路西南角，有座英式的两层楼房，后面是连跨仓库，院子里一律青石板铺地，这便是英美烟草公司济南段分公司旧址。1913年，英美烟草公司在济南先是落户旧军门巷，其后迁至商埠区，在这里设办公楼和库房，在经四路大观园对面设经营部。该公司在山东首先拓展烟草种植业，

2004 年春，经一路拓宽拆迁时的“守望者”。

并建立了中国最早的烤烟厂潍县二十里堡烟厂。为与南洋兄弟烟草公司等对手竞争，该公司曾采取“价格战”策略，旗下的“派力”“三炮台”“活边”“双英”“前门”“哈德门”等名牌香烟均采取降价销售。还不断推出回收空烟盒、烟盒中附送手绢、彩票等促销措施。中华人民共和国成立后，这里成为济南糖酒供应站。2012 年，这座洋楼和附属仓库被整修一新，成为“老商埠 9 号创意园”。

在经一路西首路北，原有家济南面粉厂，前身是日本人 1919 年开办的满洲磨坊，也曾是最大的日商企业。这家还曾叫过三吉面粉厂的日商企业，年产面粉 4400 吨，在当时属产量较高的面粉生产厂家。抗战爆发后，这家厂子由日商私营改为日本军队经营，成为日本侵略军的军需供应商。中华人民共和国成立后改成国营面粉企业。1998 年，除保留厂部及部分仓库外，制粉楼等建筑拆除，改建成干货批发市场。2004 年扩建经一路时此建筑全部被拆除。

经二路 万字巷

# 法桐树下

这条路是贯穿商埠东西最长的马路，也是金融、商业字号最为集中，建筑形式最为丰富，人气也最旺、最繁华的“金银之地”，是商埠内的典范街区。

二大马路是贯穿商埠东西的主要干道，为与西关相连，它东起普利门，西至纬十二路，长达三公里，比老商埠的长度还长。道路两侧遍植法桐，林荫夹道，树影婆娑，遮天蔽日。沿街商号洋行林立，多达两百余家。建筑风格各异，多为西式模样，颇具异国情调。

二大马路与纬二路和纬四路这两个交叉点上，还形成两个“十”字形商业组群，一是工商界人士十分熟悉的经二纬二路“金融角”，另一个是曾被市民们很看重的经二纬四路购物区。这条长街还像一根长长的扁担，东头挑着新市场，中间背着万紫巷，西头担着西市场，使整条街道像一条风景走廊。虽然没有上海滩上的百乐门舞厅和有轨电车，也没有北京前门大栅栏那样的喧哗，但看惯了小瓦粉墙青砖的老济南们到这里已是大开眼

20 世纪二三十年代繁华的二大马路（历史照片）

界了。可以说，在20世纪70年代末以前，二大马路曾是济南最为繁华的地段，用当地百姓的话说叫“金银之地”。

当年，因德国人涉足商埠较早，资本投入大，一些体量高大的建筑多为德国人所建。纬一路到纬三路之间是德国建筑的聚集地。最早将山东划作势力范围的德国在济南搞了好几项“第一”，其中位于二大马路北面，纬二路东西两侧的原德华银行是第一个驻济南的外国银行；原德国领事馆是第一个外国驻济南领事馆。这两处房舍的历史都早于济南开埠。德国占领胶州湾后，急于加强与省城的联系，遂于 1902 年在济南设立了德国驻济南商办处，起着部分领事代办处的作用，这也是济南最早的外国常驻机构。开始没有专用的馆舍，而是租用美国教会的一套洋房，后来还租过一个四合院。1903 年 6 月，德国商人贝斯在德国政府的暗中授意下在自家别墅的院子中升起了德国国旗，声称德国在济南建立了领事馆，并悬挂起匾额。面对德国人的紧逼和既成的事实，清廷终于承认了德国领事馆的存在。1903 年 8 月 12 日，德国领事馆正式挂牌，原德国驻济南商办委员朗格（中文名字梁凯）为首任领事，另有副领事、总务长、秘书、译员等五十余人。

初设时的德国领事馆，被授予很大权力。1903 年 11 月 25 日，德国驻华大使穆默曾照会外务部，称奉本国外交部令："山东有关事宜除胶州和烟台领事馆管辖的登州、莱州两府外，其余全省德中交涉事宜，均归驻济南领事办理。"当时日本的《中外时报》称，德国"欲以山东全省为己之殖民地、附庸地，特设官于济南"。那个升国旗的德商贝斯还曾为第三任德国领事。

朗格在给德国外交部的信中，请求建一座的"设施体面"的馆舍，供接待中国的显贵使用，他还详尽描述了中国的礼仪。他强调设有大花园的必要性："在这里，尤其是盛夏，宅邸几乎是唯一可供德国官员休息的地方。"德国外交部批准了他的请求，拨款二十万金马克，于 1906 年 7 月至 1908 年，建造了这座占地二十余亩，带有大型花园的馆舍。这座位于经二路北的德国领事馆由常住青岛的德国建筑师保尔·弗里德里希·里希特设计。建有东西两个独立的楼房，东楼为领事馆办公楼兼宿舍，西楼为领事官邸，均为两层加屋顶阁楼的德式传统建筑，墙体厚度达六十厘米，冬暖夏凉，以躲避济南难耐的酷暑和严寒。两楼之间为大花园，树木茂盛，环境清幽。1917 年 3 月，中德因第一次世界大战断交，3 月 25 日领事馆撤销。1922 年 5 月，中德复交后，领事馆亦随后恢复。1945 年 5 月，德国政府撤销济南领事馆，11 月，中国国民政府接收馆舍，并将其第六任也是末任领事韩宝满及其随从遣送回国。中华人民共和国成立前夕，这里曾为王耀武领衔的国民党第二绥靖区司令部驻地。中华人民共和国成立后成为中国人民解放军济南市卫戍区所在地，后成为济南市人民政府驻地。

原德国驻济南领事馆领事官邸旧址

德华银行总部设在柏林，在我国上海、青岛、

德华银行始建于 20 世纪初，是济南最早的外国银行之一，也是济南现存最为完整的德国建筑之一。

济南等地设有分支机构。1906 年，德华银行济南分行设立，发行银两票及银圆票。同时设内外两个账房，内账房由德国人管理，负责管理外商业务，外账房由中国买办管理，负责中国商业汇款、贷款等业务。德华银行办公楼原系建于 1901 年前后的胶济铁路德国总工程师办公处，从 1907 年 5 月开始，用了一年半的时间改建成了这座高三层的办公楼。最上端为八角形望楼，楼后有花园、假山、水池、喷泉、藤萝架和网球场，与西邻德国领事馆建筑风格和谐统一。1922 年德国人撤资，中国银行山东分行便从院西大街齐鲁金店迁至此楼。现在是济南工商银行的办公场所。

20 世纪 80 年代初，大纬二路拓宽改建时，有人提出拓宽后的经七纬二路路口直冲天桥南首，走直线。如果那样，就意味着德华银行与南临的铭新池都要拆除，经考虑再三，德华银行和铭新池保住了，宽阔的大纬二路从其身旁拐了个弯奔向天桥。这成为济南近代建筑遗产保护的佳话。

二大马路南侧，今济南邮政局营业大厅系原山东省邮务管理局大厦，比马路对面的德国领事馆建筑晚了十几年。这座建筑于1918年3月由天津外国建筑事务所建筑师查理和康文赛设计，由天津洋商承包施工，1919年建成。二层外加顶层阁楼，属前厅后宅式建筑群。南部为豪宅，供时任总邮务长的英国人海兰及副邮务长和佣人食宿，此外还辟有花园和网球场。北部则是邮政办公大楼，在入口顶部的望楼四坡盝顶，上置旗杆，饰有绿色带形琉璃花饰的红瓦盝顶，通高三十米，是当时商埠地区的最高建筑。

这座建筑高阔雄伟，又是商埠的制高点，具有某种象征意义，因此成为各种势力争夺的焦点。日军侵占济南时，这里曾作为日军的指挥机关。抗战胜利后，国民党第二绥靖公署又设在这里，与对面原德国领事馆里的第二绥靖区司令部遥相呼应。1948年9月19日，守西郊机场的吴化文起义，解放军进商埠，王耀武连夜将司令部和公署转移到城里省政府内，并命令空运到济南的74师172团团长刘炳昆部的七个连在邮政大楼和原德国总领

原山东邮务总局，始建于1919年，高三十米，曾是商埠内的最高建筑。

事馆楼内死守。院内外工事密布，有一百多个机枪火力点和千余个步枪射击孔。国民党守军死守，拒不投降，使解放军攻城部队造成很大伤亡。战斗中，这座大楼的西端屋顶及西山墙被炮弹炸毁。

在日耳曼风尽吹的“金融角”，有两家西式建筑，却是中国自办的银行。一是位于经一纬一路的原济南交通银行，二是位于纬三路东侧的山东民生银行。交行大厦始建于1920年，由我国著名建筑师庄俊设计，正面石阶之上是高大的外柱廊，六根巨大的希腊爱奥尼亚石柱直抵三层，华丽气派。

1932年，入主山东的韩复榘实施“新政”，山东民生银行便是由他筹设的官商合办的地方性银行。除一般银行业务外，还发行经办山东省库券等。济南沦陷的1938年，因位于经三纬六路的济南日本总领事馆遭火焚毁，这里被日军侵占为临时领事馆驻地。1939年9月，又成为日商横滨正金银行济南出张所。抗战胜利后被中国银行接管。

如果说二大马路的“金融角”、洋行和外国领事馆是洋人和工商界人士出没的地方，显得较为宁静，那么以二大马路纬四路为坐标点的商业集群则是老百姓们任意游逛的地方。20世纪80年代初，济南商业中心尚未东移前，这里的店面个个都是旺铺，街上熙熙攘攘。

一些外商和城里的老字号看到商埠的发展前景，纷纷到此开办分号或新商号，一时间店铺云集，令人目不暇接。六七十岁以上的“老济南”人还清楚地记得祥云寿百货店、同达鑫鞋帽店（后来的“永盛东”）、瑞蚨祥（鸿记）绸布店，隆祥（西记）绸布店、泰康食物公司、上海食物公司、泉祥（西记）茶庄、居仁堂中药店、亨得利大西洋钟表店、三联书店、兴顺福酱园、洪顺服装店、神仙理发店、开明电料行（后来的红波无线电商店）以及万紫巷商场等。

旧时的糕点是奢侈品，而泰康食物公司又是济南糕点业的龙头老大。青岛开埠早济南几年，而且是德国人重点经营和把持的地方，因而在食品加工，特别是西点制作上得洋人“真传”，包括蛋糕、面包、饼干、冰淇淋等制作水平一直在济南之上。1914年，青岛华德泰日用百货商店的徐咏春和万康南北杂货商店庄宝康来济南游玩，看到了济南商埠区的兴旺景象和糕点业不发达，于是二人决定各出资 2500 银圆，在济南商埠合资办店。两家各从自己的店名中抽出最后一个字合成“泰康号”，并由“万康”店委派浙江宁波人乐汝成任经理，“华德泰”派一名会计。商号以经营南北杂货和自产糕点为主，1914 年 6 月在二大马路纬三路开张。乐汝成开业之初就发现商埠仅有一家点心店，规模很小。他便派人调查本市的主要殷实富户，挨门挨户造访，不仅宣传泰康产品，还奉送“赊账折子”赊销，过后算账。同时，改进产品包装，新增加礼品糕点盒。这些招数都很灵，“泰康号”很快便打开了销路。

1918 年，“泰康号”支持并参与了抵制日货的爱国运动，商埠内的亲日派和汉奸将店铺砸毁。消息传开后，“泰康号”名声大振，得到了全国各地工商界同仁和民众的声援。1919 年，“泰康号”在院西大街设立了支店，扩建了工厂，增添了机器，开发出了鸡、鸭、鱼、肉四大类罐头。产品沿津浦铁路和胶济铁路向外铺开，后又在普利门内开设了第三门市部。1920 年，泰康号改组为无限公司。四年后又改为泰康罐头食物股份有限总公司，并在青岛、上海、武汉等地开设分公司，以利拓展业务。1929 年，越干越大的泰康总公司迁往上海，济南则改为分公司。1930 年后，泰康各地的分公司达十家，产品多达一千七百多种，因此时有这样的说法：“只要是吃吃喝喝的，泰康都有。”中华人民共和国成立后公私合营，泰康的产品仍保持较高的信誉。在全国叫响的四鲜烤麸罐头和凤尾鱼罐头，是当时馈赠亲友和家宴的上品。泰康的节日喜庆奶油大蛋糕，由著名技师孟尊一亲自指导，代代相传。不但保持了俄式蛋糕风味，还在裱花上突出了松鹤、双喜、寿字等中国百姓喜闻乐见的花式。

在我的记忆中，二十多年前的经二纬四路还是相当的繁华和热闹，当时商品短缺，好像就这里东西最全，全济南的人好像都到这里逛街。那时人们钱少，商店少，货源也少，买什么都得事先合计好了，不像现在这样见了商店抬腿就进，掏钱就买。我记得父亲到纬四路东侧的洪顺服装店做身中山套装，从量尺寸到试样再到取货要一个多月的时间。

要说印象最深的还是那幢早已逝去的第一百货商店的北楼了。该店前身是旧时“宏大”“天罗新”两家私营百货店。楼高四层，外观具有上海滩常见的某些摩登情调。临街橱窗设计考究，楼上有突出的挑台，铁艺护栏、霓虹灯也很洋气。进得门来，是座四层的四合楼，像个方筒子，中间是天井，上面是个大罩棚。每层都是一圈柱廊，凭栏观望，上上下下看得清楚。楼的四个角上都有一跨楼梯，窄窄的，也略显陡峭，台阶上的水磨石被千万双脚打磨得光亮照人，商品自然也很齐全。红火的生意与后来老城内的百货大楼并驾齐驱。后来“一百”重新装修，富丽堂皇，规模大了不少，还安装了自动扶梯。但支撑到1998年只能改弦更张了。

与新市场的前世一样，开埠之初，万字巷所在的五里沟原先也是一片义地。晚清时，郊区的农民和城镇的小贩便开始在此摆摊交易，形成集市。每天凌晨两三点钟，人们就提着灯，挑着各种蔬菜等农副产品来赶早市，天亮时就收市，人称“夜猫子市”。1905年，济南商埠总局在此辟外国人专用商场，并建起了一座德式四面亭及长廊，商场便以此为中心逐渐铺陈开来，主要还是经营果蔬、肉蛋、鱼虾等农副产品的门市、长摊及流动摊贩。1912年，一个名叫张金邦的人还在此开设了美其名曰书寓的妓院。因商场四周东南角和西南角、东北角和西北角各有一个拐尺型出口，街巷鸟瞰形似“卍”字，所以人们形象地称之为卍字巷。

20世纪20年代开始，日本商行进入济南，仅万字巷就设有笠野、刘德、森本、河原、西木、金昌、有名堂、大宾当等日资洋行，主营牛肉、鸡蛋、食盐、烟土和典当等生意。“七七事变”后，日本人又将张宗昌统治时期在商场东南部建的一个军械仓库拆除，同时将四面亭改造成四排平房，建起了“心平菜市”，以此纪念日本所谓宣抚班班长阿部心平。抗战胜利后，这里又恢复称万字巷。1921年，万字巷内还建起涌泉池浴室。1949年1月12日，刚刚恢复营业不久的涌泉池，遭到向共产党新政权“反攻倒算”的国民党空军轰炸，炸死、炸伤顾客数十人，该浴池被迫停业。1975年，取

如今的万紫巷已风光不再。

万紫千红之意，该巷改名“万紫巷”。

万字巷商场地处商埠核心区域、纬四路商圈，商品囊括了山珍海味、鸡鸭鱼肉、瓜果蔬菜、调料作料、粮油副食、干果炒货、烟酒糖茶等各大类食品，尤其海参、贝类、鱼肚、皮肚、蹄筋等水发货，以及豆制品、面筋制品，在那物质贫乏的年代里，这里无疑是济南人最喜欢的“菜篮子”和“米袋子”。逢年过节来到这里，买鱼、买肉，就连买松花蛋都得排队，有时“长蛇阵”都排到巷子口上，人们依然耐心地站在那里，要是有人可以托关系，你就节省许多力气，还会买到好的商品。因此那时的售货员很神气，脾气自然也挺大，当时有这样一句顺口溜来概括人们所向往的职业：“听诊器、方向盘、白大褂子、售货员。”

随着1919年后日本取代德国侵占山东权益，日商也在济南设立了中和公司、协泰公司、中日盐业株式会社、喜多洋行、伏见洋行、金标洋行、日华公司、东南公司、华和公司、三井公司、三好堂、高岛屋济南出张所等多家公司和商号。尤其是1928年“五三惨案”后，日商大量进入，而欧美洋行受到排挤，除少数坚持外，其余大部分逐步撤离。

位于经二纬五路的高岛屋济南出张所，建于1941年。高岛屋株式会社，是一间大型日本百货公司连锁店。最初是由饭田新七1829年创立于京都的一家二手服饰及棉料织品零售商，至今在日本保持着良好的经营状况。济南的这家门店由日本丰田纺织事务所设计承建，设计手法简洁明快，建筑三个立面临街。建筑主体三层，中间高两侧低，形似中国的牌坊，在当时属于大型商业建筑。抗战结束后，这里曾作为日本居留民团用房。

伴随济南纺织业的兴起，做棉花收购的栈行也多了起来。经二纬六路到纬八路一带则集中了阜成信、崇实、瀛华、兴华泰、恒升、源泰和信义成等棉花行，经三纬七路还有日本人的棉花会社行业组织。其中位于经二纬六路东至纬七路的阜成信，无疑是影响较大的棉花行。阜成信创建于1909年，属济南开办最早的棉花行之一。创办人王协三祖籍东昌府（今聊城）堂邑县，当年靠叔伯兄弟三人推着独轮车，到济南来卖棉花起家。在经二纬七路和纬六路之间置办房产，分大院和东院、西院，后来东院和西院又成为东柜和西柜，即阜成信东记和西记，还有了贩运棉花的马车和汽车。后来还建了两个棉花打包厂。20世纪20年代末王协三过世后，棉花行事务交由两个儿子王玉岩和王玉珊分别掌管，字号还改了一个字叫复成信。日本人占领济南时期，强占复成信部分房屋开了家洋行，以控制济南的棉花生意，王玉岩还被日本人以“囤积和通敌”的罪名逮捕，关押了近两年，复成信最终关门歇业。

原日本高岛屋济南出张所是一家专卖日货的百货公司连锁店。

隆祥 瑞蚨祥

# 两个“祥”字一台戏

发迹于济南的章丘旧军孟家，靠“祥”字号打遍大半个中国，创造出近代中国商业史上的奇迹。而“八大祥”之间的争斗与联合，则诠释着商业生存法则。

中华人民共和国成立前，有两家济南人开的老字号在洋房林立、洋行云集的经二纬四路上分外耀眼。一个是“瑞蚨祥”，一个是“隆祥”，都是绸布店，也都是章丘人开的。

孟氏家族分东、西、南、北四支。当地人俗称的“旧军孟家”指的是南支大户，位于济南城东几十公里的章丘旧军村（今属刁镇）。明洪武初年，孟子第五十五代孙孟子位、孟子伦兄弟由直隶（今河北）枣强迁来旧军繁衍生息。清康熙年间，孟家以经营铁锅、绸缎、布匹、茶叶、金银首饰等发迹，后来又涉及钱庄和典当行。

孟家的商号均以“祥”字号为标志，但隶属不同的脉系，不同的资东。像“瑞蚨祥”“泉祥”属矜恕堂，“隆祥”“谦祥益”“鸿祥”属进修堂，

“庆祥”“瑞生祥”“瑞增祥”则分属三恕堂、其恕堂和容恕堂。至 20 世纪二三十年代，享誉中华的“八大祥”在华东和华北地区的二十多个城市设有一百多家店铺，从业人员达数千人。其中“瑞蚨祥”独领风骚。

清同治元年（1862），孟家将字号为“万蚨祥”的锅店由周村迁到济南府，后又在芙蓉街西开设了“瑞蚨”布店，专门批发章丘北乡辛寨村一带盛产的土布，俗称“寨子布”。这店名中的“瑞”字象征瑞气，“蚨”字取“青蚨还钱”典故中寓意，象征财源滚滚。没多久，他们又将店面迁到院西大街、天地坛街口盖起了两层五开间的砖木楼房，改名为“瑞蚨祥”，生意很快超过了西邻原有的“隆祥”“庆祥”两家同宗老字号。1868 年，年仅十八岁的孟继笙（号雒川）从父亲手中接过了“瑞蚨祥”，掌管了店务。孟雒川弟兄四人，他排行最小，但从小精明灵巧，人送外号“孟四猴子”。年纪轻轻的他颇有才气和胆识，除了自家的堂号外，还兼营“庆祥”“瑞生祥”和“瑞增祥”等字号的布店和钱庄，实力大增。1893 年起，“瑞蚨祥”先后在北京抄手胡同和大栅栏等地开设了五处分号，在天津竹竿巷等地开了三处分号；此外还在烟台、青岛、上海和南京设了店铺。1926 年因躲避督鲁的张宗昌的敲诈，孟雒川举家迁往天津。到了 1930 年，“瑞蚨祥”发展到了鼎盛时期，全国各地共有 16 家店铺，所占房屋 3316 间，房产总值按当时市值计算为 800 多万银圆，成为华

瑞蚨祥鸿记是济南延续至今、硕果仅存的“祥”字号。

北数得上的巨商富豪。

“瑞蚨祥”的崛起并非偶然。从创业至鼎盛时期，“瑞蚨祥”从不做广告，而是靠商品的齐全、货真价实以及优良的服务赢得顾客。当时济南民间有这样的说法：“瑞蚨祥三件宝，人情、实力、脸子好。”在服务上，前柜台设有“瞭高的”，即安排一些年纪较大的资深店员坐在两排长椅上，一遇客人进来就主动迎上前去，不问客人买什么，而是问安，敬烟茶，陪同客人参观。天热时在二楼还备有冰镇的西瓜和汽水，请客人消暑。即使乡里人来买娶媳嫁女用的面料，耽搁久了，到了饭点，店里也略备酒菜招待。你就是进门转了半天什么都不买，也绝不会遭到白眼。“瑞蚨祥”的店规达二十七条之多。其中第二十条规定：“同仁必须注意仪表，无论冬夏，一律穿长服，不得吃葱蒜，不得在顾客面前扇扇子，不得把回找零钱直接交到买主手里（须放在柜台上），并应尽量避免粗词俗语，不得耻笑顾客。”

瑞蚨祥鸿记内部装饰非常考究。

为方便顾客选购，在店柜设计上，分头等柜和一至六等货柜，将商品分高、中、低档码放，适应不同层次的需求。即使是大众化商品，也将质量放在首位，像百姓们喜爱的青、蓝布，这里的商品从不掉色，深得乡下人的喜爱。在高档商品中，更是凭借雄厚的财力将那些小字号无力经营的商品网罗到这里。20世纪30年代时，四五千元一件的貂褂、千元一件的海龙领子，以及珍稀的金丝猴皮褥子，玄狐、白狐等制成的皮衣，也常常是“瑞蚨祥”独有。他们正是靠这种“奇货”

赚了不少有钱人的钱。北京的生意场上曾有这样的口头禅："吃在全聚德，穿在瑞蚨祥。"

孟雒川不嗜烟酒，不喝茶，不讲究吃穿，不修边幅，书房内从不摆书籍。但对理财他却瞪大了眼睛，闲暇时也以翻阅账册为乐。"瑞蚨祥"在售货时让利给顾客，即"买一尺、送一寸"，但在价格上，货不二价，概不抹零，该要多少要多少，分文不能少。遇有特殊情况，需经经理点头才可去零，显示出特有的行业自信与霸气。

"瑞蚨祥"走下坡路是在"七七事变"之后。晚年的孟雒川已力不从心。1939 年孟雒川去世后，由其侄孟华峰掌管"瑞蚨祥"，经营形势持续走低。至 1948 年济南解放前夕，济南"瑞蚨祥"的流动资金比"七七事变"前损失了 90% 以上。孟华峰娶了五房太太，但没有儿子，于是便将侄儿孟昭崔过继到自己的门下，招回天津，并将家产交由他管理。1951 年，正在天津大学读书的孟昭崔将自己名下的百万家财尽数捐献给了国家，"瑞蚨祥"的家族经营历史也就此终结。

如今保存完好的瑞蚨祥鸿记绸缎店始建于 1924 年，是济南最早采用钢结构的建筑，也是目前济南唯一保留的"瑞蚨祥"了。其建筑风格中西合璧，楼顶两侧各有一四方凉亭，成为这座建筑的一大特色和亮点。内为二层，中央有盘旋楼梯至二楼，二楼为柱式环廊，显得宽敞明亮。楼后为两进传统式的三合院，东为原先的茶庄，后为昔日的账房和作坊。

同宗同族的旧军孟家在外靠一个"祥"字号打天下，内部却竞争激烈。属于进德堂的"隆祥"与"谦祥益"一家，其掌门人系孟雒川的族侄孟养轩。"隆祥"在全国的名气较"瑞蚨祥"逊色不少，但在济南可谓与"瑞蚨祥"齐名，开店还早于"瑞蚨祥"。"隆祥"在实力上其实不及"瑞蚨祥"，经营上也过于保守，但却喜欢与"瑞蚨祥"扎堆，暗地里较劲，无形中也提高了自己的声望。当年"瑞蚨祥"在西门内大街盘下了"庆祥"布店，开设了"瑞蚨祥"昌记，"隆祥"就在临近开设了"隆祥"东记；"瑞蚨祥"在商埠开了鸿记，"隆祥"便在其斜对面不远处开设了西记。西记开业时，

隆祥西记旧址

“瑞蚨祥”的各家店铺也张灯结彩，两家竞相削价，销货时还暗送尺码，杀得天昏地暗。但“隆祥”总是略逊一筹，有些“陪太子读书”的味道。“七七事变”后，时任“瑞蚨祥”经理的石彤文和“隆祥”的经理林丹庭，才握手言和，停止了恶性竞争，并联合起来，一致对外。两个“祥”字号共六家店铺加上非“祥”号的“经文”“九联”等几家商号共同成立了议定价格小组，订立价格联盟，共同遵守，一直持续到中华人民共和国成立以后。

“隆祥”西记建于1935年，内外的形制与“瑞蚨祥”相差不多，都是前店后院，也都是中西杂糅，只是罩棚上的玻璃窗采光极好。而门面楼檐下的木挂落雕工精美，颇有些京派建筑风格。

说来有趣，中华人民共和国成立后经公私合营，两家“祥”字号都换了人间。20世纪50年代商业系统调整网点布局时，将院西大街的“瑞蚨祥”并入了西门里大街的“隆祥”，而老“瑞蚨祥”便成了远华文具店，这里卖水彩、油彩、排笔、卡纸等西画用品，种类齐全。济南从事油画创作的人员几乎都要到这里买文具。1996年兴建贵和购物中心时“远华”被拆除。经二路上的“隆祥”西记则并入了今天的“瑞蚨祥”，算是保住了这两块金字招牌。往日的“隆祥”西记又先后成了委托店、土产店和后来的炊事器材机械公司门市部。西门里的“隆祥”则于“五彩云”大厦的建起前而永远地倒下了。

“文革”时，“祥”字号的招牌是不会被“红卫兵”小将们放过的，1966年6月的一个星期天，“红卫兵”们来到了红二路“瑞蚨祥”门口，先将门外墙上的招牌砸掉，又与店内的“革命群众”一起将营业室内金色的木刻、浮雕砸了。第二天还将砸下来的“瑞蚨祥”的牌匾和印有字号的包装纸抬到马路上烧了个精光。这布店随之更名为“工农兵”布店。1971年又改名为“迎新布店”。今天的“瑞蚨祥”虽然恢复了老字号，但已是“旧瓶新酒”了。

# 异国食缘

包括济南菜在内的鲁菜作为“四大菜系”或者说是“八大菜系”之首，昔日的辉煌不仅仅是在国内的京城等地，甚至还走出了国门。

经二纬五路路口有家曾为商埠之最的饭庄泰丰楼，距万字巷很近。

虽是鲁菜馆子，却由北京的老字号传来。清代以前，是没有京菜一说的，北京流行的菜系便是鲁菜，尤以福山为代表的胶东菜在北京占了半壁江山，福山的厨师在北京也是“奇货可居”。到后来，鲁菜与部分宫廷菜和满蒙风味相互融合，逐渐形成所谓的京菜。

清光绪初年（1875），山东海阳人孙氏在北京前门外煤市街 1 号创办了泰丰楼饭庄，成为京城著名的“八大楼”之一。后来孙氏将泰丰楼转让给了他的同省老乡福山县的孙永利和朱百平二人。几经周转，后由孙壁光将泰丰楼买下来，并选派王继唐、吴中山承办泰丰楼的全部业务。菜品中尽是一席的鲁菜招牌菜，如葱烧海参、水晶肘子、芫爆肚丝、宫保鸡丁、三吃丸子、红果山药、糟溜鱼片、香酥鸭、烩乌鱼蛋汤、芙蓉银耳汤、酸辣鸡丝汤等，主食则有银丝卷、萝卜丝、豆沙包和烫面饺等，无不精工细作。民国初年，孙中山及宋庆龄在京居住期间，曾慕名前往泰丰楼做客。袁世凯、蒋介石、李宗仁、何应钦等政要以及当时工商界头面人物，也经常出入泰丰楼。中华人民共和国成立后，北京市首任市长叶剑英，曾在泰丰楼宴请全市工商界人士，号召他们为中华人民共和国服务。

济南的泰丰楼始建于1913年，与北京泰丰楼之间是何种联系语焉不详，而该店在当时的商业广告就是打“北平泰丰楼”的旗号。位于纬五路9号的店面是南北两院落的中式楼房，高三层，一层是前厅和散台，二三层是包房，共设两百个客席。入口侧面的账房处挂着一面铜锣，来几位客人就敲几下。菜品与北京本店的胶东菜一脉相承，又兼顾济南菜系，以适应本地人的口味，尤以烧菜和汤菜著名。如红烧鼋鱼、红烧明虾、红烧干贝、烧鹿柳、烧鲽鱼、烧海螺、烧蛎黄、清蒸鲥鱼、芙蓉鱼翅、杏仁豆腐等，以及三鲜汤、一品豆腐汤、奶汤熊掌、烩乌鱼蛋汤、芙蓉银耳汤等。饭庄的生意在商埠一带数一数二。1922年10月16日，来济南出席会议的胡适曾在这里吃过晚饭。

1942年的一天，一位在济南长期做煤炭和棉花生意的日本商人松元一见领着他十七岁的女儿来到了泰丰楼，见了早已熟识的店主，恳求将女儿留在这里学习厨艺。这个日本女孩就是松元孟江。小孟江1925年出生在济南，住在经四纬九路的一幢西式楼房里。在日本人办的女子学校上学，后到位于经二纬三路的横滨正金银行打过零工。出于对济南美食的酷爱，她坚决要求学习中国菜制作，几经周折最终得到了父亲的同意。

旧时济南的饭庄不允许女人进厨房，她便剪短头发，束紧胸部，女扮男装。从枯燥辛苦的拉风箱和照料活鸡活鸭开始，走上了她一生所追寻的道路。一年多之后，当她将拉风箱与火候调节掌握到炉火纯青的时候，她才被允许走进配菜间。她的刻苦与专注也感动了厨房掌门人钟兴利。他便手把手地教这位异国女弟子。抗战结束后，小孟江则与在济南的许多日本人一样返回了日本。

佐藤孟江在日本东京的济南宾馆制作鲁菜。（历史照片，出自佐藤孟江夫妇所著《济南宾馆物语》）

1963年，孟江与小她六岁的佐藤浩六结婚，后随夫姓。1969年夏开始，对鲁菜一往情深、矢志不渝的佐藤孟江与丈夫先后在东京新宿和赤坂开了一家主营山东料理的菜馆，取名济南宾馆，一干就是二十多年。由于店面不大，仅能坐二三十人，原料也受诸多限制，所推出的菜品自然力求少而精。主打菜有松子肚卷、五香猪耳舌、鳜鱼银菜、红烧明虾、滑炒肉片、荷叶鸭子、炸春卷，自然也少不了济南家常的特色食品炸藕盒、水饺、打卤面和麻汁面。小店里还自制了一种粥，就叫“济南粥”，其中放入多种“汉方药”（中药），引来许多的“粥迷”。为弘扬鲁菜，他们恪守早年从泰丰楼学来的“不用大油、砂糖和化学调料”的原则，做有利于健康的真正的中国料理，从而吸引了一些日本政界、文化界、新闻界和演艺界人士。几十年来，佐藤孟江夫妇及女儿彰子在经营菜馆的同时，还坚持举办“济南烹饪教室”，培养了千余名鲁菜爱好者和厨师，还不定期地举办“鲁菜之会”，将平时不容易做的菜品分别推出。

1981 年的春天，佐藤孟江再一次回到中国开启了她的“寻根之旅”。令佐藤孟江遗憾的是，泰丰楼早在解放初期就倒闭了，建筑也无影无踪。经多方打听，那位名叫钟兴利的恩师也已身故。高兴的是，她不仅找到了当年位于经四纬九路的家，还与山东旅游界、烹饪界人士建立起长期而深厚的友谊。与她同行来华的还有，为中日友好作出过杰出贡献的日本知名人士松村谦三的儿子松村进，日本知名作曲家小林亚星。接待他们的蒋奎生（时任山东省旅游局副局长，后任局长兼省烹饪学会会长），得知佐藤孟江的经历后非常吃惊，也很感兴趣，随后派出多批访问团考察了解东京的济南宾馆。在他们首次会面时，蒋奎生写了题为《花好月圆》的诗，请小林亚星谱曲。小林回到住处就找来一把手风琴开始创作。歌中唱到：“蓝蓝的海水蓝蓝的天，我有朋友在海的那边。滔滔波浪隔不断，两千年来无数帆。”因为从事旅游工作的机缘，我有幸听到了当时这首歌的原版录音带，原唱是小林亚星本人。他用略带沙哑嗓音的中文演唱，电声乐队伴奏舒缓、流畅，结尾处还富有激情。

也正是从这一刻开始，佐藤孟江多达五十次来中国访问。她不仅与济南烹饪界同行切磋技艺，还获得了山东省颁发的“鲁菜大师”“鲁菜正宗传人”的称号。2005 年 5 月，就在佐藤孟江八十岁生日到来之际，佐藤孟江夫妇撰写的《济南宾馆物语》被译成中文并改书名为《鲁菜情缘》后，应译者之邀，我为该书提供了部分摄影图片，还有幸获得了佐藤孟江夫妇的签名本。2009 年，我随山东旅游代表团出访日本时，在东京见到了坐在轮椅上的佐藤孟江，她作为嘉宾应邀出席了我们举行的山东旅游推介会及鲁菜品尝会，她在席间还曾畅谈鲁菜传统技艺和文化。

◆经三路

◆商埠公园

# 消遣之地

比起二大马路，经三路要安静许多，商业形态也多是供消遣用的设施，如洗澡堂、餐馆、宾舍、公园、电影院、古玩店、图书馆，也有妓院。其中不少为“济南之最”或“济南第一”。

20世纪60年代，儿时的我在省文化局幼儿园寄宿，每周才能回家一天，这一天我最盼望的事是到人民公园骑电马。记得在公园的一块旱冰场旁，有两匹电马，是用铁和木头做的，深棕色，形象很逼真。当时我人小，要让父亲抱着才能骑上去。我抓好马上的扶手后，电马便启动起来，马体原地上下起伏，我随之前后摇摆，很是过瘾，骑一次总嫌不够。那时不知道这里是济南最早的公园。

济南开埠时虽然条件有限，资金不足，却颇有眼光，体现了较为先进的城市建设理念。商埠开埠的同一年，就有了公园的规划，当时名为商埠公园，位于商埠区的中央位置。规划面积八公顷，实建面积却少了一半，里面倒也山石池水，亭台曲径，奇花异木，蝉噪鸟鸣，“景多不杂，人众不扰”。公园正门朝北，正冲纬五路，迎门为西式六角形喷水池，池中高石耸立，石质青蛙立于石上，口鼻喷水而下。公园的中央为中式庑殿顶四照亭，是园中主要建筑，青瓦屋面，花脊飞檐，苏式彩绘，四周环廊明柱，玻璃门窗。后来这里成为茶社，每位茶资一角，瓜子五分。1937 年“七七事变”时被毁。1940 年，曾在遗址台基上搭建席棚做小戏院，第二年又成为品香茶社，上演大鼓书。公园南为海国春西餐馆。园子东北部有弹子房和咖啡馆，另有一玻璃四方亭，名熏风阁，1939 年改为阅报所，供游人阅览。1944 年改做利华球社。熏风阁南侧是土木结构的船亭，也称“不系舟”，内有茶座。1943 年在此开设一元照相馆。公园偏西有假山和柏树林，林中设小舞台，每逢周日下午 4 点有乐团前来演奏西洋音乐。当年的公园还考虑到人们夜生活的需要，设立了“夜票”，开放到晚上 10 点。公园为此安装了电灯，赫赫有名的亚细亚煤油公司还为公园赞助了两盏“大洋灯”。

公园西北部原有 1911 年建起的商品陈列馆，风貌与四照亭相仿，馆内陈设各种商品，相当于现在的“会展中心”。民国初期，面对大量进口造成的中国外贸严重逆差的局面，北洋政府颁布了一些振兴民族实业经济的法规，众多工商业者发出了仿制洋货、改良土货、推广销路以与外商竞争的倡议。政府号召各省积极筹备 1915 年在美国旧金山举行的巴拿马太平洋万国博览会（时称巴拿马赛会），到国际舞台展示中国商品的实力。山东有识之士则提出“有陈列则有比较，有比较则有优劣，有优劣则有竞争，有竞争然后存进步”的主张，决定在商埠公园举办山东全省第一次物品展览会，并同时选拔参加巴拿马赛会的优质商品。为此，还专门成立了以山东都督靳云鹏为名誉会长、山东巡按使蔡儒楷为会长的“山东展览会兼办巴拿马赛会出品协会”。山东实业司第一任司长，时年三十岁的潘复，更是积极奔波，筹措资金，使展会得以顺利举行。

为举办为期一个月的展会，实业司耗资九千多元在公园原陈列馆后面新建一座长三十丈、宽八丈的大型展厅，并将原馆粉饰一新。同时在公园外马路两旁设数千平方米的临时市场和游乐场所。上万种展品特色鲜明，包罗万象，包括教学用具、美术工艺、农林园艺、纺织印染、轻工制造、食品饮料、陶瓷化工、药物、车船机械、冶金矿产、地质水产等几大类，另设金石参考馆，会集官方及民间文物收藏精品。1914 年 6 月 15 日展会开幕，参观展览的中外来宾每天都超过万人。曾任山东机器局总办并参与创建济南电灯房的刘恩驻，被聘为本次展会机器制作部评议员，他还以五百元最高额购得第一号入场券。这也成为济南乃至山东第一次盛会。经过评选后，两百余种优秀产品被送到巴拿马赛会展出、参评，其中宏济堂福字牌阿胶和张裕葡萄酒等荣获巴拿马赛会金奖。

商埠公园还一度称为济南公园，并成为举行大型集会的场所，一些历史性大事件也曾发生在这里。1920 年 11 月 21 日下午，由王尽美组织发起的进步学术团体——励新学会成立大会在公园四照亭召开，随后创办了《励新》半月刊。1920 年济南大旱，山东赈灾公会曾在公园举行筹赈游艺大会。1924 年 9 月 8 日，已经成为中共“一大”代表的王尽美领导济南的理发、印刷工会联合会等十三个社会团体参加的反帝大同盟在公园举行万人大会。1925 年 5 月 30 日，鲁伯俊领导新城兵工厂、津浦铁路大厂、鲁丰纱厂的

20 世纪 20 年代的中山公园大门（历史照片）

工人集会于公园，声援上海的“五卅惨案”遇难同胞。一个月后，这里举行由一百多团体，二十多万人参加的追悼大会，悼念在“五卅惨案”中遇难的同胞。1925年4月4日，省城社会各界在公园召开孙中山逝世追悼大会，孙中山遗像至公园安放，各界赠送的挽联挂满公园。公园自此改称中山公园。1925年9月7日，在王尽美等人的组织领导下，中国社会主义青年团济南地委在公园召开山东反帝国主义大同盟大会，三十多个团体约万余人到会。1928年，“五三惨案”爆发，济南各界在中山公园集会，抗议日寇暴行，后将中山公园改称五三公园，并在四照亭北面立起由蒋介石亲笔题写的“五三纪念碑”。

1937年日军侵占济南后，伪警务厅派人推倒了公园的“五三纪念碑”，在园内盖神社、挖战壕、修炮楼、毁坏建筑、砍伐树木，此后公园面积逐渐缩小，园林建筑破败荒芜。1938年，日伪济南广播电台在公园内建成，使用中日双语播音。次年还在公园内架设高51.5米的木杆“T”型天线，

中山公园内的四照亭，今不存。（历史照片）

成为华北第二大电台。日本人修建的神社位于公园西北，后改为观音堂。1947年10月，国民政府济南市公署将其改建为忠烈祠，“为抗战殉难人员设位入祀，以申崇报，而彰忠烈”。中华人民共和国成立后这里曾作为藏书室、儿童阅览室，1974年被焚毁。北门西侧原有一座坐西朝东的礼堂，始建于1940年，系日商滕原滕义投资的电影院，名大观第三常设馆。1947年，当时的济南当局和慈善机构在此合办平价食堂，后改为社会食堂。公园始建之初，园内遍植树木，尤以松柏为多，时有“松柏深秀而满园”之说。自1927年开始，公园还养起了动物，开始仅是鸡、兔、金鱼等，后来公园东部专设动物园，有鹿羊院，养梅花鹿和美国羊，还建有猴舍、獾室、鸽亭和鹤院。中华人民共和国成立后又增添了狗熊、狐狸、箭猪和老鹰、孔雀等动物。而园内所生百年杜梨、百年皂角树、苦楝和珊瑚朴，为市内他地所少见，为“镇园之宝”。

1951年，公园改名为人民公园。原先的食堂改建成人民俱乐部，后改为人民公园礼堂，开始时放映十六毫米复映片。1976年7月，唐山大地震后，济南市防震办公室在公园设测报点，园内搭建防震棚，公园停业两个月。

1986年，为了纪念孙中山诞辰一百二十周年，中山公园复名至今。孙中山孙女孙穗芳捐赠的孙中山全身铜像立于公园南侧回廊旁，通高四米，像高约两米，八角形基座，基座每个立面分别镌刻着“格物、致知、诚意、正心、修身、齐家、治国、平天下”，体现了孙中山的政治抱负。

2003年6月，公园开办旧书市场。这个名气很大却因狭小而落寞的园子，很快又有了人气。两百多家书商入驻，固定的简易房和一个个铁皮柜台铺陈开来，各色的旧书新书堆积。我在那里淘得些许好书，这不仅丰富了我的私人阅读史，也令我时时想起这座玲珑的老公园。

紧靠中山公园的皇宫照相馆创立于1932年。店主张鸿文早年曾任西北军冯玉祥部汽车连连长，韩复榘主鲁时任济南工务局长。经三路原有家名叫“鸿文”的照相馆，系河北冀县人王鸿逵与益都人王贻文合资兴办，王鸿逵任经理兼摄影师，他还在济南照相业界首推虚光艺术照，吸引了大批顾客。张鸿文有一天来这里照相，见店名与自己的名字相同，便想到自己也开个照相馆。三间门头两层小楼的照相馆很快搞了起来，门面上饰有两大四小的六根半浮雕龙柱，取名“皇宫”。取这个名字也显示了张鸿文想在同行中执牛耳的心思。开业后他信誓旦旦，要将济南市其他的照相馆全部挤垮。

当时济南二十一家照相馆，从店堂到设备再到技术力量，皇宫首屈一指，无人能及。他们从北京请来了两位高级技师，修建了玻璃房，购进外拍机和转机，提供人像之外的外拍及大型合影业务。修建玻璃房，是因照相业兴起初期没有电光源，都是靠自然光线，故在影棚房间顶部安装大面积透光玻璃。同时，室内挂各色布帘调节光线，下面用反光板打辅助光，室内配有各种布景和道具。另外，皇宫的“卡纸、相版俱属摩登，放大、设色更为见长”。张鸿文还利用自己后台硬和人脉广的优势，大肆招揽生意，如有社会名流照相，他派自己的小轿车接送，因此发了大财。“七七事变”后，张鸿文随韩复榘弃城南逃。“皇宫”的营业收入大幅下降。日本人对照相、报馆、书店等行业严格控制，实行检查登记备案等措施，使得顾客越来越少。1942 年，“皇宫”铺面转让，设备出租。第二年，与“皇宫”相邻的容彰照相馆技师白树元、王誉重合资承租了“皇宫”的全部设备和门面，将字号“皇宫”后面加了“昌记”二字，以示区别。但门面上的字号未作改动。由于股东二人都是行家里手，不到一年，“皇宫”又重回全市榜首。1943 年，经理白树元还被选为市照相同业公会第五任会长。济南战役时，“皇宫”在解放军进城第二天就开门营业，还协助随军记者冲胶卷、洗照片。五六十年代，“皇宫”与青岛的“天真”一道被定为特级店，成为全省荣誉最高的照相馆。“文革”时“皇宫”之名被改成“红艺”，半浮雕龙柱自然也被清除。当时的照相业规定了“十不照”，艺术照、剧照（样板戏除外）、婚纱照等一律被禁止。“红艺”成为济南独家扩放毛主席像的照相馆。

经三纬四路一带，饭馆扎堆，又一新、子云亭、一条龙、大华等各个实力不俗。与原来的聚丰德斜对面的是另一家老字号便宜坊。早年间，北京、南京和天津都有名叫便宜坊的饭馆，济南府城内的院后街也有家便宜坊。纬四路便宜坊的创始人张月祥本是天津人，又在当地的便宜坊当过伙计，1933 年在济南开这个馆子时，无疑想借那几座大城市同名馆子的光。刚开业时这里只有六十平方米的营业面积，雇员仅有十二人，要想在菜品上面面俱到很不现实。因此这里以锅贴主打，以三鲜馅、猪肉馅和素馅为主，所做锅贴皮薄、馅多，底面深黄、酥脆，两端张口，馅料微露，鲜香诱人。菜品还有扒海参、扒鸡腿、扒猪肉、扒面筋等“天津四扒”和天津元宝肉，彰显出张月祥所具有的家乡情结。直到现在，这家老字号还在艰难地支撑着。位于经三纬四路以西还有家以经营锅贴为主的清真饭店，为与便宜坊竞争，该店把剁好的海参、虾仁和鸡肉等馅料放在店门口，现点现包，以此招徕顾客。而大华饭店的厨师则来自于歇业的泰丰楼，实力自然不俗。

原来位于经三纬四路路口的聚丰德饭店，在中华人民共和国成立前济南的菜馆中是“小字辈”，创办于 1947 年 8 月，由王兴南等十四人集资五千元在已停业的紫阳春饭店旧址竖起“聚丰德”的牌子。开始以经营粤菜为主，因经营不善，于 1950 年 4 月停业。同年 9 月，由王丕有、王兴南、程学礼、程学祥等七人集资在旧址将饭店重新开业，沿用“聚丰德”字号，菜系改为鲁菜为主，名声大振。七大股东都是餐饮业科班出身，王兴南精于刀工，垫布切肉丝，剔鸡肉是其拿手绝活。程学祥擅长灶台火候的把握。他们坚持鲁菜正宗技法，同时兼收并蓄，选料精，下料准，配料全，刀口均匀，火候适度，菜品色、香、味俱佳。其中的油爆双脆、蟹黄鱼翅、济南烤鸭、干烧鱼、葱烧海参等几十道菜品，以及五仁包、豆沙包、油旋、佛手酥、八宝饭等均被收入《中国菜谱》和《中国名菜》中。不久，聚丰德成为济南人气颇旺的馆子。1961 年，聚丰德请关友声来此为饭店题字，那时尚不兴送润笔费，店里便留请关友声吃饭，作为美食家的他点了红烧肉，吃得十分高兴。“文革”时期，这里一度改名为“工农兵饭店”，只能经营烧饼、油条和豆浆等大众化简餐。改革开放初期，该店恢复了往日的红火，谁能到这里举办婚宴，都要托人找关系，还要搭上烟酒才能搞定。1988年10月，店址迁到了经五纬二路路口，经营面积扩大了近六倍。

经三纬三路的西南角，有座中西合璧的三层楼房，原先在众多楼房包围下很难看到，这便是实业家张采丞的故居。他原名张克亮，先是在老家寿光经营粮栈和酱园，1900年，携银两三千举家迁来济南。开埠初期，他租借商埠的大片土地相继建立以“兴顺福”为名的粮栈、机器面粉厂、机器榨油厂、机器铁工厂、酱园和华庆面粉厂，一号兼营数业，并在泺口、寿光羊角沟建有分号。因善于经营，注重商誉，张采丞不久即成为济南实业界富翁，1925年被推举为商埠商会会长。后来他集中人力、物力和财力，向机械制造业进军，扩大了原有的铁工厂，制造锅炉、水泵、吊车和矿山机械，曾研制小型轮船在小清河试航，还仿制汽车在市内试用。中山公园以东的片区拆迁时，这幢楼房得以保留和修缮。

位于经三纬三路的张采丞故居如今被保护下来并得以修缮。

商埠中的新兴市场中，新市场、万字巷和西市场为街巷式商场，而中山公园西邻的萃卖场则是一幢独立的三层新式楼房，建于1916年。所谓萃卖场，取自“百货荟萃”之意，不仅有服装、鞋帽、儿童玩具等一般的日用百货，文房四宝、珠宝玉器、金银首饰、古玩字画，甚至茶楼、烟馆、饭庄也一应俱全。仅装裱字画的就有纯古山房、石古斋、松华斋、冯兆增、瑞华斋和翠林斋等字号，还有专门经营新书刊的艺文、萃文、新文等书局，以及经营旧书、文具的鲁兴、友文等商号。二楼有一间说大鼓书的茶楼。1930年，当红的“大鼓皇后”，有“铁嘴钢喉、戛玉鸣金”之誉的鹿巧玲就在这里压阵。二楼还有一间式燕番菜馆。式燕，也叫式宴，即宴饮；番菜，即西餐。但店主是中国人李世铭。菜品有炸大虾、煎鱼排、牛尾汤、什锦蛋卷、熏猪肝肠等，很适合济南人的口味。来商埠公园游玩者常从公园西便门顺访于此。

也许是靠近公园，环境清幽的缘故，萃卖场北门外原有一处自发形成的蛐蛐市。每年立秋到处暑的二十多天，济南本土和外地的蛩家（蛐蛐迷）们都来此交易，或将自己带来的“虫”与对手比拼一番。如能在此购得《促织经》或《蟋蟀谱》上所列的名虫，蛩家们如获至宝。这里自然还有蛐蛐罐、鼠须、牛筋草等养、斗蛐蛐的配套专用器具的交易。

我在济南饭店工作时，窄窄的纬六路很是安静。与经三路交界口西北角的那栋坐西朝东的三层洋楼，我是经常路过的。开始看到它时，觉得样式复杂，也很厚重，时间一长便不觉得稀奇。楼院里有家小工厂，还有十

2005年9月28日，“老洋行”在被平移过程中。

来户居民，曾做过单位的食堂，还配有理发室。80年代后期这里还开了家烧鸡门市。

纬六路拓宽工程开工，此楼在拆除计划之中。当时，有关专家评价此楼为南欧巴洛克风格，在济南建筑中堪称“孤本”。一时间，媒体、专家和百姓们大声呼吁对这座当时被称为“老洋行”“老洋楼”的建筑进行保护。经过与有关部门协商，由建筑设计师刘奎和他的团队出资，于2005年9月将此楼向西迁移了15.4米。在拓宽后的纬六路人行道上保留了此楼的三段底座遗址，楼内曾将保留的迁移轨道及滚轴铺上透明的钢化玻璃供人参观。这是济南历史上第一次对传统建筑进行平移保护。此楼后来一度成为餐饮会所。

在楼房加固装饰过程中，工作人员将正门上方的石匾上覆盖的石灰砂浆铲去，露出了“山东丰大银行”的字号，人们这才搞清了这幢奇特建筑的身世。丰大银行全称山东丰大商业储蓄银行，成立于1919年，由山东政界名流潘复、靳云鹏、庄乐峰及其子庄云九等人发起创办，并获财政部批准注册。

潘复祖籍济宁东门大街，靳云鹏是邹县（今邹城）人，两人不仅是同乡，还有更深一层关系。潘复的父亲潘洁泉在河南任州官时，潘复在当地出生。那时靳云鹏的母亲在济宁刚生下靳云鹏不久，因家境贫寒，被潘家雇来当了奶妈。靳母便带着靳云鹏到河南潘家住所，同时哺养幼小的靳云鹏和潘复，以致后来坊间有了“一个妈，奶出俩总理”的说法。因此两人便结“金兰之好”，也有了后来的合作、利用，以至再后来的貌合神离。1913年3月，潘复加入了统一党，任该党山东支部副部长。而名誉部长正是靳云鹏。潘复对靳竭尽献媚吹捧，靳也认为潘是不可多得的人才。1914年6月，靳云鹏成为“泰武将军”督理山东军务，积极支持潘复筹办物品展览会。潘复为报效靳云鹏，利用自己任山东实业司长之便，为靳云鹏筹办济南鲁丰纱厂。1919年9月，靳云鹏任北洋政府国务总理，1920年1月便任命潘复当上了北洋政府财政次长兼盐务署长。从此以后，潘复利用靳云鹏的社交关系多方结交，奔走于北洋各派系之间，寻找更多的政治靠山。因为靳云鹏与张作霖是儿女亲家，潘复便利用靳的关系对张阿谀奉承，并设法拉拢张身边的要人，张作霖自然对潘复也倍加赏识。1921 年底，靳云鹏内阁倒台，移居天津。潘复和靳云鹏在北洋政府的共事就此打住。从此靳云鹏再没有出任政府公职，而潘复却步步高升。1925 年张宗昌任山东军务督办时，委任潘复为督署总参议。1926 年，张作霖入京主政，9 月，潘复任财政总长。次年，张作霖在北京成立中华民国安国军政府，任命潘复为国务总理，并兼任交通总长。至此，潘复终于爬上了他仕途的最高峰，当上了北洋政府第 32 任，也是最后一任总理。1928 年初夏，北伐军节节胜利，北洋军政府倒台。1928 年 6 月，他随同张作霖退往关外。4 日，张作霖乘坐的火车在皇姑屯被日军炸毁，张当场死亡，而潘复因随张的首席日籍顾问在天津提前下车，得以幸免。潘复只得退出政界，到天津英租界做了“寓公”。潘复在“安国”军政府的地位仅次于张作霖，而靳云鹏曾想再次组阁却因潘复的作梗而未能实现，靳对此怀恨在心，直到 1936 年 9 月 12 日潘复在北平病逝，靳云鹏还骂潘为“负义小人”。

丰大银行自然是潘靳“蜜月期”的产物。董事中的庄乐峰、庄云九父子是鲁丰纱厂和开滦煤矿的大股东，也是潘靳共同的朋友。银行额定资本一百万大洋，实收五十万大洋。总行设济南，另设上海、苏州、常熟等分行。总理刘子玉，协理袁寅昉，主要经营一般商业银行业务，兼办有奖储蓄。该行曾于 1920 年间发行济南地名银圆券，发行额仅在二十二万元左右，主要流通于济南。由于经营管理不善，美其名曰办理储蓄事业，而实际上等于他们的私人账房，存款股东们任意提用，仅仅开办了六年，便歇业倒闭。前些年上海有家拍卖公司的拍品中，有张丰大银行一元纸币，正面以唐槐和乡村民居为景，背面则为济南大明湖风景，设计印制都很精美。

◆铭新池

# 澡堂子

早先曾有“上有天堂，下有苏杭，我去澡堂”的玩笑话，由此说明洗澡在人们日常生活中的重要位置。铭新池的出现，使济南包括洗浴业在内的服务业水平有了很大提升。

济南最早的浴池是清光绪十八年（1892）历城县人贺德顺在智德院街开办的顺德池。第二年，同为历城县人的张文炳在小梁隅首街开办玉露春浴池。这些浴池大都在僻静的离水源较近的街巷内，设备简陋，缺乏服务，没有专门的更衣室，只备有长条凳和竹筐供更换和存放衣物。洗澡池只有大池，洗澡水以柴烧大锅加热后用凉水调兑。当时的有钱人是不进浴池的，顾客多是平民百姓，浴资极为低廉。

开埠以后，普利门外的瑞品香、经二路的芳园池、万字巷的涌泉池相继建成纳客。尤其是经三路的卫生池、经三纬三路路口的新新池、经二纬五路路口的新新园（后易名济南第一池、新生池），空间宽敞，采用新式锅炉，安装了淋浴，有大池、小池和单独设立的浴盆（当时业内称官盆）。

卫生池还破天荒地开设了女池，无疑是开风气之先，“为济南女界卫生上放一线光明”（《济南快览》）。而开始的相当一段时间，女池生意并不太好，顾客多为官宦士绅眷属和附近风月场里的娼妓，一般人家的女子还是望而却步。

20 世纪 30 年代初，位于经三路紧邻魏家庄的铭新池将济南洗浴业又向前推进一大步。铭新池掌门人张斌亭祖籍黄县（今龙口），十六岁开始到青岛谋生，先在源泰布店当伙计，后到前海沿早年德国人开办的亨利王子饭店干了十年，做了厨师。英美烟草公司青岛分公司招兵买马时，他便又一次跳槽，靠着自己的勤奋还当上了经理。很有商业头脑的他，后来自己开设了东合利土产店，有了不少积蓄。他看到岛城的玉德楼、三新楼、中新池等澡堂生意兴隆，决定创办一处更加气派的浴池，并将投资目光转向省城商埠。1931 年，张斌亭来到济南，与几个当年同在亨利王子饭店的同好及其他几个胶东人共十七位股东一起筹建浴池。当时济南老城及商埠内已有大小浴池三十多家，见过洋场面的张斌亭力求做得更好。他相约青岛市工务局工程师、铭新池设计者张索文先后到北京、天津、大连等地，参观考察了许多知名浴池，并将设计方案反复修改。浴池遂于 1933 年 12 月建成开业。注册时取名积善堂，但最后定名为铭新池，为何起此名有两种说法，一是取周代青铜大鼎“铭新”二字；二是说两个字的偏旁部首拆开来读，即为“金名亲近”的谐音，吉利、亲切。

铭新池是座“回”字形楼房，地上两层，地下一层，日本原装进口的蒸汽锅炉安装在地下室。外面看似整体楼房，里面却形成院井，最大限度利用空间的同时，运用天然采光设计，即采用大玻璃窗走廊，朝阳面为单窗，背阴面为双窗，既保持室内光线充足，又达到冬暖夏凉的目的，还节省了燃煤和电耗。店内辟有玻璃花房，种养盆栽花卉，使各区域常年见绿。门厅左右两侧是长长的通廊，通廊及大厅的木质吊扇是西门子的，通廊中间是条一米多宽的过道，两边则是通铺。每两个铺位一组，中间设罗汉腿大漆茶几，上有水壶、水杯，需另付费。每组铺位之间，以半臂高的大漆

铭新池鸟瞰（历史照片）

木作花隔断遮挡，在此免费供应的白开水，客人可自带茶叶，如点茶及茶点干果则需另付费用。而客人换下来的衣服则用竹竿挑着挂到吊柜上。二楼是雅间和雅座，空间较为宽阔。悬挂着金棻等名人书法，陈列着各种古玩，摆设着玻璃鱼缸，给素净的空间平添了几分书卷气，让人心旷神怡。这里共有 246 个床位，另有 40 多张加床用的带围挡的小竹床。浴池分为男部和女部。为方便女宾洗浴，女部另设西便门，没有浴池，只有浴盆，故也称“女盆”。有 6 个房间，12 个浴盆，18 个床位，房间里既有双开门大衣柜，还有梳妆台、穿衣镜，是当时全省最大最豪华的女浴池。客人中多是日本的侨眷和演艺界人士。

我采访过曾经担任过铭新池副经理的杨中华，他的父亲杨兆山一开业就进入铭新池做工，当时只有十五岁，主要负责大厅通铺的服务，业内称之为“茶柜”。“文革”前他还曾担任过六七年的门市部副主任，1979 年退休后，由杨中华“顶替”。杨中华介绍说，建成之初到 1956 年公私合营之前，铭新池有青砖院墙，院门是两扇黑漆木门，院子东侧为董事长张斌亭的座驾——一辆黑漆红布篷洋马车的存放地。

铭新池一贯秉承“一尘不染，水清池净”的管理理念。店内规定，每日卫生三次清理，做到“亮、光、净”。踏步上压着黄铜条的木楼梯、木扶手、木地板、木隔扇及桌椅、沙发、茶几、立柜等家具擦得干净，没有浮尘。铜水壶、铜脸盆、水桶、熟铝痰盂、提鞋拔子、门把手等金属制品每天擦防锈油，使用几十年后仍油光锃亮。木门窗框也是每年油漆。常来洗澡的人都知道，铭新池通风、排气、采光都好，浴池的顶部不凝结汽水，更不会滴到顾客身上。大厅四角都设有进气孔和出气孔，大浴池的房间也是透光的双层玻璃，浴室显得明亮。洗脸间的条凳是大理石做的，瓷砖墙上穿插的陶瓷壁画是日本富士山等地的风景画。澡堂里的搓背、修脚、敲腿、理发等雅称“肉上雕花”“掌中风雷”之类的服务，业内称为“下柜”，但这几样服务被顾客称为铭新池“四大绝活”，样样做得棒。铭新池建成后的最初几年，女盆没有女服务员，洗浴者也多为日侨、官宦及有钱人家的太太、演艺界人士。为这些女顾客服务的男生，必须遵守“目不斜视”的服务规范，如有客人投诉会马上被解雇。

洗浴业在旧时被视为“下九流”的行当。为防止地痞流氓寻衅滋事，各家浴池都寻找自己的靠山。为博得时任省主席韩复榘的欢心，1934 年，铭新池在北楼二层修建了一个豪华套间大浴室（后来称 1 号大房间），内设 3 个盆，4 张床位，铺着纯毛牡丹花地毯，平时不对外营业，只归韩及其随从专用。浴室还聘用时任手枪旅旅长吴化文的表弟曹辅臣负责上柜（账房）业务，后来还聘任他为副经理，由他协调地盘上的事。

作为高档浴池，铭新池的各项收费较同行要高。从抗战胜利后直到 20 世纪 80 年代，这里的票价楼下池座一律 2 角 4 分，楼上雅座 2 角 6 分。据说这样一张价格的洗澡票可买一袋子面，而小房间高达 8 角。公务、商务间的交往，或外地来了亲戚朋友，请来这里洗个澡、搓个背，绝对有面子，不掉价。当年晨光茶社的老板孙少林，就把铭新池作为接待同行和朋友的地方。他还专门在二楼指定了一个僻静的单间，并与负责这个单间的一位姓马的大胖子伙计建立起友谊。据孙少林的儿子孙小林讲，有一年秋天，孙少林请天津相声名家冯立铎来这里泡澡，也不失时机地与其聊天“捋活儿”（向对方学习），一时间他们二人从水池子里起身，站在池边围着浴巾一人一句，说起名段《卖布头》，引来池子内外的阵阵喝彩。中华人民共和国成立后，京剧名角方荣翔也爱到这里洗澡，他喜欢在二楼靠近理发和修脚处58号床休息。

百姓们也为到此洗浴而沾沾自喜。一些家境较好、有钱有闲的中老年人，还有专门爱“混澡堂”的，几人相约，来这里泡泡澡，抽抽烟，吹吹牛，甚至自带点五香花生米、酱黄瓜之类的小菜和老白干，披着白浴巾，在床上半坐半躺，喝上几盅，体验赛过活神仙的滋味。深秋以后，尤其到了年根儿，不管是星期天，还是节假日，铭新池里人满为患，“下起了饺子”。因为济南人都有年前洗澡，除旧迎新的老习惯。那时的铭新池有两道门，二道门里则有几把连椅，供买了洗澡牌子的人排队等候，大家只好耐着性子等，并不时地挪着屁股前移。大堂里还不时地传来服务员巧妙的逐客令：“人多屋子窄，前客让后客，晾晾穿衣裳！”

由于铭新池规模大、设施好、服务佳，不仅在省内同行业中执牛耳，而且在省外也打出了名堂，被誉为“华北第一池”。1945年，国民党军中一个叫傅作军的旅长，山东人，曾担任上海山东同乡会会长，他联合上海、南京两地山东字号的同仁作为股东，在南京城大行宫附近建起高三层的大明湖浴室，建筑风格、室内装潢和服务规程效仿济南铭新池，店员也是清一色的山东人。这里专门开辟的女子浴室，是当时南京洗浴业的一大亮点。因大明湖浴室池清水深、宽阔疏朗，赢得了众多爱好“晚上水包皮”的南京“乖乖”们的称道，生意十分红火。据说浴客中不仅有何应钦这样的头面人物，而且在国民党总统选举时，参加副总统竞选的程潜还在大明湖浴室设立了联络处。

1993年，铭新池举行了六十周年店庆，全体职工喜气洋洋在营业楼外拍摄了“全家福”。四年后，保存完好的铭新池被拆除。铭新池的一位员工，眷恋自己的企业，注册了“铭新池”牌蒸馏水，一直经营到2000年之后。

◆小广寒

# 那时看电影

最早的电影在济南百姓看来视同“杂耍”，并不太受待见。放电影也没有确定的地方，茶园里、戏楼上、会馆中、古庙前，走哪儿算哪儿，顺其自然。但有了小广寒，一切有了改变。

自铭新池西行过了纬二路就到昔日的小广寒电影院了。1896 年 8 月 11 日，上海徐园内的“又一村”放映了被当时的国人称之为“西洋影戏”或“电光影戏”的电影。这是电影在中国的第一次放映。但无论放电影最多的上海还是北京，开始放电影大都是在茶园、戏院或酒楼里，专门的电影院诞生在 20 世纪的前十年，济南也不例外。

民国时期老报人、戏剧评论家徐凌霄在 1933 年《剧学月刊》第二卷第十一期上刊发的《我与中国戏剧》一文中写道：“文明戏尚未时兴，电影却先闹起来了。是甲辰年秋天，闻善茶园陈老板的营业手腕大扩充，园子门口挂出长约一丈的广告，白布黑字，大书文明电影，又遍撒传单，说：‘为开通风气起见，不惜工本，特由外洋请到影戏团，里面真山真水、真人真马、真正东洋大战’，等等。价钱卖到一元之多，座客还是非常之挤。本来游历外洋总得上千的大洋，谁不想借此看看外国呢！”这里所说的甲辰年，即清光绪三十年（1904），这里提到的闻善茶园，原在大明湖畔钟楼寺街，始建于1885年，最初叫雅观楼。1904年由肖迎椿投资后改称闻善茶园，后来还叫过富贵茶园、富贵大戏院，而文中所说“陈老板”则是京剧青衣兼小生演员、外号“大狗”的陈瑞麟。

而据济南民俗学者、老报人张继平介绍，1905年7月27日的《大公报》刊载了一则消息《人皆称奇》写道：“日前来一电光活动影戏，初十晚间，假山陕会馆演之。往观者人山人海，率皆喝彩。向后聚人愈多，恐其滋事，遂即歇止。东邦人士从未见此妙技。”两个多月后出版的《时报》也报道说：“粤人林锦楼日前来济开演电动影戏。第一次在山陕会馆，请人往观，概不取资。嗣在闻善茶园开演多日，究以价昂，观者无几。现又禀准巡警局宪，在吕祖庙前搭棚开演，每座减为京钱六百文，已刷印广告遍送矣。”这两则消息中提到三个放电影的地方，除闻善茶园外，还有前文提到过的布政司街的山陕会馆和趵突泉畔的吕祖庙。但不管究竟谁先放映，这三个地方都不是专门的电影院。“小广寒”才是济南首家专业电影院。

有资料说“小广寒”始建于1904年，1906年建成，但仅凭目前的史料考证尚缺少足够依据。1904年商埠开埠和划界后，受当时资金和施工条件的制约，建设进展缓慢，而且商埠建设是从一大马路开始逐渐向南发展的，即使到了1906年，周围尚一片荒芜，在这样的环境下放映电影，值得存疑。为何取名“小广寒”也未见

20世纪50年代初的“小广寒”电影院。这里一度举办中苏友好电影场。（历史照片）

记载。但放电影时影院内一片漆黑，好似夜幕，银幕上的黑白光影很容易让人联想到传说中月亮上的广寒宫。加之当时“小广寒”只在每晚 8 点到 11 点放映，正是月亮当空之时，电影院取这样的名字无疑是最好的广告。

这座影院的主人最初是德国人，后来一任是位俄国人，中文名陶福禄，他既是影院经理，又是外国片商。他死后被埋在济南城西南万灵山下的“老毛子”坟地。影院分上下两层，能容纳 540 人，有楼座、池座、正厅和包厢，池座即带靠背的木连椅，可以放些茶、瓜子之类。而正厅和包厢都是藤椅，茶具放在前面的矮凳上。正厅是池座后面的位置，外国人喜欢坐。包厢为六人座，适合公务、商务接待请客。后来，每到夏天，这里则在露天放映。

最初，放电影使用的是便携式手摇自磨电放映机，放映无声电影，也称“默片”。开始时电影时间很短，内容多是卓别林、罗克主演的滑稽片，西洋风景片和魔术片，以及英美烟草或南洋兄弟烟草的广告片。放这种广告片时，厂商代表还会在影院里向观众每人发放一包免费香烟。因“小广寒”是专门的影院，票价较贵，包厢三元，楼座一元，池座五角，楼下三角。在当时，一块银圆可买一担米，在北京吃顿涮羊肉，五块银圆可买一头牛。因此这里的观众不乏外国人。本地观众则多是职员、军人（享受半价）和有些文化的人。直到 1927 年新济南电影院（职工电影院前身）建起来之前，这里一直是济南唯一的专业影院。1946 年改名为国民电影院，1948 年改为济南电影院，1950 年又改名为明星电影院，还一度举办中苏友好电影场。1955 年电影院迁至经七纬十二路。原址很长时间作为济南市卫生教育馆，办过计划生育类的展览。“文革”之后，曾有企业借用此处作为文艺活动场地，后因年久失修，楼顶塌坏，建筑处于废弃闲置状态。

2011 年 6 月 1 日，“小广寒”电影主题餐厅开业，店里陈设着各式老电影放映机。

# 饭店大院

这个有些特殊的院子历经百年风雨，记录了从开埠到解放，再到开放等各个历史时期的是是非非，形成了属于它自身的“大院文化”。

虽为济南人，但早年商埠纬五路以西我是极少去的。1978 年底，我刚参加工作时，先是到位于经三纬六路的济南饭店学习三个月，后到同样位于这个院子里的省旅游局工作。当时这一区域没什么店铺，行人过往车辆极少，很是幽静，与热闹的纬四路一带形成了强烈反差。

刚来单位报到时，我骑着自行车绕了两圈，才找着了这个四周有着高高围墙，大树探出墙头的大院子。石头垒的门垛上挂着上写“济南饭店”的小方牌，进门是圆形花坛，长满常绿的剑麻，春夏开着成串的白花。方方正正的院子，像个大花园。样式不一的五栋楼及一些平房，散落在参天大树间。东面的 1 号楼较为古旧，是贴着黄色瓷砖的别墅式建筑，是高级客房；南侧是处花园，圆形的西式金鱼池旁是几棵白玉兰，在初春时节总是争艳，叶子不发芽，花已开得硕大。游廊上藤萝开的则是紫色的花。正冲大门的红砖楼是 2 号客房楼，高两层，局部三层，像个高低柜。楼前是一排高耸的银杏树，秋天一片金黄。此楼西侧还有座坡顶带阁楼的小别墅。院子南侧是两栋 50 年代的建筑。3 号楼有餐厅、宴会厅和舞厅，4 号楼是客房。两座楼南侧靠近经四路的地方则有数十棵樱花树，每年四月花满枝头。后来才知道这里原是日本总领事馆。

1914 年，日本趁一战爆发之际，与德国争夺山东权益。当年夏天，日军就沿胶济铁路进驻济南，随即宣布成立日本领事馆。但正式的馆舍是三年后的 1917 年开始修建的。设计者为东京帝国工科大学助教内田祥三。整个建筑由领事官邸、办公楼、宿舍和庭院组成。1927 年升格为总领事馆。1937 年“七七事变”后，韩复榘驱逐了总领事有野学，并在撤离济南时焚烧了总领事馆，仅留下金鱼池等建筑小品。1938 年 1 月，总领馆人员又返回济南，于经二纬三路原山东民生银行建立临时总领事馆，馆内机构也随

原日本驻济南领事馆领事官邸

之扩大，除设总领事、副总领事、司法系、警务系外，还增设了检查室、特高课等，以加强对济南的控制。继续任总领事的有野学随即着手在原址重建新馆。那座别墅式的1号楼便是总领事有野学的官邸，室内陈设华丽，楼梯、地板、墙裙均为深棕色木作，吊灯、壁灯均配铜饰，有客厅、主辅卧房、盥洗室和餐厅，厨房和小型锅炉在地下室。2号楼原是领事馆办公楼。此楼西侧的那栋小别墅则是副领事的居所。

1945年8月15日日本投降，时任总领事有野学被列为一级战犯逮捕。国民政府接收房产，曾一度将领事官邸作为国民党山东省党部。1946年3月2日，国民党代表张治中、共产党代表周恩来以及美国总统杜鲁门特使马歇尔组成的北平军事调处部三人小组来济南视察执行小组工作时，在1号楼听取济南方面的汇报，山东国共双方王耀武、何思源和陈毅、黎玉等参加会议。会议召开时，一些青年学生和群众来到大门口请愿，国民党特工趁机煽动闹事，周恩来等三人走出楼来与群众见面，周恩来还站在迎门的花坛上向群众发表讲话，阐述共产党停止内战、实现全国和平的主张，得到在场群众的赞许。

中华人民共和国成立后，这里成为山东省第一个接待单位——交际处。五六十年代，毛泽东主席四次来济南都是下榻在这里。1952年10月下旬，秋意正浓，交际处院里的银杏树泛着金黄。毛泽东乘坐一辆老式雪佛兰抵达1号楼，住在二楼西北角的128房间。他不喜欢软床，临时用两张单人硬板床拼成五尺宽的大床。毛泽东在这里住了两天。据时任省交际处处长兼山东分局统战部办公室副主任的曲溪回忆，毛泽东每到一地总要了解这里的历史和风土人情，喜欢看当地的志书，临休息前，他叫警卫李银桥去借《历城县志》，李银桥找到了曲溪，但只从省图书馆借来了清代线装版的《济南府志》。毛泽东饭菜简单，他只点了一道在家乡常吃的鳅鱼（泥鳅），接待人员特意到万字巷买回半桶活泥鳅，做好鳅鱼汤端上餐桌时他很开心。他不喝花茶，只喝绿茶，但当时没有准备，到鸿记茶栈也没有买到，幸亏省里一位领导家中有南方朋友捎来的龙井茶，这才解了燃眉之急。

1958年8月9日下午，毛泽东乘专列到达济南，视察了历城北园水屯公社情况，发出“还是人民公社好”的号召。当天晚上，毛泽东在这里的3号楼宴宾厅就餐，并接见了亚非拉妇女代表团及纺织行业劳动模范。

毛泽东爱好广泛，除游泳外，还喜欢跳舞、看京剧和地方小戏。他来济南后就在3号楼二楼的小礼堂组织了小型专场晚会，以交谊舞为主，中间穿插小节目，如吕剧清唱、梆子、歌曲，还有相声表演等。据当时济南相声演员吴苹回忆，她就曾两次为毛泽东说过相声。有一次，吴苹和当时济南铅笔厂的秦玉华说了段《十大吉祥》，每到“抖包袱”时，毛泽东都会发出很大的笑声，并鼓掌欢迎。

1974年这里改称济南饭店，专门接待外国人、外籍华人、港澳台同胞和海外华侨等“四种人”，来宾多是“社会主义国家阵营”的。1978年，山东省旅行游览事业管理局在这里成立，局秘书处、外联处和局长办公室都挤在那座原是副总领事邸宅的小楼里，大小总共六个房间，都是木门窗、木地板、木楼梯，有推拉门的壁橱。而中国国际旅行社济南分社及山东省中国旅行社则作为山东省旅游局的旅游一处和二处，在北面的平房办公。济南饭店则成为济南首家旅游涉外饭店。画家刘海粟曾在这里住过很长时间，他有一个嗜好，就爱吃红烧鸡臀尖（鸡屁股），虽然现在有吃鸡屁股会致癌的说法，但早年却说“宁舍金山，不舍鸡尖”。采购员满市场里“淘”来新鲜原料给刘老做着吃。香港凤凰、长城电影公司来内地拍片也都住到这里，其中包括鲍方、朱虹等老影星。拍出来的新影片包括《画皮》《泰山屠龙》等作为答谢接待方在小礼堂里供内部放映，我为此还在南郊宾馆和济南饭店之间“跑片子”（即传送电影拷贝）。20世纪80年代初，济南大兴交谊舞。毛泽东当年看过演出跳过舞的3号楼小礼堂便对外开放，成了商业化的舞厅，小电声乐队现场伴奏，灯光闪烁，成为当时济南最高档的交谊舞厅。舞厅外有间玻璃隔成的房子，是齐鲁书社最早的门市部，很多刚解禁的文史类新书在那里销售。樱花盛开时的春天，饭店还一度打开南门，卖门票，来此赏花拍照者很多。

第一楼 大生里

# 并非八卦

“书寓”或称之为“乐户消纳区”的地方，是特殊历史时期产生的特殊行业所形成的特殊景象，也成为早已过去的时代给这座城市留下的疮疤。

位于经三纬七路的第一楼与济南饭店仅几步之遥。我只看到过残部，即纬七路路西临街的一段，是南方常见的两层骑楼。上面是一排长方形的窗子，一楼是柱式拱券连廊，窗户上透出微弱的灯光，说是土产公司的宿舍。但连廊部分被人加盖成房屋而不再通透，一些脱落墙皮的地方裸露出红砖，一段经过拆除而露出的山墙上挂着蓝底白字的“第一楼”搪瓷街牌，单看这幢残破的建筑很难想象其高阔宽广的原始风貌。如果问问街上的老人这座楼房原来的用途，他们都会告诉你，这原是家妓院，叫八卦楼。再往深里问，也许话题过于敏感，也许时间过于久远，很难得到更多的答案。

第一楼建于1914至1917年，投资商是王盛三、季海泉等人。楼房平面呈“凹”型，东南西三面临街，形成三合围楼，一楼临街连廊宽阔，楼

图右为位于经三纬七路的"第一楼"（历史照片）

后面修建了各自独立的24个小院，楼房平房的房间近340间。小院自南向北分三排，形成两条东西贯通的街道，分别是德兴大街和进隆大街，后改为第一楼前街和后街。因该楼房占地面积大，体量宽阔，被称为第一楼。

民国初年，妓女属于半公开化，居所也无指定地点，大多集中于老城菜园子街、泮壁街、鹊华桥一带，人们称之为"篮子头"，即指那些黄昏时分，手提洗衣篮子，假借到护城河洗衣之名，借机揽客的暗娼。商埠开办后，警厅对暗娼加以取缔，要求从事此业者必须挂灯笼以为标志，领取营业执照，并分成堂、班、户、寓等四个等级。而这些持有执照者多集中在珍珠泉大院周边的东西更道、院后街和大明湖畔的二郎庙街一带。

第一楼建成后，这一带遂成为全市书寓（娼妓）业的中心，谓之"乐户（娼户）消纳区"。1929年12月31日，济南社会局公布了乐户暂行规则，把全市妓院都集中到经三纬七路至纬八路。第一楼的投资商季海泉的住宅就位于靠近纬八路的大生里，与恒善里、济源里并列形成贯通经三路与经四路之间的胡同，逐渐成为头等妓院的集中地。其中大生里的"红楼"，济源里的"凤楼""月楼""安乐""红珠"，恒善里的"爱玲""三荣"，共和里的“宝玉”“紫云”，魏家庄树德里的“三翠”“双凤”“艳楼”等都是高级书寓，多为扬州帮所开。

1922年10月，胡适来济南参加“第八届全国教育会联合会讨论新学制”会议。13日傍晚，胡适理发后决定“去看看济南的窑子是个什么样子”。他去的正是济源里。他在日记中写道：“进去了三家，都是济南本地的，简陋得很；大都是两楼两底或三楼三底的房子，每家约二人至四人不等，今夜因电灯灭了，只点油灯，故更觉简陋。十时半回寓，早睡。”中华人民共和国成立后，济源里、恒善里并入大生里，已在新版地图上消失。如今，饱经沧桑的大生里在经三路与经四路众多楼宇的包围之中很不起眼，南北长两百多米的主街两侧是一排排红砖的平房，每排平房形成独立院落，最南端是带有观景平台的红砖两层楼房。中段路西有个高大的青砖小瓦门楼，独门独院，在一片红房子中很是显眼，但不知当年季海泉住在哪里。北段与经三路平行的东西支巷有几栋相连的两层的石头别墅，建筑考究，用途不详。

大生里的正北对着第一楼，这里是所谓二等妓院聚集的地方，都在二楼和平房院落。较为出名的是“桐凤”“悦宾”“金顺”等22家。而一楼连廊内的店铺集中了烟馆、赌场、澡堂、饭庄及各类杂货，生意兴隆，繁盛一时。无论妓女数量还是建筑规模，第一楼都属老大。正所谓“人肉市场地，王孙爱此游”（1936年9月26日《山东日报》）。张宗昌督鲁期间经常光顾第一楼，他甚至在这里买了一个名叫娟娟的十五岁女孩为“下堂妾”。张宗昌被刺后，她又到济源里开设了妓院，既当老板，又做妓女。韩复榘曾通令禁止纳妾蓄婢、纳妓为妾，但他自己却一妻

如今的大生里还较多地保留着当年的旧貌。

二妾，并纳妓为妾。他在一次召妓宴客时认识了济源二里“红菊花”李玉卿，便一见倾心，终纳为妾。这还没完，他在第一楼曾看上一位名叫文姬的妓女，并每每将其叫到位于原美国驻济南领事馆的接待处陪酒，还有意将她再纳为妾，但没承想文姬另有心仪之人，瞒着韩从良嫁人。韩知道后恼羞成怒，逼着文姬随丈夫回了安徽老家。

娼妓业亦有行业组织，名为书寓业公会，成员由各妓院老板组成。主要是代妓院应付一切对外事宜，代催捐税，每月从各妓院收取一定费用为其日常开支，乐户妓女每月都要照章纳税，逾期不交，按漏税罚处。会址设在第一楼前街 23 号。

新中国成立初期，人民政府对妓院采取了法律上不承认，并结合治安管理进行挤、查、干扰，随之宣布了妓女禁止事项 12 条。1950 年 3 月，第一楼及周边街巷的 7 家妓院、238 名妓女全部歇业。书寓业公会会长张万福被人民政府镇压。第一楼逐渐成为民宅，1970 年将西面和南面的旧楼拆除，建起四幢住宅、商业混合楼房，楼后留下了一条东西贯通的街巷和两条通往经三路的胡同，仍名第一楼。1997 年，我所看到过的东面老楼拆除，第一楼从此全部消失。

可八卦楼在《槐荫区志》里并非第一楼，而另有所指，即与第一楼一路之隔的经二纬八路东北面的大楼。此楼系 1920 年张怀芝投资兴办的房产，由主楼和楼前两侧平房及沿街门市组成。主楼中间两层，两侧三层，楼顶四周均有老虎窗，两侧三楼顶部各装饰一个八角形瓦垄铁制阁楼，人称八卦楼。1941 年以前，此楼由张家一直使用。1941 年租给日伪华北交通株式会社济南铁路局，开办满铁医院。抗战胜利后改为铁路医院。中华人民共和国成立后由济南实业公司购买产权。后为市一轻局使用。1981 年拆除，新建六层商用门市和宿舍楼。

不需再纠结到底哪是八卦楼了，但那段历史上的特殊行业所形成的特殊地标不是传说，并非八卦。

◆自立会礼拜堂
◆交涉公署

# 永远的痛

济南人永远都不该忘记1928年5月3日。这一天，在那幢小洋楼和它所在的这座城市里发生了震惊世界、惨绝人寰的杀戮！

在中山公园南门西侧，即经四路靠近小纬六路的地方，有两座并行高耸的塔楼，这便是基督教自立会礼拜堂。1913年，基督教牧师刘寿山等人在青岛创办山东中华基督教自立总会，倡导中国教会自立、自养、自传，不受外国教会支配。后来自立会迁至济南，并于1924年在此购地建立礼拜堂，1926年落成，建筑面积一千三百余平方米，是济南商埠地区最大的宗教建筑。整个工程未受外国资助，由李洪根牧师设计，桓台籍建筑商杨长利、杨长贞负责施工建造，是完全由中国人投资、设计、建造的基督教建筑，开中国自建大型教堂之先河。

教堂对面有座别墅式的洋楼，地上两层，局部三层，楼顶为红瓦坡屋面，阁楼上开有弧形老虎窗。在洋楼林立的商埠，尤其在对面高耸的基督教堂的比对下，这幢小楼虽不显眼却也玲珑精巧。可1928年5月3日，在这座

上　位于经四路的基督教自立会礼拜堂是中国人自己筹款、自己建设、自己管理的教堂。

一度成为国民政府战地委员会驻山东外交公署的小楼里，却发生了令世人震惊的惨绝人寰的杀戮。

1928 年 4 月底，蒋介石任总司令的北伐军逼近济南，奉系张宗昌、孙传芳部全线动摇。日本田中内阁借口保护山东日侨，出兵干涉，由本土调集军队分别从天津、青岛登陆，沿津浦和胶济铁路逼侵济南，随即在商埠一带自行部署所谓警戒线，以纬四路为中心线，将经一路、纬三路之间划为东警备区，将经二路、经六路和纬六路、纬十路之间划为西警备区，在各交叉路口堆积沙包，设置路障，构筑掩体，不许中国军民进入，士兵进入临战状态。与此同时，北伐军也迅速从东南西三面开进济南郊区。济南日军警备司令斋藤公然宣称，南北两军（分别指北伐军和张宗昌部）任何一方闯入警戒线一律解除武装。4 月 30 日午夜，张宗昌仓皇北逃，并炸毁泺口黄河铁路大桥。进入济南的北伐军，除派一小部继续追击张宗昌残部，其余大部兵力分散在郊区、城内、铁路沿线一带。为避免日军挑衅，进入商埠的北伐军也与日军阵地保持距离。5 月 1 日晚，蒋介石从泰安抵达济南，在旧督办公署(珍珠泉大院)设立北伐军济南总部。同时，日军开始蓄意挑衅，刺杀济南平民宋占光和李海清，并无理枪杀北伐军官兵十多人。

时任国民党军事委员会政治训练部副主任的何思源在 1965 年的一篇回忆文章中写到，1928 年 5 月 2 日晚上，何思源与战地政务委员会主席蒋作宾、该会外交处主任兼外交部山东特派员蔡公时，及外交部部长黄郛同车抵达济南，除黄郛等人去津浦铁路宾馆居住外，其余人都住在了经四小纬六路的一所小学内。3 日清晨，何思源等人去见蒋介石，其他人分头出去行动并找寻其他住所，蔡公时等到交涉公署办公。

蔡公时（1881—1928），号痴公，江西九江人，十八岁时就与好友成立进步团体“慎所染斋”，明为私塾，讲授儒学，暗中却传播孙中山革命思想。这一组织后被清廷取缔，他被迫东渡日本留学。在日本聆听了孙中山的演讲后加入了同盟会。回国后曾任江西省交通司长等职，后追随孙中山投身革命。1918 年，他与毕业于香港华仁书院的郭景鸾在厦门结婚。

1928年5月4日，荷枪实弹的日本兵在经二纬一路路口。（历史照片）

蔡公时先是召集署内职员开会，然后开始办公。这时，几个北伐军的士兵路过公署大门口要到对面基督教堂后的教会医院看病，与巡逻的日本人发生冲突，日本人开枪造成北伐军士兵一死一伤，其余人都躲进教会医院。日本军人不时向医院开枪，还试图闯进交涉署到楼上寻找射击制高点，被署内人员拒绝。此楼开始被日本兵监视，电话被切断，出去买菜的人也被日本兵拦回，小楼里的人与外界失去联系，成了“孤岛”。傍晚六点，北伐军下令撤出商埠，但交涉署由于通讯联系中断没有接到通知，楼内十八人饿着肚子坚持办公到晚上九点后才休息。

可没过多久，门外响起了急促的砸门声惊醒了刚刚入睡的人们，二十几名荷枪实弹的日本兵破门而入，硬说交涉署门口有两个被杀的日本士兵是署内人所为，要求交出凶手，并要强行搜查。精通日语的蔡公时挺身而出，据理力争，说明署内都是外交官，当然没有所谓凶手。日本人非但不听解释，还将蔡公时打翻在地，并将所有人捆绑起来肆意毒打，用刺刀在他们头部乱砍乱削，血肉模糊，惨不忍睹。蔡公时愤怒高喊，并大声呵斥，气急败坏的日本兵残忍地割下其耳、鼻、舌，并挖去其眼睛。最后日本人将十八人分批拖到楼外，除勤务兵张汉儒剪断绳索侥幸逃脱外，其余十七人均惨遭杀害。

5月5日，得寸进尺的日军不顾蒋介石的妥协退让，又增兵扩大了对济南的侵略，并以飞机、大炮对中国军民狂轰滥炸。8日，日军占领了张庄、辛庄的北伐军兵营以及火车站、电报局等重要部门，并向圩子城和内城进攻，东西南北城墙均遭到日军大炮的疯狂袭击。西门内外的顺城街、西城根街的房屋被日本人浇上煤油焚烧，街上无数无辜的居民被打死打伤。西门外的东流水街、估衣市街、普利门、郝家巷及北门菜市庄等地都被日本人涂炭。9日，日军利用济南城西北角没有圩子城的弱点开始进攻。次日凌晨4时，内城西北角被日军攻占约300米。而西、南、东门城楼均被日军炮火摧毁。5时，济南代理卫戍司令苏宗辙亲临现场，指挥仅有的两个团合力反击，数次打退日军。10日晚，蒋介石下令守军撤离。11日凌晨，北伐军残部全都撤离内城，日军登上了济南的城墙，开始了长达一年的占领。据统计，在这次震惊中外的“五三惨案”（也称“济南惨案”）中，有6123名中国人被杀害，1701人受伤。

1929年5月12日，“五三惨案”发生一年零九天后，日军全部撤出济南。临时安置在泰安的省政府又回到济南。西门外被日军烧毁的顺城街改为五三街，中山公园改称五三公园，并立有蒋介石亲笔题字的“五三纪念碑”。曾经作为交涉公署的这座洋楼属曾任济南商会会长的张叔衡的私产，惨案发生后曾一度作为棉花栈行，1932年成为私立建国中学，由国民党山东省党部常委兼省政府委员张苇村任董事长兼校长。

同年，校园东北隅临小纬六路处建起一座西洋式的“五三纪念亭”。因校园围墙是通透低矮的铁栅栏，这座高大的圆形石亭从马路上就能看得见。

国民政府山东交涉公署全体人员合影（前排左起第六人为蔡公时）（历史照片）

亭子檐口上刻“五月三日”字样，临街一侧的石柱上镌刻着“英烈仰当年夏五，梦魂归夜月更三”的对联，为时任山东最高法院院长吴贞缵题写。时任山东省参议会会长张钺、省政府秘书长张绍棠、省财政厅厅长王向荣等分别题写了亭身上另外三副对联。1937 年 12 月，为保护亭子不被日军毁坏，有人便将其拆散运到马路斜对过的中山公园西南角堆放起来。据济南园林史学专家徐家茂介绍，20 世纪 60 年代初，这些亭子的石头构件被运到大明湖东门的园林基建队院里作为建筑备用材料。80 年代中期筹建植物园（今泉城公园）时，这些构件又被运到那里与其他石材混到了一起准备建园时使用，有几块石柱还被运到了千佛山。徐家茂等人发现这一情况后便向园林局、党史馆筹备处等有关部门反映，这些建筑构件最终得以保护。1998 年，在划进趵突泉公园的五三街旧址上复建了“五三亭”，这些石头构件又重新组合在一起，成为那段惨痛历史的见证。只是亭内原有的一块刻有“浩气长存”的石碑没有找到。

1935 年 1 月 2 日晚，张苇村在进德会参加元旦提灯游行活动时被人暗杀，后建国中学遂改名苇村中学，张苇村夫人刘锦文成为董事长兼校长。当时苇村中学小礼堂里还并排悬挂着韩复榘和张苇村的画像。苇村中学斜对面原教会小学也改称苇村小学。

1928 年 10 月，以时任新加坡中华总商会会长、著名爱国侨领陈嘉庚为代表的南洋各界同胞，以山东惨祸筹赈会的名义募捐并委托曾铸造过孙中山铜像的一家德国工厂铸造了蔡公时全身铜像，铜像高 2.18 米，总重 250 公斤。铜像完成后，原计划先运到新加坡，再转运到中国。但因我国局势不稳，只好落户陈嘉庚在新加坡的南益树胶厂。日军侵占新加坡时，为保护铜像便将其深埋地下。1945 年，新加坡光复，蔡公时铜像终于重见天日。1965 年，陈嘉庚的侄子、新加坡中华总商会原会长陈共存将铜像送至晚晴园孙中山南洋纪念馆寄放。2002 年 9 月 16 日，新加坡媒体首次披露了蔡公时铜像的由来，济南市人民政府得知后，有意把铜像运回济南。2006 年 4 月，蔡公时铜像终于回到祖国。2006 年 5 月 3 日，“五三惨案”七十八周年纪念日，济南市举行了蔡公时铜像安放和“五三惨案”纪念堂奠基仪式。2006 年 10 月底，“五三惨案”纪念堂主体工程完工。

由于日本人的持续占领，蔡公时等人的忠骨一直不知下落，传说是被日本人焚尸灭迹了。1930 年 6 月底，蔡公时夫人郭景鸾和当时侥幸逃生的张汉儒来到济南，在已担任省教育厅厅长的何思源陪同下，寻找烈士遗骨，他们雇人在交涉署院中挖掘，只找到一堆被火烧得无法辨认的尸骨、破衣帽以及山东军用地图等，并将这些遗骨用皮箱收敛，外面用木板加固后交南京国民政府外交部，保存在地下室。“七七事变”日军侵占南京，国民政府撤退时，外交部将皮箱丢弃于地下室。从此再无踪影。

蔡公时和郭景鸾生有一女，他殉难时女儿才不满一岁。女儿出生后就患脾疾，肚子肿胀很大，郭景鸾来济南时，顺便把女儿抱来让蔡公时生前好友、精通中医的查尔炽给女儿看病。查尔炽见其病情严重需要长期诊治，身边又无子女，便提出收养的请求。郭景鸾考虑再三，同意让查尔炽抚养。这个女孩取名查学敏。

养父母对查学敏的身世守口如瓶，直到他们相继去世。学习过护理专业的查学敏辗转到了北京华北联合大学附属医院工作，后来积极上进的她成了华大校长吴玉璋身边的专职保健员。1970 年，她随丈夫先是调到东营，后又调到济南在山东大学校医院工作，直到 1987 年离休。1992 年 4 月，已八十多岁的堂哥查禄百把她叫到北京，将她的身世和盘托出，已经六十五岁的她才知道自己竟是“外交史上第一人”的后代。后来她还了解到自己还有个同父异母的哥哥叫蔡今任，比她大五岁，惨案发生后，母亲带着哥哥去了重庆，被宋美龄安排到遗族学校读书，后去了台湾。后来她与哥哥取得联系，并参照哥哥的名字给自己取了新的名字叫蔡今明。

中华人民共和国成立后，蔡公时殉难的这幢楼房长期作为山东省地震局的职工宿舍楼。2012 年 5 月 3 日，这里建成蔡公时纪念馆暨济南开埠纪念馆，免费对外开放。

1999 年 8 月 19 日，济南市政府颁布 150 号令，从 2000 年起，每年的 5 月 3 日上午 10 时至 10 时 30 分，都要拉响防空警报，以铭记这段惨痛的历史。

# 万花筒·杂碎汤

这个大卖场曾经提供的吃、喝、玩、乐、购，早已超出了纯粹的商业范畴，而成为人们窥探这座城市人间万象的视窗。

我对大观园印象最深的就是大观电影院对面二楼上卖的油茶，配有青红丝和核桃仁等小料，吃起来香甜、解馋。那时喝油茶的人很多，服务员都穿着肥大的白褂子，胸前印着“为人民服务”的小红字。她们将一个个大粗白瓷碗排到大案子上，里面事先放好料和瓷勺，谁要就用暖瓶向里冲热水。近年来有人用龙嘴大铜壶替代暖瓶，改名叫茶汤了。那时感觉大观园商品挺多，要什么有什么，逛一圈下来很累。

20世纪的前二三十年，一些军政要员和投机商人与洋人一起趁天下大乱之际“跑马圈地”，疯狂敛财，济南很多综合型大卖场也各归其主。劝业场先归张宗昌，后属韩复榘；张怀芝建新市场，张宗昌建东安市场；德国人建万字巷，日本人建西市场；大观园则是靳云鹏、靳云鹗兄弟的“领地”。

靳云鹏，字翼青，幼时读私塾，二十多岁时入清军炮兵，隶属段祺瑞部下，

20 世纪 50 年代初的大观园（历史照片）

渐为段祺瑞所器重，几次破格提升。1913 年 8 月，靳云鹏为山东都督。当时他看准了济南商埠的发展前景，廉价购得大观园及周围的一百多亩荒地，准备开发利用，俟机发财。后因仕途坎坷，未能如愿。1928 年，随着北洋军阀的彻底覆灭，靳云鹏从此卸甲为民，跑到天津的租界做了寓公。直到 1930 年，社会秩序相对稳定，靳云鹏和他辞去南京政府要职来济南的弟弟靳云鹗便共同策划开发这块荒废已久的土地，并由靳云鹗具体实施。先在经四路北建了住宅，又沿街修建了许多门头店铺，并为即将开发的地方取名“大观园”。由于军人出身的靳氏兄弟缺乏经验，开发并不顺利。这时，张仪亭便主动找上门来要求合作。张氏在经一纬四路当过“同兴义”粮店经理，能言善辩，他说服了靳氏兄弟，并以长丰房地产公司的名义与靳家签订了承租合同，办得了四十五亩土地二十年的开发经营权。

1931年9月26日，大观园部分建成开业，其中有第一、第二和第三剧场，共和厅书场，中心花园和马戏团表演场。由于修建仓促，资金不足，生意很不景气。直到1938年，大观园才成了拥有两百多家业户，四百多个地摊，经营内容涉及杂货、绸布、鞋帽、文具、食品、钟表、照相、理发、饭馆等二十多个行当的综合性大卖场。光娱乐场所就达二十余处，除原有的三个剧场，还有新舞台、民生戏园、中国实验剧场、连升舞台、永乐剧场等稍晚些时候建起来的新剧场。电影院有大观、国泰两家。大观电影院由济南贸易公司投资兴建，是济南第一家有声电影院，放映机是用一架无声手摇放映机在上海改装的。1932年10月25日，《济南晚报》刊登大观电影院放映《狼狈为奸》的消息，并说此片为“环球公司最新伟大出品有声对白”。此外，还有济南最早的台球厅——丽华台球厅，有二十四楼歌舞厅以及烟馆、咖啡馆、酒吧间、清茶馆、算卦馆、妓馆等，五花八门，无所不包。真如万花筒一般，又像杂碎汤一样，廉价而丰富。

20世纪50年代初期大观园内的大众剧场（历史照片）

最令“老济南”记忆犹新的还是大观园内如宋代的“瓦市”“勾栏”之类的曲艺行当。大观园的顾客全是社会底层的平民百姓。第一剧场（即后来的大众剧场）当时属一流剧场，有旋转的舞台，可调换的布景。可上演文戏、武戏和神功戏，可同时容纳1070人观看。但上演京戏多为地方名角，像孟丽君、孟丽容、陆少楼、韩少山、耿永奎等。京城名角如梅兰芳、金少山等来济南演出从不到大观园。共和茶社和晨光茶社是园内有名的两家书茶馆。前者在当时属高消费的场子，以鼓姬叫绝，唱大鼓书。以当时著名的“鼓后”鹿巧玲领衔，“四李”（李香云、李艳楼、李艳秋、芝罘李）主打，“许（金玉）、朱（学贞）”助阵。客人在此可以点曲，加上茶钱每位要收半块现大洋，一般人消费不起。

与“狗不理”包子铺相邻的晨光茶社则以相声大会出名。相声界有个不成文的规矩叫作：“北京学艺，天津练活，济南踢门槛儿。”济南作为当时华北著名的曲艺码头，很多京津艺人都到济南的场子走穴。1941 年，天津相声艺人李寿增、孙少林师徒二人应新市场对过的书场青莲阁老板马玉林之邀，到这里演出，但他们看好了济南这个曲艺码头和大观园的商机，决定在此安营扎寨。1943 年 8 月，由孙少林及其妹妹出资租下了原先表演皮影戏的这块场地，经过粉刷房屋，置办桌凳，当年 9 月 2 日晨光茶社就开了张。年仅十八岁的孙少林聘请经验丰富的师傅李寿增任经理，负责前台事务，他自己负责后台。茶社的名字也是李寿增起的，用“晨光”对应“启明”，意在瞄准北京著名的相声园子西单商场的启明茶社。来此献艺的有马三立、刘宝瑞、吉平三、罗荣寿、袁佩楼、郭全宝、刘广文、王树田、刘贵田、孙兴海、高桂清、高德光、白全福、李洁尘、王长友、赵世忠等人。他们都带来自己拿手的绝活和段子，在这里明着暗着较劲。马三立来到晨光茶社，就爱吃济南的芝麻锅饼和五香花生米，这样既省钱，又撑时候，省下钱来带回家。而李伯祥是晨光茶社培养出来的草根艺人。他在“晨光”初登台时刚刚六岁，个子又矮，只好踩在板凳上表演，人称“小神童”。

由于这里汇集京津济三地相声精英，阵容强大，雅俗共赏，推陈出新，因此同时容纳三四百人的场子几乎天天爆满，观众常常在门外排几十米的长队，遇到雨雪，观众打着伞也坚持等候。茶社从上午 10 点开场，一直演到午夜 12 点才散场，每场十五六个演员轮番上阵，轮流演出、轮流休息，歇人不歇场，行话叫“推磨”。当时园子有前后两个门，观众满了就得想办法让里面的人往外走一走。只好请一个演员说一段不可乐的相声，把观众气跑，或到外面抽烟去。这样就可以再放另一部分观众进来，照顾一下门口排号的，圈内话叫“提闸放水”。开业之初茶社还卖茶送水，后来由于观众太挤，茶房无法进场子添水，因此取消了茶水供应。但茶社的名字保留下来。孙少林也从此在济南扎下根，娶了当时名气比他还大的梅花大鼓艺人、后来改说相声的刘艳霞为妻，有了七个儿女。1961 年，晨光茶社开始公私合营，直到 1966 年歇业，历时二十三年。孙少林则进了济南市曲艺团。1981 年，孙少林走完自己的艺术人生之路。2006 年，大观园商场在其中央地带盖起仿古建筑，时隔四十年重新挂上了晨光茶社的招牌。孙少林的儿子孙小林携一帮弟子，在这里重新搞起相声大会，不卖门票，免费观看。

孩子们最喜欢的是那些“撂地”的艺人们。有三位很是神奇，一是耍飞叉的“一撮毛”刘仲山，二是盘杠子的“老杠子王”王少臣，三是玩全活儿的“大力丸”佟顺禄。佟顺禄是北京人，既会摔跤，又会蹬重，还会耍大刀，兼卖大力丸。那把一百二十斤重的青龙偃月刀，刀把就有碗口粗，十几岁的孩子抬一头都不行，他却常常用单臂挥舞，或将刀放在后背上旋转，玩花样。蹬重是他的拿手绝活。他躺在地上，两脚朝上蹬着一对百十公斤重的大车轮，车轮轴上还有六七个壮汉做着各种动作，他仍气定神闲，沉稳矫健。1934 年，他获得第十八届华北运动会摔跤冠军，次年在第六届全国运动会中量级摔跤中荣获第三名。至于算卦相面的所谓“金门”，则有“李半仙”“小诸葛”和“铁算盘”，仅看这绰号就知道这几人个当年没少蒙人。

这是当年著名京剧表演艺术家裘盛戎（左）、丑角演员蒋元荣（后排）与济南晨光茶社老板、著名相声表演艺术家孙少林（右）在济南大北照相馆的合影。（孙小林供图）

大观园最吸引人的还有那

20 世纪 90 年代的大观园北门

些风味小吃，有什么米粉、糁、油饼、糕点、煎包、熬鱼、烧卖、羊汤、大素包、拉面、涮锅等。有些规模的要数清真马家馆、“狗不理”包子铺和赵家干饭铺。这里的“狗不理”，并非正宗的天津老字号，当地人以天津“狗不理”包子的选料、配料和制作方式如法炮制，创出了天丰园“狗不理”灌汤包的品牌，吸引了不少客人，至今在大观园东门还延续着自己的历史。

大观园集购物、娱乐和餐饮为一体，吸引了市内许多的平民百姓，外地人来济也总要到大观园逛一逛。1937 年 7 月 20 日，《申报》有篇名为《济南——平民娱乐场大观园暮晚的动态》的文章：“大观园遂成了一般平民和少数有钱阶级的消夏场所。每至暮晚，有千百的男男女女来此闲逛，大观园立即活跃起来。直到深夜十二时许，才渐渐沉寂了。”《济南大观》将萃卖场、新市场和西市场列在“集市商场”篇里，而将大观园与广智院、中山公园和千佛山一同放在“游览场所”篇中，不难看出，大观园在当时已经超出了一般市场的功能，成为展示济南市井风情的舞台。

中华人民共和国成立后，妓院、大烟馆和算命馆都被取缔了，摔跤的、唱戏的、说书的、杂耍等艺人也都加入了各自的文体组织。一些老号也参加了公私合营，部分小老板和昔日的雇员成了国营商业职工。1951 年 4 月 1 日，在大观园做了十七年霸王的张仪亭被政府处决。同年，做了多年寓公的靳云鹏也病死在天津家中。1953 年，昔日生意鼎盛、鱼龙混杂的二十四楼歌舞厅在“打老虎”时被除掉了。旧时的大观园也就此画上句号。大观园是济南最早被分段改建的综合型商场，中华人民共和国成立前的景象基本看不到了。

◆游艺园 ◆进德会

# 游乐与教化

私人化的游乐与集体化的娱乐，旧体制与新生活，都叠加在这个不同年份的同一区域，最终成为消失了的历史档案。

1925年5月在经七纬五路建成的游艺园，是济南最早的纯粹性游乐园。创办人中的季海泉和王盛三，与第一楼的两个投资人重名。季海泉是上海人，在济南开办过骨粉厂。回家乡时他看到上海大世界的生意很火爆，回到济南后他便联络在济南经商的周村人王盛三、安徽亳州人苏古农等人，采取租地方式，参照上海大世界之格局，筹办游艺园。季海泉亲自设计绘图并自任经理，山东督军张宗昌参加了开园剪彩仪式。

占地四十多亩的游艺园环境清幽，布局紧凑。一湾人工湖水贯穿南北，湖岸杨柳依依。围绕简洁的园林布局，设有大戏院、小戏院、露天电影场、文明戏院和书词社（杂艺场）。小型戏院专演魔术、曲艺、杂技、歌舞等节目。还设有地球（保龄球）房、台球室、气枪射击场、脚踏车赛车场、篮球场、网球场、滑冰坊等体育设施。这里还开辟了动物园，养着东北虎、金钱豹、大袋鼠、狮子、猩猩、四不像、鳄鱼、狐狸、大蟒、洋鸡、孔雀及各种鸟类，据说这些鸟儿购自曾任过民国大总统的曹锟的官邸花园。园内还有中西饭馆、茶社、照相馆等。

游客来此游玩时，实行“一票通”。游人购票进入后，除饭店、茶社和京剧大戏院内的包厢另付钱外，持这张通票，既可看电影、话剧、曲艺、地方小戏，又可逛动物园，去京剧大戏院的边座、散座看戏。为招徕游客，每逢春节或元宵之夜，园内还会燃放焰火，组织诗社、猜灯谜活动，并不时更新剧目。如剧场曾邀请罗马尼亚的一个歌舞团来此演出，动物园邀来印度人表演驯虎。1928 年“五三惨案”后，季海泉为避祸乱，回了上海，其他股东也兽奔鸟散。而游艺园则由《济南晚报》社长郭伯洲等人暂为管理，以维持局面。

1932 年春，到山东任职一年半的韩复榘赴南京述职，蒋介石、宋美龄介绍他参观并参加了由黄仁霖主持的“寓教于乐”的励志社。韩复榘指令山东省政府秘书长张绍棠参照励志社的形式，以“砥砺德行，促进文化，戒除一切恶习，养成健全人格”的宗旨，策划筹建进德会，并拟定了《山东省进德会组织章程》，由张绍棠与建设厅厅长张鸿烈、教育厅厅长何思源三人负责筹建事务。1932 年 8 月进德会成立，会址起初定在皇亭体育场，后买下游艺园迁入，随之更名。进德会规定，凡属省政府所属的军政人员，无论文官还是武官，只要官职为校官以上者，都可成为当然会员。其他人员入会，需经两名当然会员介绍，成为普通会员。会员凭证出入进德会，无须买票。同时还吸收了青岛市长沈鸿烈，胶济铁路委员会委员长葛光庭和何思源的夫人、法国人何宜文等三人为特别会员。沈鸿烈还向进德会赠送了供展示老虎用的“虎塔”。进德会具有官办俱乐部的很多职能，但还承担着教育与培训的责任。省政府确定每周一为“朝会”，在进德会礼堂举行，还聘请国内知名人士如南京中央国术馆馆长张之江、北京师范大学教授江亢虎、齐鲁大学校长刘书铭、哲学家和教育家梁漱溟、天主教红衣主教于斌以及靳云鹏、陶希圣、沙月坡、陈立夫等来此讲演国学经典、乡村建设及西洋教义等。1934 年，蒋介石倡导推行“新生活运动”，韩复榘积极响应，便将进德会作为“新运”活动的重要场所，有关的集会、演讲都在这里举行。因进德会政治色彩日渐浓厚，来此游乐的普通市民人数已不及从前的游艺园。进德会开办了《进德月刊》杂志，刊载诗歌、论文、剧本、漫画和大事记，以及各地名胜、古迹、古物、特产，乃至婚葬习俗等，一度被人们争相阅读。进德会还举办各科业余研究班，讲授国学、英语、日语、数学等科目，另设有进德小学（今经八路小学校址）。

进德会成立了国剧研究社，扩建了游艺园原有的京剧大戏院，内设有楼座、池座、月台和包厢。曾邀请京剧名角杨小楼、高庆奎、梅兰芳、程砚秋、李万春、马连良、谭富英、金少山在此演出。1936 年 10 月，梅兰芳、萧长华、杨宝森、杨盛春在这里演出了《宇宙锋》《西施》和《定军山》。进德会成立的鲁声话剧社，曾演出自己编创的《阿 Q 正传》《放下你的鞭子》《民族魂》等进步剧目。这里的杂艺场十分活跃，除放露天电影外，还有曲艺、杂剧、魔术等演出。魔术家张敬扶，京韵大鼓名家白云鹏、张筱宣，

进德会的戏剧演出（历史照片）

五音戏名家邓洪山（鲜樱桃），山东大鼓名角鹿巧玲，河南坠子名伶乔清秀，评词家王少堂，滑稽大鼓山药蛋，单弦拉戏盲人王殿玉，中国飞车表演团等都在这里表演过。这里还新建了小高尔夫球场和百姓俗称“水晶宫”的室内游泳池。泳池中备有高台跳水设施，并只对官绅及进德会会员开放。普通百姓可以光顾大、小戏院和动物园、说书场、马戏场、地球场等。每逢年节假日，官方举办同乐演出、花灯会及丰富多彩的游园活动，百姓可免费游园。

1937 年 12 月济南沦陷，主张“焦土抗战”的韩复榘派人放火烧毁了进德会。日本人将这里改建为“昭和园”公园，1940 年又将其改为兵工厂，称昭和园工厂。日本投降后，国民党山东省政府将其改为机械厂。济南解放后，此处改建为济南第一机床厂，遗留下来的老建筑仅有两层圆顶的柱廊式的凉亭名“黄河赈灾亭”，样式很像个大鸟笼子，亭内有韩复榘亲笔题写的“永澹沉灾”石刻。亭子一直保留到 20 世纪 90 年代中期才被拆除，进德会消失得无影无踪了。

◆济南火车站

# 消失的钟声

老火车站曾是远东最为经典的德式建筑，曾与趵突泉一道成为这座城市的标志。它当年的拆除与计划中的重建都牵动着人们的心弦。

济南老火车站拆除后不久，著名电影表演艺术家、故事片《大浪淘沙》中的男一号于洋出差到济南，火车开进济南站，同行的人请他准备下车，他向车窗外看了看说：“慌什么，还没到济南呢，那车站很漂亮，有一个德国人建的钟楼。”他主演的那部片子中有很多故事发生在济南，外景自然也少不了大明湖、千佛山、正谊中学、第一楼和老济南站。当同行的人告诉他这就济南站，老车站已拆掉时，他惊讶不已，坐在车上半天说不出话来。

这是在一个朋友处听到的，是真是假不好考证了。但济南老火车站独特的建筑风格，不仅在老济南市民中刻骨铭心，也给到过济南的外地人乃至外国人留下了深刻印象。

津浦铁路济南府站刚刚建成时的情景（历史照片）

早在百年前，济南人便感受到了以蒸汽机为代表的近代工业革命带来的社会变革，以及殖民文化的冲击。1898 年，德国强迫清廷签订了《胶澳租借条约》。1904 年，德国人将胶济铁路自东向西铺到济南，原胶济铁路济南总站就是今天位于经一纬三路的铁路分局办公楼。不久，由英、德两国出借款项建造的津浦铁路也修到济南，因两条铁路的统辖权不同，津浦铁路济南总站独立设置在今济南站的位置。1914 年第一次世界大战爆发后，日本人趁德国无暇顾及远东，便占领了胶济铁路。1919 年，巴黎和会擅自决定由日本继承德国在山东的势力范围。1923 年，中国政府收回了胶济铁路主权。1937 年底，侵华日军占领济南，并于第二年将胶济铁路站并入津浦铁路济南站，这里遂成为两大铁路干线统一使用的大型车站。

济南站始建于 1908 年，1912 年 12 月落成。设计师赫尔曼·菲舍尔（Harmann Fischer）是德国著名建筑师。他与济南的渊源还不仅是火车站。

津浦铁路济南府站候车大厅（后为售票大厅）有着漂亮的室内装饰。（历史照片）

他在济南工作多年并度过了愉快的时光。他在这里结识了自己的妻子，于青岛完婚。他们的第一个孩子也出生在济南，他们先是住在老城的一个四合院里，后来在车站附近他亲自设计建造了自家的别墅。他们在齐鲁大学的网球场打球，在大布政司街的温太芳照相馆合影，在冬日的大明湖上滑冰。作为青年风格派建筑师，他设计济南站时，吸取了日耳曼民族优秀建筑的传统特色，并参照芬兰设计师伊力尔·萨里宁所设计的赫尔辛基火车站，以寻求新的突破。整座建筑由东西两楼和钟楼组成。西楼为候车、售票、办公之用。东楼为辅助用房，原为邮政局，后改为货运用房。墙体为砖石结构，楼板、楼盖则为木结构。整座建筑呈不对称布局，立面组合高低错落、主次分明、富于变化，其云状曲线形的阁楼山墙上开有老虎窗。宽大的石阶之上是候车大厅（后为售票厅），圆形拱顶高达十多米，南北墙上均开有高阔拱形玻璃窗，与尖形山墙和谐统一。拔地而起的钟楼嵌在东西两楼之间，地下一层，地上八层，高达 32.1 米，绿瓦穹顶。塔楼顶部东西南北四面设有大钟，那悠扬的钟声在夜深人静时传得很远。

这座造型别致的火车站刚一建成便受到了海内外媒体、建筑学界和普通百姓的广泛赞誉，成为远东地区最为著名的火车站。1913 年 6 月 15 日，上海出版的《德文新报》报道了济南商埠的建设情况："几年之后……这里几乎完全德国化了：德华银行、德国领事馆、德国医院和一系列各国公司的建筑雄伟庄严。津浦铁路公司的车站办公楼和住宅楼也是德国风格的建筑，将与之为伍的是山东铁路公司雄伟的新候车大楼，或许还有一家德国餐馆。"二战后德国人编制的旅行手册上就建议，到远东最值得看的第一站就是济南火车站。它还成为当时清华大学、上海同济大学建筑学教科书上的范例。2001年，江苏古籍出版社出版的一套《民国社会风情录》，其《建筑卷》的封面便是老济南站。包括于洋在内的许多外地人正是先认识了老火车站，才认识了济南，记住了老火车站，才记住了济南。

津浦铁路济南府站的设计师赫尔曼·菲舍尔与太太阿斯塔在济南相识，在青岛结婚，并在济南住过很长时间。图为菲舍尔夫妇在济南的合影。（历史照片）

1958年，老火车站进行了部分改造，为增加容量，在西面建起了两层候车室和三座站台天桥。1972年，为欢迎柬埔寨诺罗敦·西哈努克亲王来济南，新建了从站台直通站前广场的出口，当时称迎宾门。正在读小学五年级的我还有幸参加了8月10日车站广场上的欢迎队伍，还首次佩带上了大红绸子做的红领巾（当时一般用红布做），数十辆三轮摩托警车在车队两边开道。我们远远地望着他乘坐着敞篷红旗轿车缓缓驶过。后来才知道，当时在站台上给西哈努克献花的小姑娘正是后来成为明星，但却不幸于2002年10月英年早逝的李媛媛。

1989年，对济南老火车站是保留老站进行改造，还是彻底推倒另起炉灶，高层人士和专家学者们展开了激烈的争论。1992年3月方案最终敲定。当年7月1日上午8点5分，老站钟楼上精准的机械钟永远地停止了转动，伴随着济南人走过八十个春秋的老车站也就此作古。

老站拆除之前，众多的市民蜂拥而至，为的是再看一眼这座在他们的生活中占有重要位置的老站。很多人用相机给老站拍照，与老站合影，记录下老站伟岸的身姿。

1992 年老火车站被拆除之前的场景

1995 年 6 月 8 日，在老站原址上建成的新站投入使用。但新启用的站台票上依然印着原来老站的照片。幸好，原胶济铁路济南总站的房子还完好地立在那里，这也算是对过去的一种参照吧。

重建老站的呼声一直不断。2012 年，老站落成整整一百年，有关老站重建的声音再次响起，相关方案也呼之欲出。12 月上旬，当年车站设计师赫尔曼 · 菲舍尔的孙女西维亚夫妇不远万里闻讯来到济南，她还特意从德国慕尼黑档案馆找来了当年老车站的珍贵影像，及祖父母在济南生活时的照片共百余张。山东建筑大学、济南市档案馆、山东画报出版社《老照片》编辑部联合主办了“菲舍尔与济南火车站图片展”。在有关方面安排下，我随同西维亚一起到计划重建老火车站的官扎营片区，即未来的济南站北广场实地探访，她还特意装了一捧来自老火车站旧址的泥土以做纪念。我向她赠送了《济南乎》以及由我撰文的《济南 · 青岛经典历史建筑游》这两本书，当在后者中看到祖父母举行婚礼的青岛江苏路基督教堂时，她激动不已。

◆天桥 ◆官扎营 ◆成丰街

# 大桥下面

这座天桥曾是全省首座铁路公路立交桥。而桥的西面则曾经是济南百姓赖以生存的“米粮仓”和“面袋子”。

当年胶济铁路铺到了商埠，津浦铁路也即将开通，这些横躺在高高路基上的铁家伙无疑成了成丰桥至经一路之间的拦路虎，于是有了横跨铁路的天桥。桥始建于1908年，1911年又增修引桥，为省内首座铁路与公路交叉立交桥。老天桥原为三拱，南北斜坡引桥由泥土堆积填充条石铺成，引桥东西侧立面为剁斧石垒砌，横跨铁路的桥顶为钢架桥梁，桥顶偏北有一段向西延伸的侧桥直抵官扎营前街，人们叫它“天桥尾巴”。桥下有两个石砌拱顶涵洞打通东西路道，最初的天桥与今天的最大不同是，桥上主要走行人，如今天的过街天桥，而汽车、牛马驴骡等畜力车则走桥下铁道洞。

20世纪五六十年代，为缓解交通压力，先后对老天桥进行了几次改造，安装了铁护栏和桥灯，桥上允许汽车通行。当时天桥上的路面很陡，

这张烟标上描绘着老天桥的最初风貌。

车辆状况又差，每次坐4路公交车路过天桥时，汽车都要费很大力气，车速很慢，马达声巨响，排气管子冒出浓浓的黑烟。当时天桥周围没有高大建筑，它就成了这一带的制高点，汽车一旦爬到桥顶，透过车窗看两边的风光时，顿感心旷神怡。桥上自然也成了看火车、看风景、谈恋爱的好地方。“天桥尾巴”上还一度是有名的旧货市场。直到“文革”前，这里还每五天一次集。除古玩旧货外，服装鞋帽、锅碗瓢勺、桌椅板凳，应有尽有。耍猴的、变戏法的、吹糖人的、卖酸蘸的、卖豆腐脑的、卖烤地瓜等小吃的摊位一个挨一个。每到夏夜，“天桥尾巴”成了小夜市，来此乘凉的人摩肩接踵。“逛天桥”曾是一种时尚。

老天桥东西两侧原有许多棚户，一些家庭生活困难的人便到天桥底下“混穷”，主要为走到桥下拉着沉重货物的地排车、三轮车拉襻，当地人叫“拉套子”。很多人腰里挂着用结实的绳子做的襻套和铁钩，在桥下上坡处等着，来了人力车就会有人上去搭讪揽活。当时“混穷”的不少，彼此间常常为揽活而打架。

由于天桥的知名度高，还成为所在行政辖区的名字。老天桥留下的历史图片很少，我收藏了一款“天桥”牌烟标，上面印着老天桥的绘画，这个牌子的烟，一角七分一包。

1973年，老天桥开始拆除。两年后，总长854.5米的新天桥竣工通车，成为当时国内最长的旱桥。1976年10月，为庆祝粉碎“四人帮”，各机关学校纷纷组织庆祝游行队伍。我们中学的师生打着红旗，举着标语沿济泺路向南进发，到了天桥，这里是一片欢乐的海洋，红旗迎风飘，锣鼓震

1975年天桥重修竣工通车典礼（历史照片）

天响，桥上桥下被游行队伍挤得水泄不通。

天桥西侧的官扎营是片稠密的居民区，由近三十条街道组成，有官扎营前街、中街、后街、西街等四条主街。街名应系关家营或官家营的讹传，可能与早年驻扎兵营有关。虽然清康熙和乾隆时期不同版本的《历城县志》里都有"官家营"或"关家营"的地名记载，但在20世纪30年代前，街区规模并不大，民居的房前屋后多是农田。直到"文革"初期，官扎营后街还叫官扎营大队，北面全是庄稼地。

随着胶济铁路和津浦铁路相继开通，这处紧靠火车站的街区逐渐热闹起来。1913至1923年的十年间，这里先后建起十余家面粉公司，年产面粉八百余万袋，总产值约占全市的一半，成为当时全国面粉业六大城市之一。1916年，济南粮业公所，也称"粮关"在此成立，协调管理粮食交易。1927年，连接小清河的工商河通航后，小清河的船直接可以在成丰桥码头停泊，极大地方便了官扎营一带的货物运输。一些商家纷纷来此投资办厂。一些穷苦人家、搬运工人等也因这里地价低廉聚拢过来，在此安家。居民也是“靠山吃山”，到铁路和粮栈货场“扛大个儿”（搬运工）、蹬三轮、拉地排车，等等，所得工资皆以小米结算。1949 年，街上还成立了搬运工人消费合作社，合作社里的粮油、布匹、生活用品等，是专门卖给搬运工人的，价格较低。这时的街坊开始变得密集起来，人气更加兴旺。昔日荒芜的街区变得“街内有街，街内有巷，巷内有巷”，七曲八拐，宛若迷宫。

天桥西侧偏北有条成丰街，街名则源于苗家所开的成丰面粉厂。而苗氏家族与孟氏家族一样，曾经在济南工商业界占据举足轻重的地位。苗家世居的新城（今桓台）索镇，曾是乌河边上的一个比较发达的水旱码头，商业、手工业和运输货栈业历来很兴盛。苗家祖辈务农，但到了“世”字这辈，苗家的经商才华开始显现。苗家深知“民以食为天”的道理，最早的买卖就是从人们都离不开的粮油开始。1894 年，苗家与当地一家制油大户合伙开办了聚恒油坊，四年后即赚了三千两白银，捞得了他们在商业领域的第一桶金。那时当地流传着“要发财去济南”的说法，尝到了甜头并有了本金的苗家，自然想着到省城济南府去干更大的事业。

官扎营旧貌

官扎营街上也有讲究的门楼。

苗家分为六支，长支与次支的第二代人先后在济南兴办工商业，因他们出自两支，故有“大苗家”“小苗家”之说。苗德卿（世厚）和胞弟苗杏村（世远）及苗德卿次子苗兰亭是“大苗家”的代表人物，苗星垣（世德）及胞弟苗海南（世循）是“小苗家”的代表人物。两家都是“世”字辈，是没出“五服”的堂兄弟。为使外人容易区分，到了济南后的苗家兄弟都以其字为名。

1899 年，“大苗家”的苗德卿、苗杏村兄弟二人便与他人合资，在泺口镇开设了恭聚和粮栈，六年后就赚了白银七千两。开埠后的 1906 年，苗德卿又在泺口与他人合开了恒聚和粮栈。两个粮栈互通信息，相互配合，在竞争中始终处于有利位置。1910 年，苗家在泺口还开设了独资的公聚和粮栈。

津浦铁路开通在即的 1911 年，苗杏村先在火车站附近开设了恒聚成炭栈，第二年又联合他人在经一纬四路修建起三十余间门面的恒聚成粮栈。此时，苗德卿年事已高，粮栈主要由苗杏村打理，苗德卿次子苗兰亭予以协助。苗杏村幼时家贫，无缘上学，在索镇做面食生意，十五岁时还牵着毛驴往返于索镇、羊角沟和淄博赶脚送客、贩煤。他初来泺口时也是从粮栈伙计干起。他有着经商的天赋，又善于理财。他在胶济、津浦沿线设立了三十余处分庄，不到两年，使恒聚成的资本翻了五十倍，由此苗家的粮栈生意进入了辉煌期，逐渐登上了济南粮栈业的霸主地位，并在长达二十二年的时间里独揽广帮大米生意。

一战后，洋面来源断绝，进口锐减，山东面粉厂亦应运而生，机制面粉业在济南也迅速发展起来，成为食品业乃至济南整个工业的支柱。1922年8月，家底更为厚实的苗杏村首度与堂弟苗星垣联手，通过关系，向英商赊购当时世界上最为先进的钢磨等设备，建起成丰面粉公司，苗杏村任董事长，苗星垣任总经理。生产“梅蝠双鹿”牌和“三羊”牌面粉。这也是苗家从商业转向工业的标志。1930年，成丰面粉公司不断扩建，共有钢磨25部，工人600名，日产能力达到8000余包，成为济南当时设备最多、产量最高的面粉厂。1933年还在东流水组建了成记面粉厂，苗杏村任董事长，其侄苗兰亭任经理。苗家不仅控制了济南面粉市场，而且还成为张家口、邯郸、蚌埠、郑州、南京等地的面粉供货商。

1938年2月，日本人对成丰面粉公司实行所谓的“中日合办”，改名

成丰面粉公司制粉楼旧址

为东亚面粉厂。1945年日本投降后，国民政府将成丰面粉厂发还给苗星垣。中华人民共和国成立后，成丰面粉厂先经过了公私合营，后成为国有企业。20世纪80年代以后，改名为济南粮食加工厂，生产的方便面曾经远销东北和西北，盛极一时。后来又挂起了济南成丰粮油食品总厂的牌子。

位于成丰街25号的原成丰面粉厂厂址，包括当年厂高管办公的小洋楼、三座库房和制粉楼的楼体框架还保留着。制粉楼曾是主要生产车间，主体五层，局部七层，高达三十多米，曾是铁路以北的最高建筑。2007年，这里发生了一场大火，将建筑内部全部烧毁，但整体框架保留下来，残留的门窗和烧焦的粗大木梁，让人想象着这幢建筑昔日的摩登。

当年，无论大小苗家，所办的粮栈名称里大都有个"聚"字，而所开的工厂名字里又少不了"成"字。也许苗氏家族的"聚"，"成"就了这个家族和这座城市的荣耀。有了成丰面粉厂，就有了成丰街，还有了成丰桥，以及天成路。

第四编

# 郊野拾穗

◆千佛山
◆齐鲁宾馆
◆舜耕山庄

# 世俗之山

佛教之地是神圣的，但千佛山却和蔼亲近，是济南人的依靠，是老城的后花园和“大盆景”，也是鸟瞰全城的观景平台。人们在山上山下建这建那，于是就有了建筑里的故事。

我对千佛山的第一印象，没有佛像更没有和尚。那时我正上小学，我们排着队从北郊一路南行，看着山离得很近，可就是到不了，所谓“看山跑死马”。过了文化西路，便踏上了登山的道路，两侧是大片的玉米地。老师开始说注意事项了：“向阳山就要到了，‘收租院’就在上面，我们是来忆苦思甜的，大家要排好队，不能打闹和大声说话。”“收租院”是那组当年轰动全国的大型泥塑，主题是揭露旧社会四川大邑县恶霸地主刘文彩“罪恶的一生”。这组带故事情节的雕塑，摆到了几间老房里，可能就是今天的兴国禅寺中。雕塑很生动，人物形象很逼真，人物的眼睛是用玻璃球做的。大喇叭里播放的背景音乐凄楚悲伤，后来知道这是中国二胡名曲《江河水》。

20 世纪 30 年代的千佛山“洞天福地”牌坊（历史照片）

20 世纪 30 年代千佛山摩崖石刻造像十分完整（历史照片）

山崖壁上有些大小不等的佛像，佛头被砸掉，有头的脸也被毁容。老师说这叫“破四旧”。庙里的大小和尚也早已被赶回了老家。千佛山改名“向阳山”，全国上下很多居民家的院子也改称“向阳院”，都是同一个道理。这时我联想起邻居有个名叫丽娜的姐姐，因为她是与苏联友好时代出生的孩子，名字自然与苏联的相近，“反修防修”时，她改称“红卫”了。

我长大了，千佛山又有了香火，也又有了和尚。我开始端详起千佛山来。这山不高，也不深，寺很古，明明亮亮地摆在半山腰，从山下很远的地方就能看得到。正是这座并不伟岸的山峰使济南有起有伏，有了脊梁，在柔情似水的城市风貌中多了几分阳刚之美，让济南人有了着落，有了依靠。

千佛山不高，海拔仅285米，却是济南的制高点和鸟瞰泉城的绝佳地。如果说刘鹗在城北大明湖畔观“佛山倒影”，仰望千佛山，与他同时代的诗人毛在则登上千佛山顶俯瞰济南城：“层台矗突倚云孤，把酒凭栏望眼殊。山色独怜华不注，水光遥见大明湖。郊原绿遍皆生意，城市苍茫入画图。最胜遗风犹未改，年来憔悴得公苏。”居高临下，放眼城郭，便是千佛山带给人们的另一种感受。

早在隋开皇年间就建有千佛寺，这便是后来的兴国禅寺。或因“兴国”吉利的词汇，或均建于北宋太平兴国年间，全国各地的兴国寺有好几十座，遍布陕、甘、晋、豫、冀、苏、皖、川、闽等地及省内滨州、淄博等地。济南同城的章丘曹范镇叶亭山村也有一座兴国寺。但据说千佛山上的兴国禅寺是唐贞观年间扩建后改的名，是年代记载有误，还是与太平兴国无关，未见考证。兴国禅寺山门两侧的那副石刻对联在济南流传甚广：“暮鼓晨钟惊醒世间名利客，经声佛号唤回苦海梦迷人。”据说这是清末秀才杨兆庆留下的墨宝。相邻的历山院是个道场。明成化年间，济南德王府内官苏贤，欲成“善果”，捐资修建了三清殿和真武楼，将尧、舜、禹奉为天、地、水三神，立祠祭奠。清康熙年间此地的文昌阁内还供奉过孔子。今天尚存舜祠、鲁班祠和文昌阁，有的是改建，有的是迁址新建。

这山也是世俗化、平民化的，不知从何时起，山上还养活着一群山民。

银装素裹的兴国禅寺

中华人民共和国成立前，千佛山属羊头峪村，有二十多户人家，都是穷苦人。从外地逃难而来，进不了济南城，便在山上安营扎寨，靠种地、卖点儿小玩意儿为生。山上地薄缺水，作物产量小，只是糊口。就连寺里的和尚不讲经、不做法事时也到地里干活。山上没水吃，山民们要费尽力气到山下挑水。

农闲时，有些山民，特别是妇女和孩子便做些小买卖。如卖元宝，一种纸浆板糊成的纸元宝，敬神用，一对对地卖，价格也较香高许多。庙里还有一种泥娃娃，供那些求子的人祈祷许愿，付足香火钱，用红绳拴到泥娃娃的脖子上抱回家去，叫拴娃娃。得子三年后再持香烛，以菜点果品到此上供，或送匾、伞、衣鞋，甚至打制银子来此还愿。

原先这里还有抬山轿的。轿子就是家用的太师椅，在两侧捆绑两根长木棍，前后两个把手间有襻带，分别套在前后两个抬轿者的脖子上，省力还防脱手。坐山轿的不是有钱人，就是做官的。轿夫的收费不一，也时有勒索游客的情况发生。20 世纪 30 年代，当地公安局还制定了相关规定和收费标准，比如，轿夫必须是二十岁以上四十岁以下，且身体健康者，轿

兴国禅寺里的僧人

身轿杆必须坚固，轿夫收取工费外，不得索要酒资，一人山轿价目自南圩门至千佛山根价洋六角，由南圩门至山顶价洋一元贰角，由山根至山顶价洋八角，等等。

那时兵荒马乱，逛山的人很少，但只要有进香的，买卖人就有了进项。山民们最盼着三月三和九月九这春秋两季的两个盛大的庙会。

千佛山庙会历史悠久。早在南北朝时期，人们就来此登高、赏菊、插茱萸，消灾避难。到了隋唐时期更加兴盛。元成宗年间，确定三月三、九月九各州、府、县均祭祀“三皇”。后逐渐发展成为集佛事、娱乐、物资交流、餐饮与游览观光为一体的习俗活动。那时山会的内容很丰富，有扎彩棚唱大戏的，有说书的，打把式卖艺的。卖栗子、山楂、柿子、红枣、核桃等山货的也布满山道两旁。砂锅煮地瓜、糖煮梨、荷叶肉、蒸糕、绿豆糕等济南风味小吃现做现卖。1956 年，作家沈从文曾撰文回忆千佛山庙会：“山路两旁，是各种各样的地摊，还有个马戏团在平坡地进行表演，喇叭嘶嘶懒懒的吹着，声音和三十年前一样！还有玩戏法的，为一件小事磨时间，磨得上百小观众心痒痒的。卖酒的特别多。此外还有卖篮子箩筐等日用品的，可知必有主顾。真正最有主顾的是成串柿子。山路转折处还有好些提大篮子的，篮中物扑鼻香，原来是卖烧鸡的，等待主顾登高饮酒吃用，一定也有主顾。只是作诗的怕已极少。路旁还有好些茶座酒座。学生还排队吹号击鼓来玩，一般都有小龙高大，看样子，还很兴奋！”话虽不多，语言极朴实，却道出了那时山会的乐趣。

原来山上不卖票，随便进，直到20世纪70年代公园建起来的二十多年中也不收门票。那时山里也没有这么多的这庙那阁，山下也很空旷。今天山上山下建了不少东西，千佛山那浓浓的古风幽韵却是越来越淡了。

1979年，千佛山脚下那片原属于向阳大队的玉米地变成了马达轰鸣的建筑工地，齐鲁宾馆（当时叫齐鲁饭店）破土动工。几年后，一座高三十五米的火柴盒式建筑挺立在经十路旁。这家宾馆使用香港的装饰队伍，手里握的更是当时内地少见的电动无齿锯、电动手提锯、钉枪、电刨子等工具，施工效率很高。这也开启了济南现代酒店业装修的先河。这家宾馆在人员招聘时引起了不小的社会反响。招收几百名服务生，报名的就达几千人。经过严格挑选和培训，员工整齐划一，个个有模有样。1985年春，齐鲁宾馆试营业，次年正式开业。敞亮豪华的大厅里，迎门玄关处饰有艺术大师刘海粟亲笔题写的“宾至如归”四个金色大字。拥有二百五十多个房间，五百多个床位，以及大小餐厅暨宴会厅、大堂吧、咖啡厅、多功能厅、贵宾室、美容厅和健身房。那间有着雕花美女图案的美容厅，理发工具都是进口货，并在济南首家提供可躺式洗头服务。这家宾馆曾被评为“济南十大景观”之一，成为当时济南的新地标。1991年，齐鲁宾馆与舜耕山庄、明湖大酒店一同荣膺济南首批三星级宾馆，1992年又荣升为四星。当时的军旅作家李延国将齐鲁宾馆最初的辉煌撰写成了报告文学《文明的旅程》，发表在《人民日报》副刊上，整整一个版。

良好设施与服务使齐鲁宾馆也成为公务、商务接待首选。当时的零点大厅“三品堂”常常座无虚席，人声鼎沸，稍来晚点只能到大堂吧候座。

这里有三道菜来客必点：葱油鲩鱼、蒜子鳝段和香酥鸡腿。那洋鸡腿大得有些夸张，但在当时是相当解馋的“硬菜”。1989 年 5 月，日本友好人士冈崎嘉平太第一百次访华来到济南住在这里。同年，柬埔寨国家主席西哈努克再次造访山东时住在这里。为完成这次重要的接待任务，宾馆抢时间打通了九楼的三个相连房间，改造成为总统套房，房号 927，圆满完成此次接待。西哈努克十分满意，临走时他还送给身边的服务人员每人一条丝巾。美国知名人士陈香梅 1991 年 9 月来济南参加“世界旅游日”中国主会场活动时也住在了 927 房间。

1992 年，齐鲁宾馆二期工程开工，1995 年主体工程封顶，高 157.10 米，39 层。2003 年 5 月，饱受巨额债务拖累的齐鲁宾馆在“非典”期间关门歇业，没有再开门。2011 年 1 月 28 日 6 点 03 分，伴随着漫天大雪和巨大爆炸声，高十一层的齐鲁宾馆老楼在短短 9 秒钟轰然倒塌，成为一片瓦砾。据说这里将诞生一个崭新的“综合体”。

舜耕山庄在千佛山西南麓，开工建设时间较齐鲁宾馆老楼晚几年，但开业时间差不多。这家具有简约风格的园林式建筑，随形就势，巧妙布局，低层的房舍掩映在青翠之中，与周围景致浑然天成，将“山庄”的文章做足。难能可贵的是，山庄大打济南文化牌，并扛起“大舜”的旗帜。前厅入口处的亲水景观采用龙山文化的典型器物陶鬶，为黑陶艺术家仇志海所创作。大厅内的彩色壁画《舜耕历山图》，为后来任山东工艺美术学院院长的张一民的作品，高 3.9 米，长 31.6 米，概括地描绘了大舜的一生，为当时济南最大室内壁画。四季厅内曲桥流水，半壁亭台，构思巧妙。墙壁上那幅巨大的折扇半径达三米，系济南最大折扇，上面书写的是相传为大舜所作的《南风歌》，为赵朴初手迹。大小宴会厅的各个堂号则分别由启功、刘开渠、胡絜青、黑伯龙、欧阳中石等艺术家题写。

济南是舜的故乡，有许多舜的传说遗迹。但在舜耕山庄建起来之前，人们似乎把他忘记了，而正是舜耕山庄出现后，与舜相关的街道、建筑、楼盘、商号遍地开花。

# 帝王那些事

济南没有做过都城，皇帝行列中的济南人也仅有颇具争议的王莽一位。济南与皇帝有关的那些事曾经鲜为人知。

20 世纪 20 年代，康有为来济南时专程到华不注游历，他认为其突起于平原，是泰山支脉终结之处，属于风水宝地，最适宜人的居住。他在《新济南记》（康有为《万木草堂遗稿外编》）中从交通、住宅、市容、学校、公园等多方面，提出建设新济南的方略，认为“诚宜移都于华不注前”，相信“不十年，新济南必雄冠中国都会”。他的设想自然没有实现。

济南在历朝历代没有做过都城，做过“皇帝”的人也只有一位备受争议的王莽。王莽（前 45—23），字巨君，出生在魏郡元城（今河北大名县东），其祖籍为济南郡东平陵城，是战国时代齐国贵族后裔。西汉竟宁元年（前 33）成帝刘骜即位，王莽的姑姑王政君（也是东平陵城人）当了皇太后。此后，王氏家族逐渐显赫起来。王莽的叔伯及其本人都曾担任过大司马之职，控制汉朝权力数十年之久。公元 5 年，汉平帝被王莽毒杀，立年仅两岁的刘婴为皇太子，时称“孺子婴”。已是太皇太后的王政君遂命王莽代天子朝政，史称“摄皇帝”。公元6年，有人不断借各种名目对王莽劝进。公元8年，王莽接受刘婴禅让后称帝，改国号为“新”，年号“始建国”。刘婴虽然被废但没有被杀，过着隐居生活。而王莽也将孙女嫁给刘婴。王莽自此开启了中国历史上通过篡位做皇帝的先河，因此传统史观一直将其视为反面人物，形容其为伪君子。

王莽称帝后，大规模改制，对政区地名也大量变更。不仅将都城长安改名常安，还把老家济南郡改称乐安郡，而把原来已有的乐安郡改称济南郡。当时山东一带十七个郡国有八个更名，县易名者更不在少数。如把泰山郡刚县改称柔县，即墨县改称即善县等。公元23年，起义军攻入长安城，乱军中王莽被商人杜吴杀死，“新朝”也就此寿终正寝，只存在了十五年，成为中国历史上最为短命的朝代之一。东汉光武帝刘秀对“外戚篡权”的王莽恨之入骨，他在平定天下之后做的第一件事，就是把王莽更改的地名恢复，将乐安和济南的称谓重新颠倒过来，还封其子刘康为济南王。

济南籍的皇帝绝无仅有，但却不乏皇后，主要集中在两汉时期。王莽的姑姑王政君先是做汉元帝皇后，后成为太后。王莽不仅祖籍济南，其皇后宜春侯王咸之女也是济南老乡。只是这位皇后的命比皇帝还短，早于王莽两年离开了人世，谥号孝睦皇后。汉平帝皇后王氏（王莽之女）、东汉顺帝贵人伏晨、汉献帝皇后伏寿等，都是济南人。济南文史学家徐北文戏称济南是“皇后之乡”。

王莽新朝的五百多年后，隋朝开国君主隋文帝杨坚又与济南结下不解之缘。杨坚原籍虽不是济南，但其母吕苦桃确是齐郡（济南）历城人。杨坚祖辈一直在济南为官，其父杨忠从小就寄居济南，并娶平民女子吕苦桃为妻。隋朝建立后，文帝遂追封外祖父吕双周为齐郡公，并封其舅父吕道贵任齐郡太守。

隋文帝在位二十四年，广兴佛事，自然与其身世有关。西魏文帝大统七年（541），杨忠携妻吕苦桃住冯翊郡（今陕西大荔县）般若尼寺，杨坚

中国现存最早的单层方形石塔——济南神通寺四门塔

出生于此。不料未满月的杨坚因着凉而不能啼哭，杨忠夫妇十分焦急。寺中有一名叫智仙的尼姑，不仅使杨坚啼声再发，而且还认为杨坚有天佛神佑，有大君之相，故请杨忠夫妇将杨坚寄养寺中，并给杨坚取梵名为那罗延，意为金刚不坏。就这样，杨坚被留于般若尼寺中，由智仙抚养至十三岁。

可能是为纪念生母和养母，杨坚在济南大兴佛寺。开皇年间，仅在历山一处，就开凿石窟九座，摩崖造像百余尊，山腰里修建极乐洞，塑佛及菩萨三尊，浮雕佛像数十尊。从此，历山遂有“千佛山”之名。开皇三年（583），隋文帝还亲令重修朗公寺，并敕令更名为神通寺。朗公，即竺僧朗，俗姓李，冀地人，前秦皇始元年（351）移居泰山北麓金舆谷（今柳埠）弘扬法旨，兴建寺院，世人称其为朗公寺，这里是佛教传入济南的源头，也是山东有史以来最早的佛寺。始建于隋大业七年（611）的四门塔便是该寺保留下来的最重要的建筑，是中国现存最早的单层方形石塔。塔四面门里各有一尊佛像，为“四面佛”格局，东门里的叫阿閦佛，佛首在1997年被人窃走，转手卖到了台湾，成为轰动一时的大案。所幸佛首2002年从台湾被迎回，重回故里安放原位。隋代重修后的神通寺再次兴旺，一直到宋代都是兴盛异常，被誉为“三齐名刹”。神通寺主体建筑何时倾覆无从可考，仅剩下四门塔和墓塔林，被列为全国重点文物保护单位。

到了北宋，济南与皇帝的故事还没有了结。皇子赵曙曾在济南任齐州防御使，两年后，即1064年，赵曙便继位英宗，济南因此被认为是“龙潜”之福地，城市地位也相应得到提高。五十二年后，即宋徽宗政和六年（1116），齐州升格为济南府。

◆灵岩寺 ◆甘露泉 ◆试茶泉

# 山野茶语

古时济南不产茶，却是“南茶北饮”的中枢。济南出好水，甘泉润佳茗，自然是品茶者的乐园。

古时齐鲁不产茶。但《晏子春秋》中记载，春秋时以国相晏婴为代表的齐国人，已开始用茶树鲜叶做菜。而陆羽在《茶经》中也说：“茶之为饮，发乎神农氏，闻于鲁周公，齐有晏婴……皆饮焉。”在他看来，齐鲁的先民们已开始饮茶了。不管是吃还是饮，有一点可以肯定，至少春秋时茶就已与齐鲁结缘。

佛教发展到隋唐达到鼎盛。而饮茶作为一种文化现象则兴于唐、盛于宋。因陆羽有寺院生活习经的阅历，又是皎然和尚的挚友，所以他的《自传》和《茶经》中都有对佛教的颂扬及对僧人嗜茶的记载。可以说，茶与佛教的联系千丝万缕，其中最为人们所知的是“禅茶一味”的说法。最初，茶与佛教的关系仅仅是一种能提神益思、克服睡意的饮品，成了常年坐禅静思者的“挚友”。茶道与佛教之间找到了越来越多的共通之处。佛家以茶助禅，以茶礼佛。因茶性苦，佛家便从茶的苦后回甘，苦中有甘的特性，产生多种联想，帮助修习佛法的人在品茗时，品味人生，参破“苦谛”。

长清灵岩寺在中国茶史上值得彪炳。当年朗公创建朗公寺后，也时常来今灵岩寺所在的方山脚下讲经传法，寺名便来自“朗公说法石点头”的传说。灵岩寺因此将朗公作为开山祖师，周围还保留了朗公石、朗公谷的景观之名。隋文帝当年下诏改名并重修神通寺，他并没有亲自去过。而在隋开皇十五年（595）春，他到泰山封禅途中却造访了灵岩寺，由此不难看出灵岩寺在当时似乎有着更大的声望。到了佛教鼎盛的唐代，灵岩寺也繁盛一时。麟德二年（665），唐高祖李治及皇后武则天从洛阳到泰山封禅，途中特意在灵岩寺住了十天，并下令齐州免灵岩寺一年半的租赋，还从国库中拨付款项帮助灵岩寺大兴土木。元和年间（806—820），当朝宰相李吉甫将其与今江苏南京栖霞寺、今浙江天台国清寺、今湖北江陵玉泉寺并称“域内四绝”。清代的乾隆在灵岩寺建有行宫，他南巡时路过这里曾住过八次。

正是灵岩寺具有较高的地位，寺庙里的一举一动，便会对当时的社会产生深远影响。唐玄宗天宝末年进士封演在其《封氏闻见记·卷六》“饮茶”中记述道：“茶，早采者为茶，晚采者为茗。《本草》云：‘止渴，令人不眠。’南人好饮之，北人初不饮。开元中，泰山灵岩寺有降魔师大兴禅教，学禅务于不寐，又不夕食，皆许其饮茶。人自怀挟，到处煮饮。从此转相仿效，逐成风俗。自邹、齐、沧、棣，渐至京邑。城市多开店铺，煎茶卖之，不问道俗，投钱取饮。其茶自江、淮而来，

唐代四大丛林之首，位于泰山脚下的灵岩寺是“南茶北饮”的中枢。

舟车相继，所在山积，色额甚多。”这里提到的降魔，系禅宗北宗创始人神秀的高徒。北派禅宗提倡坐禅时不吃晚饭，又不能早睡，“令人不眠”的茶叶便成了最好的帮手。从“到处煮饮”，到“转相仿效，逐成风俗”，降魔与灵岩寺自然功不可没。可以说灵岩寺是我国“南茶北饮”“南茶北输”的历史节点和中枢，对于后来茶道之兴盛产生了不可磨灭的贡献。

古人有“水为茶之母”“水品胜茶品”之说。济南人爱喝茶，也得益于遍及城乡内外的甘泉。济南有山有寺就有泉。柳埠神通寺的涌泉，灵岩寺的五步三泉、甘露泉和檀抱泉无不清澈甘洌，都是沏茶之上品。

千佛山东有座佛慧山，山上有巨大的石佛造像，百姓们称大佛头。山腰石崖处有眼甘露泉，与灵岩寺的那眼名泉重名，为济南七十二名泉之一，有着“味甘却似饮天浆”的说法，是文人雅士和僧众们取水试茶的地方，别称“试茶泉”。清代任弘远吟诵道：“味同甘露冷如冰，大佛山头一勺清。

灵岩寺的千佛殿与辟支塔

不信此泉堪煮茗，拭苔拂草看题名。”

无独有偶，在南部山区袁洪峪口西，茶臼河沿东面的石壁上，有一处清泉，大号就叫试茶泉。相传“春茶既成，以此泉试之，色味鲜美”。明嘉靖吴兴人徐献忠将此泉收入品鉴烹茶之水的专著《水品》中。任弘远也为这眼泉水写过一首七言绝句：“清清一派水澄鲜，中泠南陵恐未然。不有吴兴曾瀹茗，谁知空谷有甘泉。”

刘鹗在《老残游记》第九回《一客吟诗负手面壁，三人品茗促膝谈心》中写道：申子平接过女店主为他沏的热茶，端起茶碗，“呷了一口，觉得清爽异常，咽下喉去，觉得一直清到胃脘里，那舌根左右，津液汩汩价翻上来，又香又甜，连喝两口，似乎那香气又从口中反窜到鼻子上去，说不出来的好受，问道：‘这是什么茶叶，为何这么好吃？’女子道：‘茶叶也无甚出奇，不过本山上出的野茶，所以味是厚的。却亏了这水，是汲的东山顶上的泉。泉水的味，愈高愈美。又是用松花作柴，沙瓶煎的。三合其美，所以好了。’”刘鹗在这里写的是济南平阴一带的山乡风貌，他对品茶者的感受刻画得丝丝入扣，对沏茶之水、之柴、之器等点中要害。

时过境迁的当下济南，一下子拥有了好几家茶叶批发市场，成为长江以北最大的茶叶集散地。南部山区和长清都有了茶叶栽植基地，改写了济南“饮茶不产茶”的历史。

# 赤霞黄叶

这里是济南的“雨花台”，人们到这里大多不是为了看风景。先烈安息在此，护佑着今天的百姓快乐安康地生活。

四里山，因距老城中心四里而得名，南面与五里山、六里山、七里山一脉相承。

济南旧有的史书、文献中很少关于四里山的记载或描述。乾隆年间的《历城县志》中的济南地形图，甚至没有四里山、五里山和六里山的标注，只有旁边的马鞍山。幸好，明代在布政司街建瞻泰楼的那位诗人许邦才，有一首《九月于鳞招登四里山》诗：“新诗忽自故人来，令节黄花初发醅。城外青山城里见，篱边那忍独徘徊。山头对酌夕阳斜，下见湖城十万家。賸有登高酬令节，何人正不负黄花。”题目中的于鳞便是“后七子”的领袖李攀龙。他们二人相约到此“山头对酌”，一是说明至少在明代，四里山已有大号了，二是此山那时已是金秋登高望远、赏菊的好去处。

古时的四里山上遍植黄栌，每至深秋霜降时，满山红叶似霞光映照，

当年日本神社残留的遗迹

因此还有个赤霞山的别称。曾在万竹园内建“二十四泉草堂”的清代诗人王苹很喜欢这里，曾在此置有田庄和祖墓。他的《秋居赤霞山庄感赋》诗中写道：“柴门寂寂夕阳横，满地蓼花野水明。黄叶下时牛背晚，青山缺处酒人行。”他的另外几首诗中也曾有过黄叶的描绘，人称其为“王黄叶”。他还著有《赤霞山庄笔记》，乾隆年间由他人删定后改称《蓼村集》。他辞世后也被埋在了此山脚下。

不知何时，红叶不见了。这里成了离城里最为便捷的采石场和乱葬岗了。1939年，侵华日军陆军济南联络部和日本驻济南总领馆与伪济南市公署交涉，征占了四里山以南、马鞍山以西的86亩土地，迁走了几十户农民，成立济南神社御造营委员会，开始建造神社，以供奉包括台儿庄大战中死去的日本军人及日侨的灵位和骨灰。日本人死后一向火葬，堤口路胜利庄西北原有日本人专用火葬场，后来他们在六里山东、马鞍山南设立了军人专用火葬场。为扩展神社外苑，他们又扩大征用这一带的66户农民的土地共计355亩。1942年，伪济南市公署发出布告，严禁在四里山、马鞍山采石，以“保护名胜”。1944年，神社初具规模，建有日式牌坊“鸟居”、大殿、拜殿以及大量石碑、石灯笼等，并遍植松柏和樱花树。而附近的村民都管那个形似“卄”的鸟居叫“鸟架子”，管两个大殿叫“鬼子庙”。日本投降后，国民政府拆掉了除拜殿以外的其他建筑。济南解放后，770平方米的拜殿被改造成为陵园筹建办公室。

1949年，这里准备筹建革命公墓，建烈士纪念塔，并专门赴北京请毛泽东主席亲笔题写了“革命烈士纪念塔”。但由于中华人民共和国成立初年的财政状况紧张等原因，纪念塔及陵园一直没能如期建成。1964 年，由郑亦桥编辑出版的旅游手册《济南》，还称这里为四里山公园。也正是这一年，四里山上围起高高的围挡，开始兴建高 34.32 米的纪念碑。省里还专门请示中央，请毛主席再写一个“碑”字，以更换原来写好的“塔”字，但直到纪念碑就要建成后的 1968 年也未能如愿。后来人们就将这座实为碑状的纪念建筑称为塔了，烈士陵园也正式建立起来。至 2011 年，这里安葬着“一大”代表王尽美、邓恩铭以及济南战役中牺牲的英烈共 1611 名。

“文革”时这里改叫英雄山。后来，一些地名恢复了旧称，但英雄山名副其实，便保留下来，在百姓中与四里山并行使用。1998 年，山的西麓建起赤霞广场，几乎失传的旧名从尘封中重见天日。广场中央矗立着高 12.26 米的毛泽东石雕像，此像 1968 年 7 月立于趵突泉北路原山东省工业展览馆小广场上，1999 年 9 月迁址于此。1998 年，原来改成办公室的神社拜殿全部拆除，原址上建起济南战役纪念馆，2003 年 9 月正式开馆。神社残留的石柱、石碑、石灯笼等建筑构件，堆放在纪念馆台阶下的小广场旁。当年鸟居所用的巨型石柱直径近一米。

英雄山上植被茂盛，山下也是满目苍翠，郁郁葱葱。一棵棵参天白杨和状如华盖的法桐好似交织的一张绿网，将山北麓的小广场及马鞍山路和纬一路南段罩得严严实实，“晴天不见日，小雨不沾衣”。到了夏天，市民们喜欢在这里消暑纳凉、散步晨练，年轻人更是找到了谈恋爱的好地方。

英雄山下的文化市场一隅

20 世纪 80 年代初，山北麓路旁的林荫下、道路旁，自发地形成了早市，烧饼、油条、

英雄山文化市场的瓷器摊

豆浆、拉面等各色早点，陶瓷、字画、雕刻等各类工艺品，花鸟虫鱼、猫狗兔龟等各色玩物，针头线脑、桌椅板凳、牙刷牙膏、洗衣粉等日用小百货，一应俱全。加上那些打太极拳的、练武术的、修脚鸡眼的、推拿按摩的，异常热闹。到了周日，这里全天变成了集日，人山人海。那时来济南旅游的“老外”，最喜欢旅行社为他们安排的“赶早市”项目，他们乘坐旅游大巴一到这里，便消失在茫茫人海中，端着相机左拍右照，迟迟不肯离去。20 世纪 80 年代后期，英雄山早市规模和影响力越来越大，成为全国最大的马路交易市场之一。

20 世纪 90 年代初，伴随着整顿马路市场，英雄山早市被取缔了。以马鞍山路为界，路南建了文化市场，路北建起新世界商城、百旺商城和中华美食城，原先在这里“练摊儿”的“退路进厅”，物流客流分散其中，更吸引了一大批新生的“个体户”加盟。

英雄山文化市场由几排平房和几栋两层楼房组成。起初主营图书批发及花卉零售，后来随着英雄山西北侧另建花卉市场，这里的花卉生意逐渐萎缩，而古玩字画、奇石雕刻、陶瓷玉器、木雕铜器、文房四宝、古旧家具等乘虚而入，抢占地盘。现如今固定业户五百余家，从业人员逾千人，另有流动地摊三百多个。摊主来自全国各地，也有济南当地人。他们每天用纸箱或麻袋把各家的货运过来，不管是陶器、玉器、铜器、钱币、书籍等都一件件摆到地上，即使是旧相机、钟表这些原本精细的玩意也“席地而坐”，一脸的风尘。来此淘宝者却兴致盎然，乐此不疲，我就是其中之一。

◆人民广场
◆八一广场

# 城市会堂

济南最早的两个名叫广场的广场，都已消失，被人淡忘，但其曾经作为城市的会堂和政治生活的风向标，承载和记录了这座城市的许多历史性大事件。

“广场”一词早就出现在汉唐时期的古代文献当中，但作为城市重要的空间，提供市民进行政治、经济、文化等社会活动或交通枢纽的公共场所，广场无疑是舶来品。

有人将广场喻为城市“客厅”，我倒觉得在过去的中国，把广场比作“会堂”更为确切。在古代，济南同其他中国城市一样，似乎并不需要这样的“会堂”，没有出现所谓现代意义上的广场。济南府学文庙、吕祖庙（今趵突泉泺源堂）、药王庙（原位于趵突泉前街）和北极庙（大明湖）等庙宇前设有前庭或戏台，可举行庙会等人员密集的活动。山水沟及城顶丁字街等关厢之地上有些传统形成的热闹集市，也是打把式卖艺的杂八地，具有广场的某些功能。而巡抚衙门、布政司、济南府署、历城县衙等官署前虽都有相对开阔的空间，不但不允许百姓聚众，官老爷们出行时还要让你“回避”“肃静”，以彰显权贵们的尊严。

20世纪初，近代城市功能的完善与多样，使先天发育不全的广场文化稍有改观。1904年始建的商埠公园，1910年前后建起的胶济铁路商埠站和津浦铁路济南站的两个站前空地，以及1925年始建的省立民众体育场（即后来的省人民体育场）和1931年始建的皇亭体育场，都具有某些广场的性质，是民众集会的场所。

中华人民共和国成立前，今天的泉城公园及东面山大南校区操场一带原是大片麦子地，济南战役前两个月，国民党王耀武守军向社会各界派征款项，在这里修了一个飞机跑道，被时任济南市长王崇武称作“耀武跑道”，准备在西郊机场失守后，在这里起降飞机，做逃逸准备。中华人民共和国成立后，为集会需要，这个没有派上多大用场的飞机跑道及周围麦田经过整治后命名为“人民广场”，这是迄今为止济南最早正式命名为广场的地方，也是当时济南最为重要的会议中心。1950年八一建军节这天，山东军区（济南军区的前身）在这里举行了盛大的阅兵式。同年国庆节，十二万市民在此集会，庆祝中华人民共和国成立一周年，会后还举行了提灯火炬大游行。1951年2月18日，社会各界十五万人在这里举行抗美援朝大会，会后还举行了游行。同年五一节，三十万群众在此举行庆祝大会暨反对美国武装日本、保卫世界和平大会及示威游行。1953年3月9日，十三万人在这里举行苏联人民的伟大领袖斯大林追悼大会。

1952年，为满足山东暨济南党政军民组织大型会议和文艺演出的需求，在经十路与纬二路交叉口的西北角，今八一立交桥的位置，历时两年建起了隶属于部队的八一礼堂。礼堂坐西朝东，上下两层，池座1597个，楼座603个，系当时济南最大的礼堂，平时还举行文艺演出，后来经常放电影。礼堂对面，便是与纬二路一路之隔的八一广场。虽说叫广场，却因历史条件的限制，在其存在三十多年时间里，一直“素面朝天”，三合土的地面，雨天常常一片泥泞。既无喷泉，又无雕塑等建筑小品，也没有草坪与花卉，

国庆四周年人民广场的群众游行（历史照片）

像是放大版的乡村场院，无法与今天的广场相提并论。但正是这里取代了那处更为简陋的人民广场，成为山东省和济南市政治活动的风向标和聚焦点。而人民广场因此也“退场还林”，改造成为南郊果园，栽上了一排排的果树。

从八一广场建成到20世纪70年代末，每年的“五一”“八一”以及国庆集会和游行，这里都是主会场和始发地。巨型主席台及观礼台以八一礼堂正门为背景和依托搭建。参与游行的一个个方阵及一辆辆彩车自广场出发，沿纬二路南口走过主席台向北行进，至经四路右拐通向泉城路等市内主要街道。

几乎每次政治运动，都离不开八一广场。1967年10月4日，来自“欧洲的一盏明灯”阿尔巴尼亚的劳动党政治局委员、部长会议主席穆罕默德·谢胡，在中共中央政治局常委、全国人大常委会副委员长、中央“文革”小组顾问康生的陪同下访问济南，省城五万群众在八一广场集会，欢迎代表团来访，盛况空前。1967 年 4 月，部分群众组织以批判所谓“走资本主义道路的当权派”为名，在此举行了上万人参加的群众集会，煽动派性斗争。1968 年 7 月 22 日，山东省暨济南数万军民在此集会，表示全面落实毛主席 7 月 21 日“最新指示”，一些工厂企业从此开办“七二一”工人大学。这一年的 12 月 28 日，这里召开了五万人参加的誓师大会，号召全面落实毛主席关于“知识青年到农村去接受贫下中农再教育”的“最高指示”，济南近万名“知识青年”随即奔赴山东各地农村和黄河农场安家落户。1976 年 9 月 18 日，数万军民聚集在这里，冒雨举行毛泽东主席追悼大会。

而平日里，八一广场则是男女老少做操、打拳、踢球、拔河、学骑自行车、放风筝和嬉闹休憩的地方。20 世纪 60 年代，这里还一度扎起过蒙古包似的圆形布棚，供表演顶幡、叠椅子等大型惊险杂技之用。20 世纪 80 年代后，随着政治性集会的逐步减少和消失，有人便将这里竖起竹竿，划上白线，成了汽车驾驶的教练场。

20 世纪 80 年代末，为修建八一立交桥拆除了老八一礼堂，在东临不远处重建了新八一礼堂。如今，苜蓿叶似的八一立交桥早已成为这一片区的主角，而老八一礼堂及其同名广场，只留在人们心中。

◆洪家楼教堂 ◆懿范女中

# 建筑的诗意

林徽因曾说：“这些美的存在，在建筑审美者的眼里，都能引起特异的感觉，在‘诗意’‘画意’之外，还使人感到一种‘建筑意’的愉快……”洪家楼教堂便是富有诗意的建筑。

天主教传入济南有三百五十多年的时间。清顺治八年（1651），北京教区派西班牙传教士嘉伯尔第一次来济南，在旧城内将军庙街创建了天主堂。1660 年又在城西北陈家楼建立了分堂。1724 年将军庙天主堂被当地百姓焚毁，并赶走了外国传教士。1837 年，罗马教皇正式派罗类思主教主管山东天主教务。鸦片战争以中国失败而告终，清廷被迫允许外国传教士在中国内地自由传教。咸丰十一年(1861)，法国籍天主教主教江类思来到济南，向清政府提出索要将军庙天主堂的旧址，被清廷照准。同治八年（1869），新天主堂在原址上建成，后被罗马教廷批准为济南教区总堂。同治九年（1870），天主教济南教区德国神父顾立爵，在济南城东六里处洪家楼村购地兴建教堂。据统计，19 世纪后半叶，济南教区的教徒人数达三四千人。

洪楼天主教堂的双钟塔楼

1899年，正值华北、中原一带大旱，鲁苏豫皖交界地区的饥民生活窘困。以“反洋教”为主旨的义和团便从山东揭竿而起，迅速发展壮大。他们有句口头禅：“天无雨，地焦干，全是教堂止住天。”目标就是捣毁教堂，追杀洋教士。由于义和团在山东来势迅猛，害怕洋人的清廷根据洋人的旨意，撤换了镇压义和团不力的山东巡抚毓贤，改任袁世凯为山东巡抚，他一上任就发布了《查禁义和拳匪告示》。1900年6月，为保护洋教士和教会的利益，袁世凯通知省教会的主教，将洋教士一律送到青岛、烟台等口岸城市租界躲避风头，让各教堂的中国教士和修道人员集中到洪家楼教堂，以利保护。后根据历城县令李祖年的建议，所有中国教民和修道人员都要离开教堂，各自返乡或投亲靠友，以免引起义和团的注意。那位李县令亲自封了洪家楼教堂的大门，写上“天主堂产业充公”，又将将军庙教堂在大门上挂上了“官书局”的牌子，使这两座教堂未被义和团捣毁。但义和团民们还是挖了洪家楼教士的坟墓，连附近的松树林也都被砍光，同时还砸了一些碑，烧了坟地附近的房子。李县令遂派人镇压，抓捕了若干义和团民。

1905年至1908年5月，天主教会山东代牧区用清廷的庚子赔款，扩建洪家楼教堂。在这之前，济南及山东各地的天主堂、基督新教礼拜堂大多体量较小。这时的教会不再担心义和团这样强大的反教会势力，便按天主教义和国外教堂建筑的流行趋势，建成了这座哥特式教堂。设计者为奥地利籍神父科比那利乌斯，是按照德国科隆大教堂的样式设计，由中国人承建。虽然其高度远不及科隆大教堂，但布局严谨、施工精细，建筑风格也颇为相似。

洪家楼天主堂面积1625平方米，西山墙为主入口，东侧设有祭坛。正门是三道平行的心型大门，上方有巨大的玫瑰花窗，两侧是对称的高46米的双钟塔，塔尖和东西两侧壁及墙垣上有众多的小尖塔。中厅高达25米，宽敞明亮，可供千人同时礼拜，高大的穹顶上花饰艳丽，富有东方情调。厅堂夹层平台上备有唱诗班用的大型管风琴。东钟楼内的黄铜铸成的巨型大钟仅一个钟锤就重达一百公斤，吊锤的合股钢丝有大拇指粗。每当钟声响起，声传数里，分外悠扬。

懿范女中修道院旧址

用三年时间建起的这座教堂在当时华北一带是最大的天主堂，加之随后教堂周围建起了方济各会华北总修道院、懿范女子中学、圣母传教修女会院、方济各会仁慈堂、神甫修士宿舍等，使这里成为继南关齐鲁大学及附属医学院和广智院之外，另一处教会建筑集中的地方，成为济南东部的一大景观。

中华人民共和国成立后，驻济的外国神职人员相继回国。20 世纪 50 年代末，从青岛回迁的山东大学在教堂东北侧兴建校舍，并将原懿范女中的教学楼和修女会院划进了校园。“文革”时，洪家楼教堂一度被迫关闭，那巨型大钟被毁，五彩玻璃被打碎，后成为一家油漆厂的仓库。1982 年，经过整修的教堂又重新恢复了宗教活动。每周日，这里都要举行主日崇拜仪式，神父主持做弥撒，教民们在管风琴或钢琴的伴奏下唱着动听的赞美诗……

1998 年，历城区政府将教堂南侧的历城电影院拆除，将原先躲在深巷里的教堂和修道院显露出来，并以此为主景，修建了洪楼广场。据说当时这样的欧式广场全国只有两处，另一处在哈尔滨。

◆北园
◆鲁丰纱厂

# 蛙声里的轰鸣

乡村田园景色与近代工业文明在城北交织在一起，火红与苍白的年代，贫困与质朴的生活纠缠在一块，成为那些特殊时代的特征。

1969年夏秋之交，父亲作为省文化局系统的下放干部去桓台劳动锻炼。我家便由广智院搬到北郊母亲工作的国棉一厂，以便母亲下班时能及时照料我和弟弟。一住就是十年。

那时市区北部一过北坦，一派郊野景象。三孔桥旁有座与铁路相连的大煤货场，拉煤的拖挂车常常在此排起长队。一些脸上和身上抹满煤灰的女人和孩子们经常追赶或爬至行驶的煤车上，用簸箕或铁锹铲下些煤块、煤面，扫成堆装入麻袋中运回家。有人自己用，也有人用此掺些黄土和成煤饼再卖。这里的马路总是黑乎乎的，扫也扫不净。再往北是北园路，那时这条路两侧没什么建筑，也没多少车辆，路显得很宽。北园路北面是连片的藕池和菜地，拐弯抹角的羊肠土路穿行其间，一畦畦卷心菜上野蛾飞舞，

民国时期的北园（历史照片）

竹竿架起的秧子上结满了一个个西红柿。

北园一带旧时与大明湖相连，直达鹊山湖，有莲子湖之称。自古得泉水滋润，池塘棋布，水田连连，风吹稻浪，莲花映日，蒲苇丛生，彰显江南泽国风韵。宋代开凿小清河导泺水东流后，这片区域水位下降，水田退缩，由北向南大田增多，逐渐分化为南洼和北大洼。所谓南洼是指北园路南到小清河以南的地区，即西小王庄、刘家桥和西侯家场一带，这里的水塘水深达一米左右，主要是藕田，而清河以北至黄河二道坝大概属于北大洼的范畴，大多为稻田。在北园建造云庄别墅的元代散曲家张养浩，在其双调《德胜令·沉醉东风》中对北园一带赞美有加，在他的曲中描绘道："蔬圃莲池药阑，石田茅屋柴关，俺这里花发的疾，溪流的慢，绰然亭别是人间。对着这万顷风烟四面山，因此上功名意懒。"

北园种稻历史久远，唐代李邕来到济南，登上城墙北望，便留下"负郭皆粳稻"的诗句。当地农民根据水稻喜凉水的特点，引泉水灌溉。我小时到刘家桥村的稻田边，最喜欢看农民用一把铁锨，巧妙挑堵灌溉沟渠，使稻田形成上进下出的活水，以降低水温。北园香稻生长期长，糖化好，洁白光亮，蒸熟的米饭，看似涂了一层油，香飘四邻。“换大米”在很长时间是北园人的一项职业。

北园莲藕与大明湖产一脉相承。更由于北园之藕深水栽培，莲花白，荷叶大，所产藕节长圆硕大，最长者有七八节，总长度近两米。北园藕中最好的品种，历史上称为“大卧龙”，也称“大疙瘩”或叫“大红刺”。济南的酱园最爱用“大卧龙”制作酱菜中的珍味水晶藕。

国棉一厂便在水田和村舍的包围之中。厂区地属林家桥村，小清河、西泺河及其支流围绕厂区四周。厂子很像座孤岛，厂区正门南门要经桥上通过，西门外也有桥梁与场外道路连接。厂子围墙高大，墙头上还拉有防盗的电网。

国棉一厂的前身是山东首家民族资本纱厂鲁丰纱厂，它开启了山东近代纺织业的历史。清末民初，山东手工织布业已普遍使用机制洋纱织布。由于棉纱旺销，获利丰厚，吸引了实业家们投资建厂。1915 年，在原山东实业司司长潘复的倡议下，由山东巡按使蔡儒楷、泰武将军靳云鹏等人开始筹办纱厂，通令全省 107 县募股集资，就连张勋、曹锟、黎元洪和张作霖等北洋政府的大人物都有该厂的股份。1919 年 9 月，鲁丰纱厂建成投产。

20 世纪 30 年代初，这里拥有工人一千九百人，属济南最大的工厂。该厂大股东多是军政界人士，不谙商道，厂子后来搞得一塌糊涂，赔得不行。潘复便叫曾经和他一同开办丰大银行的庄乐峰的儿子庄云九当经理。这位大少爷什么事都不懂，厂里的事下面一报，由他签字盖章背黑锅当替罪羊。后来股东们要和庄乐峰、庄云九打官司，结果害得庄乐峰拿出十几万来摆平方才了事。靠最初的集资款经营了二十年后，厂子最终难以为继，遂于 1936 年 2 月 9 日宣告破产。失业工人不断到省政府请愿，韩复榘为避免闹事，便向时任成通纺织公司的老板苗杏村建议其承租鲁丰纱厂。

早在 1927 年，富有战略眼光的苗家看到现代纺织业的发展契机，将目光从粮栈交易转向纺织业。他们以同聚长粮栈的名义在津浦铁路以西，新

鲁丰纱厂当年的大门（历史照片）

民国初年鲁丰纱厂的女工们（历史照片）

引河（工商河）以东购置了92.8亩土地，为办纱厂创造必要条件。1932年春，苗星垣的弟弟苗海南从英国曼彻斯特皇家第六纺织学院留学深造归来。苗星垣见时机已到，遂联合苗杏村联络了五十余人，发起成立成通纺织股份有限公司，苗杏村任董事长兼总经理，苗星垣、苗兰亭等任常务董事。时年二十八岁的苗海南任经理兼总工程师。次年5月，成通纱厂建成投产，并很快发展壮大起来。

1937年，苗杏村购买了鲁丰纱厂的全部固定资产，成为苗家的独资纱厂，改名成大纱厂，苗杏村任董事长，苗兰亭任经理。1937年日军侵入济南后，对成大纱厂实行了军管。苗杏村积愤成疾，于1941年12月14日在济南病故。他的葬礼异常隆重，送葬的队伍从十二马路一直排到纬二路，送花圈者包括汪精卫和陈公博等有影响的人物。1942年3月，在日军的威逼利诱下，厂子实行“中日合办”。我住厂里时，这里还保留着部分日本人建的老房子，厂区东北、西北两个角上各有一尖顶岗楼，是日本人占领时留下的遗迹。早期厂办幼儿园也是座东洋楼房，有回廊和木楼梯。被厂里人称为“小楼院”的院子里，别墅式的洋楼上有穹顶，红瓦覆盖，假山上立着日式的亭榭，这便是早年“厂级干部”的寓所，中华人民共和国成立后成了厂医院。

我家刚搬来时住在厂区西北边的四宿舍，北面距小清河仅二三百米。一间十四平方米的平房，开始我家四口人住，后来添了小弟，全家五口挤在一起，东西虽不多，但房间毕竟太小，两张床就塞得满满当当。到了晚上，我们全部上床后，从乡下回来的父亲才将家里最值钱的永久牌自行车从院子里搬进来，塞到两床之间，关上屋门，便水泄不通。房子北面有扇窗户，直冲小清河，每至严冬，寒风顺着窗缝往屋里钻。我们只好每到冬季用土坯将北窗封死，来年春天再扒开。我和父亲还学着脱土坯，在门前空地上盖了一座小伙房，房顶因陋就简，三根朝阳花（即向日葵）秆捆到一起顶一根檩条，油毡纸覆顶，为防大风刮走顶子，上面再用一块块砖头压着。因房前当时有大片的空地，还有一片水塘，包括我家在内几乎所有人家都种些扁豆、丝瓜、茄子、辣椒等好成活的作物，当然少不了生存能力很强的朝阳花。很多人家里还养些鸡鸭猫狗，鸡鸣狗吠，好不热闹。

后来我家又搬过几次，都是平房，周围也无一例外是一片片藕池。朱自清《荷塘月色》中所描绘的景致对我来说司空见惯，没觉得稀奇。倒是夜晚清冷的月光洒在藕池上，微风伴着荷叶弄影，发出嗦嗦的响声，打破了静静的夜空。尤其夏夜，池塘中的阵阵蛙鸣，与岸上一棵棵粗大的柳树上的梢雀（知了）没完没了的叫声，弥补了夜的孤寂。到了冬日，池塘上结着厚薄不均的冰，残荷的枯枝伸在冰上，倒映在冰面上仿佛是抽象的画。我们这些孩子们最愿意到冰上玩，踩在上面“咯吱咯吱”响，惊险，刺激，好玩。幸运的话，砸开冰层，用笤篱捞些小河虾回家，和上些面糊用油一煎，很是解馋。

我上学也自然由南关营盘街小学转到厂子弟小学。那时已“复课闹革命”，但学些什么大都忘记了，只记得教美术的王老师是个干瘦的老头，有些驼背，一脸的严肃，讲课前总将画着粉笔画的小黑板背冲着我们，好奇的同学总要扭着身子看看这堂课到底画什么，也总会遭到他的呵斥。翻过黑板来，上面无怪乎大烟囱、厂房、镰刀、锤子和麦穗之类，总令我们大失所望，提不起精神。教语文的老师也姓王，分头梳得干净，声音浑厚，普通话十分标准。那时开始学黄帅，我们闹得课堂乱哄哄的，老师讲不下课去。他有一招儿，给我们朗读反映赤脚医生的长篇小说《红雨》，学生们总算能坚持到下课的铃声响起。要说让学生们“折腾”得最惨的是教英语的张老师。他自学英语，有些文弱，当我们的班主任，并将我们带入“戴帽中学”读初中。为响应毛主席“学生既不但学文，也要学工、学农、学军，也要批判资产阶级”的号召，我们赴长清县许寺公社藤屯大队学农一个多月。开始时张老师与学生住在一起，一到晚上有些调皮的学生搞恶作剧，他一会儿进门时被半掩的门上暗藏的水桶砸着，一会儿又被学生装狗叫吓着。他终于病了，回到城里。

放学以后或寒暑假中，则是孩子们最快乐的时光。那时大人们常常加班，

当年的铁道线是北郊的孩子们喜欢玩耍的地方。

参加这运动、那学习，孩子们大多没有人管，放任自流。我们玩耍的区域比起今天孩子玩的地方要大得多，有时想起来还有些后怕。玩近的，过津浦铁路爬凤凰山和标山，那时还不知这两座山都属“齐烟九点”，只觉凤凰山不高，由一块块“地瓜石”组成，山上光秃秃的。高一些的标山上有一对石亭，平添了几分雅致。玩远的，去北边的新城、五柳闸，即旧时的山东机器局，后来的山东化工厂一带。再远就是顺着铁路北行到泺口，与小伙伴们双脚踩在铁道的钢轨上前行，看谁在上面走得远而不掉下来。后来看到诗人臧克家有篇回忆文章，写到当年他与李广田、邓广铭在北园的铁道上也有类似的经历，可见童心的相似与相通。我们到黄河岸边或到二道坝旁的沉沙池，人家都下去劈波斩浪了，我胆小，又没人教，至今仍是“旱鸭子”。

当时孩子们的读物和玩具匮乏，我算是同学中“小人书”最多的，但看完了也就不愿再翻。再说那时“小人书”的题材也很单调，如《一块银圆》《孔老二罪恶的一生》等。于是自己找乐，收藏烟纸（现在美其名曰烟标）、糖纸，弹琉璃球，打弹弓，打尜，抽“懒老婆”（陀螺），投“皇上”（如今天的保龄球，只不过投的目标和掷的武器都是砖头），“骑毛驴”（人骑人），顶拐，还有就是“抓特务”，其实就是捉迷藏，那时候以“阶级斗争”为纲嘛。女孩子则喜欢跳房、跳皮筋、翻扁担（翻绳游戏）、拾子，文雅多了。

孩子们最爱的还是听广播，看电影。每到固定的时间，我便守在家中那台“飞乐”牌七只电子管的收音机旁，打开后要预热一会儿才有声音。先是听中央人民广播电台曹灿播讲的中篇小说《向阳院的故事》，只记得里面有个坏人是刻桃核玩具的，用此欺骗红领巾。后来听山东台薛中锐播讲的长篇小说《渔岛怒潮》和《大刀记》。前者是解放战争中抓国民党特务的故事，后者是抗战题材。

我的家门口，就是一处操场，露天电影就在此放映，自然是不定期的。看到厂里贴出电影放映告示后，晚饭快吃两口，早去占地方，晚了就会被挤到后面或银幕背后。操场上没有座位，自带马扎、杌子，要么就地取材，搬块石头或砖头坐。去晚了的小孩只好站在大人的自行车座上，或是爬到树杈上。播放正片前，常常加映《新闻简报》或科教片。《新闻简报》的内容大都是党和国家领导人会见外宾和工农业生产新成就等。影片中看得最多的是《地道战》《地雷战》和《南征北战》，如能看上《列宁在十月》《列宁在一九一八》和《地下游击战》就算开了洋荤。当时，学生们中间用这样的顺口溜来总结当时影坛的特色：中国电影“新闻简报”，越南电影“飞机大炮”，朝鲜电影“哭哭笑笑”，阿尔巴尼亚电影“蛐蛐口哨”，苏联电影“搂搂抱抱”。

当时看电视简直是件奢侈的事情。记得 20 世纪 70 年代初，厂部里有一台九英寸的黑白电视，每晚有百十人围在一起观看，平时电视放在木匣子里锁着，每晚管钥匙的叔叔很神气地打开匣子后接上电源。播放的内容记得是抗美援越的新闻片。信号很差，经常一闪一闪的，画面晃悠，去晚了的，坐在后面什么也看不清，只有喇叭里传出声音有些失真的解说。

那时生活清贫，但邻里之间相处得很好。我家东邻孙叔叔家有个从老家文登来的爷爷，白胡子茬，平时在家砸砸石子，给家里赚点零花钱。他的手指上虽用胶皮套保护，但仍是青一块紫一块。他砸石子时我特别愿意蹲下来看，他总是警告我离远点，别让碎石伤着眼睛。

西邻徐大爷家有四个男孩，哥儿几个也自然成了不同年龄段的孩子头。一天，大哥神秘地把我和伙伴们叫到他家，关上门，搬出了不知从哪儿弄来的老留声机，摇紧了弦，老胶木唱片一转，便响起“洪湖水浪打浪”的歌声，好听极了。但他神秘地警告我，出去别对外人讲，这是毒草。此后很长时间我百思不得其解。他们家人口多，生活困难，徐大娘从家属小工厂下班回到家里还要糊火柴盒，好像十个盒子才卖一分钱。偶尔蒸一回白馍馍，被徐大爷用竹篮吊在屋檩条上，一防老鼠，二防不到饭时就全被哥儿几个吃光。但只要我们邻居家的小孩子去了，大娘大爷会掰块馍馍给我们吃。

蜂窝煤曾是当年济南人过冬之必备物品，常常需要排队购买。

隔一个门的张大娘热情、开朗，还极幽默，常给小孩讲些笑话。我的小弟就曾寄托在她家很长一段时间。她家有两个大姐姐，长得都很漂亮。大姐文静，穿着朴素，很招邻居们喜爱。二姐外向活泼，却很爱打扮，爱穿件大红毛衣和接了裤脚的“鸡腿裤”，在当时也算“前卫”和“另类”了，常常会遭到人们的白眼。

那时不管谁家买来蜂窝煤、大白菜，邻居家的大人孩子都会帮着往屋里搬。谁家一来了客人，都要到邻居家去借凳子，甚至是吃饭用的碗筷。那时出门不远的话，家里都不锁门，给邻居说一声，照料得一点不差。

1979 年，我家搬到了上新街，与济南道院旧址为邻。没过几年，国棉一厂的经营规模大幅萎缩，藕池也大部分填平盖上了房子。北园路两侧的藕池上建起了诸多的大型商业建筑，北园似乎一夜之间成了一座新城，我却怀念起朱自清来。

# 河泺码头

黄河从济南以北穿过，小清河又发源于城内，两河水域推动着城市的发展进程，使济南成为水陆交汇的大码头。

泺水最初由华不注山东南注入济水河道，泺口由此而得名。春秋时“公会齐侯于泺”的地方——“泺上台”就在泺口，清时遗址尚存。早在汉代，泺口就是济水沿岸的重要码头。

因黄河含有大量泥沙，下游淤塞严重，历史上黄河下游大改道有二十六次之多。唐朝时，黄河下游浸淤，发源于河南济源的济水在东平以西湮没，东平以东的济水改称清河。泺口遂成为清河畔的重镇。北宋熙宁十年（1077），黄河一度夺清河东阿至济南历城河段，在历城东北脱离济水故道，东北流经利津入海，泺口从此成了黄河岸边的要塞。

为解除清河北移后济水下游故道年久失修、洪涝灾害频繁和交通不便之患，金天会八年至十五年（1130—1137），北齐刘豫在华山山阴筑下泺堰，将泺水导入济水故道，取名小清河，将原来的清河称为大清河。元代郭守敬疏浚京杭大运河之后，穿行山东一段的运河称为“鲁运河”。运河与黄河（大清河）在东昌（今聊城）、德州交汇后，水路至泺口十分便捷，泺口因此占据三河交汇之势而发展成为繁华码头。

20 世纪初小清河上的船夫一家人（历史照片，出自《老照片》第八十七辑）

鲁北渤海滩涂盛产食盐，通往大海的小清河遂成为盐运水道，时称“小盐河”，济南遂成为盐运大码头。当时，泰安、东昌、兖州、沂州、曹州等地所用的食盐，都由泺口转运，木材、药材、毛皮等货物也在这里集散。每年春夏之交，海鱼、海虾和海蟹等海鲜也从渤海湾畔经小清河运抵泺口，使济南人尝到了海鲜的美味。清代诗人王初桐的诗《泺水》中吟诵道：“泺口腥风四月天，海鲜新到利津船。东人最重溥河鲫，贩进城来更值钱。”1904年，为补充水源以利通航，在济南西北的玉符河东堤建睦里闸，引玉符河水东流入小清河，使小清河西延至睦里闸，形成后来全长二百四十余公里的完整水系。1902 年，山东巡抚周馥为了调查了解山东发展的情况，从济南乘坐小船顺小清河到了入海口羊角沟，然后去烟台和青岛。

1904 年，胶济铁路铺到济南后特意修建了从东关（即黄台）车站至小清河南岸的岔路，长度虽只有一公里多，却将小清河与胶济铁路连在一起。1912 年，津浦铁路建成通车，不仅在鹊山泺口间修建了黄河铁路大桥，还专门设立了泺口站，使泺口的交通枢纽作用更加显现。1913 年，黄河泺口码头与小清河黄台码头之间建起全长六公里的轻便铁路，被称为“清泺小铁路”，将津浦铁路与黄河、小清河联系起来，最终对接胶济铁路，形成铁路、公路、水路融为一体的交通网络。

当年小清河上的船队（历史照片）

元代赵孟頫的《鹊华秋色图》生动描绘了大清河、小清河泺口段的自然景色。

清咸丰五年（1885），黄河又一次夺大清河河道入海，泺口再一次成为黄河下游最重要的货物集散码头。济南也搭上黄河航运的线路，下直通大海，上直达鲁西南、河南、山西等地。据《山东经济调查》（1915—1918）载，民国初年，由郑州至济南的往来民船有七百只左右。泺口南岸码头称“上关道口”，是官渡码头，其东面三四百米的地方还有一个民渡码头，叫“下关道口”。“下关道口”主要是由一些小船运送过往市民和物品等，而黄河北岸与其相对的码头位置不是非常固定，有时根据水流的情况，船被冲到北岸后，在哪里停下便在哪里靠岸，被人称为漂浮码头。最多时，数百条货船聚集在河道里，船只要等好久才能靠上码头。往来于黄河两岸则都是用“大摆渡”，即一种长三十余米、宽近二十米的大木船，是专门用来运送车辆、粮食、棉花包等大宗物品的。当时的一艘“大摆渡”能一次运载好几辆汽车。那时候，“大摆渡”全靠人力，一条船少说也得需要三四十个船工。

1925 至 1926 年，张宗昌督鲁时期在今天桥区境内开挖了一条长 6.6 公里的人工河道，在凤凰山下建凤凰闸与小清河连接起来，当时称新引河，

20 世纪 80 年代初的黄河泺口摆渡码头（历史照片，出自日本《中国旅行》杂志 1982 年 1 月号）

后来称工商河。河道走向呈U形，以成丰桥为界分为东工商河和西工商河。由于成丰桥靠近火车站，设有货物码头，从而沟通了小清河、黄河与火车站之间的交通联系。沿河的一些街区，像成丰街、官扎营一带建起诸多面粉厂，东护城河畔也建起了造纸厂、纺织厂、染织厂，都利用河道运送原料和成品。工商河还承担着天桥地区的泄洪和排污功能。

1938 年，蒋介石政府在河南花园口将黄河大堤炸开，黄河再次改道，黄河下游无水长达九年，航运自然停止。加之胶济、津浦两大铁路通车几十年，泺口商贸运输业遂逐渐凋敝，船工、搬运工也都转移到附近的小清河码头找活，泺口古镇也渐渐衰败下去。1948 年，黄河回归故道后，伴随着航运复兴，泺口码头曾再度兴盛一时，人们还在泺口古渡搭设浮桥，黄河两岸的水陆交往快捷方便了许多。为了支援胜利油田建设，20 世纪六七十年代，大量货船满载沙石沿黄河顺流而下运往东营。但时过境迁的泺口古镇没有恢复到昔日的繁荣。黄河航运局开通的泺口往返于惠民地区的客运航线，也因乘客不多而终止。进入 80 年代，黄河航运基本停止。

20 世纪 60 年代以前，小清河依然盛产着鱼米并提供舟楫之利。帆船可行舟至济南城区，在西门桥、铜元局街设有客货码头。东北郊黄台板桥码头更是一派繁忙景象。那时的小清河济南段仍有鱼四十余种，及河蚌、河蟹、田螺、大虾等。沿岸还有许多捞鱼的地点，人们用自制的扳网捕鱼，战利品最多的当属鲤鱼、猴子鱼和泥鳅。沿河还设有十几处抽水站，灌溉菜圃、稻田和藕池。20 世纪 50 年代的小学课本上还写道："小清河长又长，山东是个好地方。青山绿水好风光，出产稻麦和高粱……"

我家刚搬到小清河畔居住时，河水已不再清澈，淤积严重，但尚有少量运沙石的拖船行驶，岸边杨柳下有人用扳网捕鱼。到了夏日汛期，水位猛涨，会从沿河的养鱼池里冲到小清河里不少鲤鱼和草鱼，此时捞鱼自然收获颇丰。1970 年秋，济南市革命委员会和生产指挥部联合下文，动员全市力量疏通治理小清河。河道两岸红旗招展，临街墙上贴着毛主席"最高指示"："一定要把淮河的事情办好！"年幼的我当时还纳闷，毛主席没提小清河的事啊？只见一群群高中生和解放军叔叔们穿着黄胶鞋或胶靴，挽着裤腿和袖子，用镐头刨、铁锹挖，将淤泥装在脸盆或柳条筐里，人传人像接力，或用肩膀挑，小车推，运到河岸装到解放牌大卡车上拉走。治理后的小清河恢复了短暂的清澈。每当下大雨时河水涨高，有些胆量的大孩子便从架在河上的凤凰山铁路桥上向河中"扎猛子"，很是刺激。

但排入工商河的大量工业废水没有得到根治，原本清澈的河道被污染得不像样子，河道不断淤积，又缺乏必要的水源补给，工商河及小清河济南段的货物运输在 20 世纪 60 年代末停航了，再也没能恢复。

2008 年，小清河又一次得到了疏浚，整砌河岸，修建码头，安装景观灯，还一度通起了画舫。

# 古镇围城

泺口镇原有自成体系的圩子城和圩子河，虽离省城不远，却有些另立山头的味道。镇里的街巷很多也与济南城街道的名字相同，只好在前面加上“泺口”二字。

作为重要码头的泺口，曾是人丁兴旺、五业繁盛的滨河重镇。明洪武年间，山东行省治所由青州移到济南，不仅设立了山东布政使司、都指挥使司及按察使司，还设立了山东都转运使司，专管官盐运输和漕运。盐运使司下设胶莱、滨乐两个分司，胶莱分司驻地就在泺口，并在泺口建立盐仓。金代始设泺口镇，史称上泺口镇，为历城六镇之一。元代时泺口作为官盐的集散地，繁忙的景象和商业氛围远胜过当时济南西关，有各种货栈、客栈、酒楼等服务设施，许多江湖艺人也多在泺口卖艺。到了清代，泺口依然兴旺。清同治三年（1864），在泺口设立厘金局。清光绪九年（1883），增设泺口斗捐局和船捐局。至民国年间，泺口居民即达四五千户，有一万五千余人。

1927年，张宗昌督鲁期间，在泺口和成丰桥之间，修了一条马路，称义威路，在途经小清河的地方架起义威桥，这是济南首座钢筋混凝土桥，均因张宗昌号称“义威上将军”而得名。义威路修好以后，泺口码头和商埠紧密连接，从全国各地自水路运来的货物，通过此路便捷地进入商埠；而商埠区内的各类商品，也通过泺口运往全国各地。义威路沿线两侧，一些商户及工厂慢慢多了起来，济南北商埠逐渐成形。1929 年，为纪念济南“五三惨案”，义威路更名为五三路。1938 年，此路又改今名济泺路，不久又铺成柏油路面，成为当时济南北部的第一条柏油路。

祖辈就在泺口古镇永祥街上修表的王荣兴出生于 1940 年，对泺口昔日之风貌有父辈传授，也有亲身经历。他介绍，1848 年，泺口修建独立的圩子城池，与济南府城南北辉映。圩子城分东南西三面，北面借势黄河大坝，形成天然城池。因此当地人有句歇后语：“泺口的圩子——没那一面子。”圩子外墙石砌，内里夯土填充，南北长 1500 米，东西宽 500 米，墙高 6 米，墙基厚达 6 米，有的地段厚达 8 米，墙顶宽 2 米，开有垛口，墙外是圩子河。城设东南门、西南门、西门和大坝门，城门上还有城楼，东南门城楼里还塑有魁星点状元的神像，供求学者祭拜。城内房舍整齐，街道平夷，纵横交错，有“三十六街十二巷子”之说。早年，当地有个卖香肥皂、薄荷油、香蕉籫等杂货的张七麻子，喜欢编顺口溜，街名能从街东头编到街西头。因四方云集的货物需要在码头附近进行交易，镇上自古便形成了“二七集”“三八集”“四九集”（因集市在兴隆寺前也称“大寺集”）和“柴火市”等集市。每至集日，济南城里、河北（当地人指黄河北岸）的百姓不约而至。牲口、木料、布匹和水产买卖最为火爆。变戏法、拉洋片、耍猴、算卦的也都来凑热闹。过去渡河有个不成文的规矩，和尚、道士和算卦的坐船不要钱，所以来往泺口的此类人很多。如今集市早已不开了，但当年的集日化作街名保留下来。

与府城一样，泺口镇上庙宇很多。除兴隆寺外，还有火神庙、风神庙、土地庙、关帝庙、王母殿、药王庙、九神堂和三元宫。而船上人最爱祭拜的则是大王庙。这里的大王显然不是山大王，而是管水的金龙四大王。每至汛期到来，庙里的道士便将从黄河坝上或河里“请”来的一种四方脑袋一尺多长的小水蛇，作为大王的化身供奉，还将其引到铺着黄表纸的四方木盘上让它听戏。每当戏乐响起，小蛇昂起头，仿佛在静静欣赏。不止在庙里，即使一般人家遇到大王化身也要用铁钟或箩筐将其扣住，供奉家中。过几天小蛇则神秘消失，所谓“见来不见去”，人们觉得神奇、灵验。而黄河对岸鹊山脚下的北泺口，早年是回民聚居地，至今仍存有几座清真寺。

清顺治初年，秦、关、范三姓盐商取得泺口盐业行商特权，并成为结拜弟兄，建三义阁和三义庙，因此这里便有了三义街和义和巷的街名。而这秦姓，相传为秦琼的后裔，秦家在府城西门还设有镖局。至民国年间，三义街上还保留有秦家的碑碣和旗台。乾隆年间，泺口镇上有了私家园林，即广平府（今河北永年县）知府刘叔枚在镇北路中的亦园和工部员外郎李士琛位于泉子街上的基园，均由土木名匠陈雨人监造。陈氏长于绘画，两个园子无不叠山引水，亭台楼阁，奇花异木，尽显诗画意境。

在东流水街建立馆舍、被称为我国“公共图书馆之父”的济南人周永年的老师申士秀的故居离泉子街不远，因申士秀于乾隆二十八年中了进士，他居住的街巷被后人称为进士街。进士街北面的街道，在清道光年间出了杨恕棋、张明朝文武两个举人，故称魁盛街。前面提到的清代诗人王苹也曾在此设帐教书，并留下了“挑菜小清河上去，看山扁鹊墓前行”（《癸酉泺口斋居》）的诗句。再后来，盐运使李梅宾在此建泺口义学（后为泺口小学），成为济南最早的公立学校之一。前面说到的关友声也出生在这里。

民国时期，泺口商号大小共一百余家，涉及杂货、棉纱、面粉、煤炭、制铁、木作等各个门类，有新诚东、华东等二十余家客栈，有着“清水池塘”美名的大澡堂也是砖瓦到顶，好不气派。而纪镇园、松竹楼和四季春等三十余家饭庄，则以糖醋黄河鲤鱼、清汤鲫鱼、瓦块鱼等“泺口风味”在济南占有一席之地。20 世纪 30 年代时，纪镇园的大厨郑祥拿手的糖醋黄河鲤鱼口味独特，与济南城里馆子做得味道不同，韩复榘专程到此品尝。而杨家所开的德和顺食品店和洪顺点心铺则依靠香甜可口的桂花枣果闻名全市，成为济南著名小吃。“泺口风味”遂与“历下风味”一道组成了济南菜系的大家庭。

与美食密不可分的酱菜制作和食醋酿造在泺口也极负盛名。信诚、富聚、裕兴、新城、袁鸿泰、汇源等十九家酿造作坊，所产酱菜和食醋行销全国各地，人们把这里生产的食醋统一命名为泺口醋。泺口醋的主料是高粱和黄米，发酵后经过三伏天阳光暴晒，因此有“三伏老醋”的别称，醋色浑黄，酸中微甜，香味浓郁。1915年，信诚号所产泺口醋获得巴拿马万国博览会金奖。挑担子叫卖泺口醋，曾是济南一景。

这里制铁业发达，主要是铸造或维修船只所用铁锚、铁链和大铁钉及船载工具。而木作的兴盛也与船舶建造与修理有关。自黄河上游顺流而下的一些体量不大的木船，被泺口人戏称为“王八盖子”，用它运完货物后不再让其返航，而在泺口就地拆解。俗话说“破船还有三千钉”，将船当作木材卖掉，拆下的铁钉子回炉，一举两得。所以当地人有句流行广泛的歇后语：“王八盖子船——有来无回。”

保留至今的泺口老街二七集街

与济南老城墙的命运相同，泺口圩子城于 1953 年被拆除，原址上铺成环城路，古镇风貌随之渐渐消失。人口逐渐减少的泺口镇也纳入北园镇管辖，镇上的人们便将这里统称为泺口街了。如今这里保留着一些传统的街巷，街上的房舍大多面目全非，兴隆寺也进行了翻建。二七集街 9 号院保留着原有高大门楼、砖雕和东西两个跨院的基本布局，据说当年是马姓盐商的居所。

1990 年 9 月，泺口服装市场建成，成为济南最大的服装专业市场。而泺口的老人们心里很清楚，服装市场所在的地方与泺口还有些距离，中间隔着马家庄。这里实为小清河北岸的香磨李家庄，这个李姓人家居多的村子，旧时以研磨制作庙里烧的高香而得村名。前些年，早已“农转非”的香磨李庄，从小清河里挖出旧日的石磨，摆在了自己开发的高档小区香江花园里，作为村史的一种参照。搭上泺口的车上了快车道，香磨李庄受了益，却不知真正的泺口古镇明天走向何方。

# 参考书目

《济南掌故》，严薇青著，山东人民出版社，1985 年 8 月第 1 版。

《泉城忆旧》，张继平编，济南出版社，1998 年 8 月第 1 版。

《老舍与济南》，李耀曦、周长风编著，济南出版社，1998 年 12 月第 1 版。

《中国历史文化名城济南》，谢玉堂主编，中华书局，2000 年 12 月第 1 版。

《济南城市民俗》，山曼主编，济南出版社，2001 年 4 月第 1 版。

《图说济南老建筑》，张润武、薛立著，济南出版社，2001 年 9 月第 1 版。

《历城县志正续合编》，张华松等校点，济南出版社，2007 年 7 月第 1 版。

《济南市志》，济南市志编纂委员会编，中华书局，1997 年 12 月第 1 版。

《德国建筑在中国》，〔德〕托尔斯泰 · 华纳著，柏林出版公司，1994 年版。

《中国城市的变迁：1890—1949 年山东济南的政治与发展》，〔美〕鲍德威著，北京大学出版社，2010 年 6 月第 1 版。

《济南指南》，叶春墀著，大东日报社 1914 年 3 月出版，中国文联出版社 2004 年 10 月重印。

《1927 济南快览》，周世铭著，齐鲁书社，2011 年 4 月第 1 版。

《1934 济南大观》，罗腾霄编，齐鲁书社，2011 年 12 月第 1 版。

《济南》，倪锡英著，上海中华书局 1936 年 10 月印行，南京出版社 2012 年 8 月新版重印。

《济南考古》，济南市考古研究所编，科学出版社，2013 年 1 月第 1 版。

# 后 记

## 我的城在行走

《济南乎》从初版到今天，整整十年了。

一本小书能得到读者的共鸣与支持，是我始料不及的。书刚问世不久，我接到了北京一位名叫于长辉的读者打来的电话。那年他六十多岁了，其父早年在济南是张宗昌的副官，住南门里刷律巷，他姐姐就出生在那条巷子中，后来全家迁到北京。他父亲对那段往事缄默不语，问了也得不到答复。他是在王府井新华书店看到《济南乎》的，书摆放在社科类新书榜的架子上，很显眼，他买回去一气读完。他拐了几个弯找到我的电话，就是想表达他激动而复杂的心情。他说在我的书里了解到很多济南的历史，很想来济南寻根，找找他家原来的位置。当我告诉他，刷律巷早没了，原址上建起了大的购物中心和豪华酒店，电话那头的他一声叹息。

不久后的一天，济南晚清状元陈冕的曾孙陈建邦先生先是打电话，而后从五里牌坊住所大老远来到千佛山下我的办公室，一是感谢我在书中写到他的先祖，二是提出书中鞭指巷状元府的描述有瑕疵，让我很是感动。在该书第二次印刷时我根据他的意见作了相应修改。

2003年10月，陈杰先生与我相约小聚，他将刚出版的大作《大染坊》送给我，并在扉页上题写道："小桥流水人家，大才清风足下。"送的是自己的书，鼓励的却是他人，他的大爱与无私让我敬佩。他说很喜欢《济南乎》，翻了好几遍，并在上面圈圈画画。他在《大染坊》自序中说："不管名著与否，如果不能从阅读中得到快乐，我会把它扔出很远。"这些话是他对自己的严格要求，我却将其看作是对我的鼓励和鞭策。只可惜，他走得太早太匆忙，让我无法与他交流，向他讨教了。

不止一个人告诉我，网上有个叫苏大鱼的，是个宁波小伙，在济南山东财经学院读书。他以自成一派的一组漫画《山之东》表达了一个南方学子对山东和济南的热爱，点击率很高。其中一幅画了一个人用一只手举着《济南乎》，所配文字是："一本《济南乎》是当时买来留作纪念的，一直珍藏，看了无数遍。"

这些对我无疑是最高的奖赏，也激发了我的"正能量"。

我家祖孙四代济南人。我生在历下，长在天桥，工作先是在槐荫后又到历下，家乡情结一直缠绕着我。吾生也晚，才疏学浅，内心胆怯，用著书来记录和解读家乡，以前没敢想过。伴随城市建设步伐加快，济南日新月异，数百条老街巷相继消失，大量历史信息不断消亡，我心中那个家乡的影像开始变得模糊。尤其看到我们的孩子，以及每年都大量涌入济南的新市民，没有见过老泉城路的高大梧桐，也不知道老广智院里的西洋景，更想象不到老火车站钟楼的经典雅致……我再也坐不住了，背起相机，游走在老街陋巷，做起了"胡同串子"，不问寒暑。

城市的历史时空交错，千头万绪。我试图从中追寻那些过往的脚步、尘封的故事和感兴趣的话题，并力求梳理出一个较为清晰的城市轨迹和坐标，与人分享，尽管这很难做到。我敲开一扇扇黑漆大门，去寻找和记录街巷内、四合院中和小洋楼里的历史证人。我采访的对象，有世代居住老街的"坐地户"，有老字号的传人，也有济南名门的后裔。正是有了他们的口述，我的作品得以增加了原创性，从中梳理出来的故事也越发鲜活，同时也使我的作品形成作者亲历、访问记录、史料勾陈、纪实摄影等交织在一起的“复合型”文本。

遗憾的是，曾经在我的文字和影像中出现的人，有的已经逝去，有的已长期躺在病榻上。我唯有慨叹时间老人的残酷无情，唯有只争朝夕地把该做的事情做完。可花开花落，云卷云舒，谁又能留住时间的脚步呢？

2010年5月18日，府学文庙千年大修竣工后的一个“世界博物馆日”，我应邀到大成殿前签售《济南乎》。一个明湖路小学五年级的女孩在父亲带领下，手拿一本翻得都有些陈旧的《济南乎》让我签名时说：“叔叔，我们好几个同学都喜欢您的这本书呢。”我的眼眶有些湿润。其实，她的父亲看上去比我年轻很多，她叫我叔叔自然令我愉悦，更高兴的是，《济南乎》居然有了这样小的忠实读者，此前我为它付出的一切，都值了。济南的文化传承香火不断，只要做好自己该做的，不必杞人忧天。

济南一直在行走。从数千年前的某一天出发，向着今天一步步走来，也要面向未来继续前行。我以私人化的叙述方式，以街区文化为篇章架构，将我所讲述的人和事都落脚到“街区”这个点和线上，以摄影和文字为双重表现形式，按照济南传统格局和街区的大致走向，自老城中心启程，走到旧时的关厢，再到百年前的商埠，最后止于城郊山水之中。与先人对话，向今人诉说。一路走来，当然不只是空间上的转换，更有时间上的穿行。这些是我作品的初衷。

我对济南的理解和感悟是渐进的，涉猎自然也由窄到宽，由浅入深。十年后增订此书，更名为《济水之南》，绝不仅仅是文字上的大幅增加，而是对济南历史文化作了更加深入的挖掘和解读。尤其百年前济南自开商埠，之于今日济南之发展、城市之保护仍颇多助益，这部分内容自然是要增加分量的。同时对其他一些原有篇章也作了结构上的调整和细节上的充实与丰富，以便能够展示一个我心目中更加丰满、更加多元的济南；每篇文章前加了几句引言，意在提纲挈领、开宗明义，方便快速查阅；至于初版时存在的谬误，当然必须予以修改。书中图片除历史资料和署名作者的以外，均为我本人所拍摄，这也是本书的特色之一——只为倾一己之力，把忐忑放在一边。

牛国栋

2013年端午节